Hartmut Rupp
in Zusammenarbeit mit
Erich Eßlinger

Der Mensch auf der Suche nach dem wahren Menschsein

Oberstufe Religion Heft 6
Herausgegeben von Eckhart Marggraf und Eberhard Röhm
Lehrerheft/Schuljahre 11–13

Calwer Verlag Stuttgart

Der Calwer Verlag ist Mitglied beim Verlagsring Religionsunterricht (VRU)
ISBN 3-7668-0671-8

Druck: Offizin Chr. Scheufele, Stuttgart

INHALTSVERZEICHNIS

A. EINLEITUNG

1. Das Thema

Was ist der Mensch ?
Höchstes Tier oder Ebenbild Gottes? Prometheus oder Sysiphus? Objekt einer rationalen Planung oder ein Wesen, das sich selbst erzeugt? Von Natur aus böse oder von Natur aus gut? - Solche Antworten sind im Grunde selbst wieder Fragen, die den Menschen als zutiefst fragwürdiges Wesen erweisen. Sie sind gerade in ihrer verwirrenden Vielfalt Ausdruck der "Suche des Menschen nach dem wahren Menschsein". Wenn die Theologische Anthropologie sich an dieser Suche beteiligt, so bringt sie damit zum Ausdruck, daß auch sie nicht fertig ist, im Gegenteil: um Gottes und des Menschen willen muß sie an der fundamentalen Offenheit des Menschen festhalten, weil sonst wahres Menschsein verhindert würde. In der Auseinandersetzung mit historischen oder gegenwärtigen Auffassungen vom Menschen ist der christlichen Theologie aufgetragen, das Menschsein "vom wiedergebrachten Gottesebenbild in Christus her" zu erschließen (Chr. Frey).
In der Frage nach dem Menschen bündelt sich zugleich die Frage nach Gott und der Welt. Von daher ist es sachgerecht, wenn alle Lehrpläne für das Fach Religionslehre das Thema "Theologische Anthropologie" als zentrales Thema ausweisen und es als Abiturprüfungsthema in der Reformierten Oberstufe vorsehen.

2. Ziele

Die Autoren hatten bei der Zusammenstellung der Unterrichtsmaterialien folgende Ziele vor Augen:

- ☐ Definitionen des Menschen in der Alltagswelt entdecken und den Charakter anthropologischer Aussagen erkennen

- ☐ Grundlegende Aussagen zum Menschen in der biblisch-christlichen Tradition in ihrem geschichtlichen Lebenszusammenhang verstehen und ihre Bedeutung für das heutige Leben aufzeigen

- ☐ Anspruch und Grenzen humanwissenschaftlicher Erkenntnisse aufdecken und in Beziehung zu biblisch-christlichen Aussagen setzen

- ☐ Übereinstimmungen und Unterschiede zwischen neuzeitlichen Entwürfen philosophischer Anthroplogie und einer biblisch-christlichen Sicht des Menschen herausarbeiten.

Das Materialheft bietet Angebote für verschiedene Kursverläufe. Neben einem Verlauf, der dem Aufbau des Heftes folgt, ist ein "humanwissenschaftlicher", "philosophischer" "ethischer" oder allgemein thematischer Kursverlauf möglich. Eine Darstellung unterschiedlicher Kursverläufe soll die Auswahl erleichtern (s.u.).

3. Zum Aufbau des Materialheftes

Das Materialheft ist nach sechs Themenblöcken aufgebaut

(1) Definitionen des Menschen in der Alltagswelt
(2) Der Mensch, der sich selbst definiert und die Nicht-Definierbarkeit des Menschen
(3) Die Definition des Menschen durch das Wort Gottes
(4) Die Definition des Menschen in den Humanwissenschaften
(5) Die Definition des Menschen in philosophischen Entwürfen
(6) Der Mensch, der sich durch das Wort Gottes definieren läßt.

Der inhaltliche Aufbau des Heftes und sein innerer Zusammenhang läßt sich durch folgende Argumentationsskizze verdeutlichen:

3. INHALTLICHER AUFBAU DES SCHÜLERHEFTES

Das Gebot "Du sollst Dir kein Bildnis machen" markiert die Problematik des menschlichen Redens von sich selbst.

In unserer Alltagswelt begegnen wir ständig Definitionen von uns selbst. Was sagen sie über uns selbst? Sind wir das? Wollen wir das sein?

In Selbstporträts und wirkungsgeschichtlich bedeutsamen Definitionen des Menschen kann erarbeitet werden, was das Reden des Menschen von sich selbst kennzeichnet.

Die Vielfalt und der Wandel menschlicher Selbstdefinitionen weist auf die Nicht-Definierbarkeit des Menschen. *Der Mensch ist eine Frage.*

Geschichte philosophischer Anthropologie

Der Wandel des Menschen in der abendländischen Kunst

Die Auseinandersetzung mit biblisch-christlichen Aussagen zum Menschen zeigt in all ihrer Vielfalt, daß diese auf ein Menschsein hinweisen, das durch das Wort Gottes bestimmt ist. Es ist letztlich das Menschsein Jesu. *Jesus ist die Antwort Gottes* auf die Frage des Menschen nach sich selbst.

An einigen Beispielen "wahren Menschseins" wird deutlich, wie das Menschsein Jesu heute in verschiedenen Bereichen menschlichen Lebens konkret werden kann. Dies soll das Menschsein Jesu anschaulich machen und Mut machen, ihm nachzufolgen.

Um des Menschen willen ist der Theologie der *Dialog* mit den verschiedenen Selbstansichten und Definitionen des Menschen aufgegeben.
In der Gewißheit, von Gott angenommen zu sein, kann sie sich getrost - und befreit von der Angst um sich selbst - auf den Dialog einlassen.

Theologie und Humanwissenschaften im Dialog:
gemeinsame Themen, Konvergenzen und Divergenzen

Theologie und philosophische Entwürfe vom Menschen im Dialog:
Konvergenzen und Divergenzen

In dem Menschen, der das *Vater-Unser* betet, kommt zusammenfassend wahres Menschsein zum Ausdruck. Es ist das Gebet Jesu.

4. Literatur

Bei der Erstellung des Schülerheftes war die Auseinandersetzung mit dem Buch von

Christofer Frey, Arbeitsbuch Anthropologie, 1978

grundlegend. Dieses Buch sowie vertiefende Gespräche mit Herrn Prof. Frey gaben entscheidende Impulse für die Anlage und Konzeption des Heftes. Für eine intensive Vorbereitung der Thematik sei deshalb auf dieses Buch hingewiesen.

Weitere Literaturhinweise finden sich am Ende jedes Abschnittes des Lehrerkommentares sowie in den Unterrichtsverlaufsplänen.

B. DER MENSCH, DER SICH SELBST DEFINIERT

1. Der Charakter anthropologischer Aussagen

In anthropologischen Aussagen definiert der Mensch sich selbst.
Um anthropologische Aussagen zu verstehen, ist es sinnvoll, sich zunächst einmal klarzumachen, was ein Mensch *tut*, der anthropologische Aussagen macht. Er macht ja im Grunde Aussagen über sich selbst, ja er "porträtiert" sich selbst. Wir vermuten, daß ein Mensch, der anthropologische Aussagen macht, im Prinzip das gleiche tut wie ein Mensch, der sich selbst porträtiert. Wenn diese Vermutung aber stimmt, dann müßte die Einsicht in die Entstehung und die Bedeutung eines Selbstporträts Hinweise auf den Charakter anthropologischer Aussagen ergeben.
Die folgende Übersicht soll deutlich machen, was Menschen tun, wenn sie sich selbst porträtieren. Daraus werden dann Folgerungen über den Charakter antropologischer Aussagen abgeleitet. Wir verstehen diese Übersicht nicht als ein feststehendes Ergebnis, sondern als Anregung, um selbst einmal über den Charakter anthropologischer Aussagen nachzudenken.

(1) Der Mensch, der sich selbst porträtiert, tritt gleichsam aus sich heraus und vor sich hin. Er wendet sich zu sich selbst hin und betrachtet sich fragend: Wer bin ich denn eigentlich? Offensichtlich steht das nicht so eindeutig fest und ist nicht für alle Zeiten bekannt, und die äußere Anschauung gibt darauf noch keine Antwort. Eine Fotografie genügt noch nicht zur Darstellung dessen, wer der Mensch in Wirklichkeit ist. Jedem Selbstporträt liegt also eine Infragestellung und Selbstbefragung des Menschen zugrunde. Der Mensch sucht das zu erfassen, was hinter der Fassade des Anschaulichen und für allen Sichtbaren steht und den Menschen zu dem macht, der er in Wirklichkeit ist.	(1) In anthropologischen Aussagen bzw. in Anthropologien wendet sich der Mensch sich selbst zu, bedenkt sich selbst und sucht an sich das herauszufinden, was ihn zum Menschen macht. Anthropologien setzen voraus, daß der Mensch fraglich ist und zur Frage wird und daß das, was den Menschen zum Menschen macht, nicht schon einfach feststeht. Offensichtlich kann aber der Mensch mit dieser Fraglichkeit und damit mit sich selbst als Frage nicht leben. Er braucht eine Antwort, er muß sich auf den Weg machen, sich suchen und sich finden. Er braucht eine Antwort auf die Frage nach sich selbst. Anthropologien sind als Antworten Ausdruck der Suche des Menschen nach sich selbst. Sie sind Ausdruck der Suche nach dem, was hinter dem Anschaulichen steht und den Menschen zum Menschen macht.
(2) Im Selbstporträt sucht der Mensch das zu finden und darzustellen, was er in Wirklichkeit ist; was sein eigenes Leben in letzter Instanz bestimmt und prägt, alle	(2) Anthropologien suchen das herauszufinden und zu bestimmen, was den Menschen in letzter Instanz prägt, bestimmt und ihn unbedingt angeht und

seine Lebensäußerungen zusammenhält und ihn unbedingt angeht. Er sucht mit sich selbst insklare zu kommen und mit sich selbst eins zu werden. Selbstporträts sind Ausdruck des Bemühens, mit sich selbst in Übereinstimmung zu kommen und das zu finden, was den Menschen sich selbst sein läßt. Selbstporträts geben Antworten auf die Frage des Menschen nach sich selbst. Sie bestimmen, wer der Mensch wirklich ist, sie bestimmen sein inneres Wesen.

(3) In Selbstporträts versucht der Mensch sich jedoch nicht nur selbst zu befragen und zu finden, sondern er versucht, sich auch darzustellen und sich anderen mitzuteilen. Selbstporträts werden aufgehängt, ausgestellt oder herumgezeigt. Sie sind gleichzeitig eine Mitteilung an ein bestimmtes Publikum. Selbstporträts sagen anderen Menschen, wie der Mensch jeweils gesehen, verstanden oder behandelt werden will. So stecken in Selbstporträts kommunikative Absichten (Motive, Interessen) und mehr oder weniger deutliche Verhaltenvorschriften.

(4) Selbstporträts haben auch Wirkungen. Betrachter sind beeindruckt, sie verstehen den Darstellenden nun besser, ganz anders oder vielleicht auch ganz falsch. Die Wirkungen sind oft nicht die, die der Autor gewollt hat. An den Wirkungen kann er feststellen, daß seine Darstelung mehrschichtig ist, zu Fehlinterpretationen Anlaß gibt und in verschiedenen Situationen verschieden verstanden und deshalb verschiedene Wirkungen haben kann. Dabei aber kann es geschehen, daß andere den Darstellenden besser verstehen als er sich selbst.

(5) Selbstporträts werden überholt und durch neue ersetzt. Das, was der Mensch in Wirklichkeit ist und ihn in letzter Instanz prägt, geht "verloren". Er muß von neuem "gesucht" werden und "wiederholt" werden. Neue Lebenserfahrungen lassen Selbstbestimmungen und Selbstbilder wieder fraglich werden und fordern den Menschen heraus, sich selbst wieder neu zu suchen und zu finden (Maler

seinem Leben in dieser Welt eine orientierende Mitte gibt. Sie wollen darstellen, was den Menschen mit sich selbst eins macht (mit sich selbst identisch macht). Ihnen wohnt letztlich das Interesse inne, den Menschen mit dem zu "versöhnen", was ihn wahrhaft zum Menschen macht und ihm hilft, wirklich Mensch zu sein in all seinen Lebensäußerungen. Anthropologische Aussagen sind Antworten auf die Suche des Menschen nach dem wahren Menschsein. Sie definieren den Menschen. Sie legen fest, wer der Mensch im Grunde ist. Anthropologien sind Selbstdefinitionen (Selbstbestimmungen) des Menschen.

(3) Anthropologische Aussagen sind nicht nur Aussagen *über* den Menschen, sondern auch Mitteilungen *an* Menschen. Sie wollen bei diesen etwas erreichen und haben deshalb Interessen, Motive und Absichten. Sie machen mehr oder weniger deutliche Verhaltensvorschriften. Sie sagen, wie der Mensch zu verstehen und zu behandeln ist. Wer anthropologische Aussagen verstehen will, muß die implizierten Mitteilungen und Zumutungen beachten.

(4) Auch Anthropologien haben Wirkungen, oft jedoch nicht die, die beabsichtigt waren. Anthropologische Aussagen werden aufgenommen und verwendet als Begründungen, Rechtfertigungen, Angriffe oder Einwände, sie lösen Betroffenheit, Nachdenken, Kritik und Gegenangriffe aus. Ohne ihre Wirkung kann man anthropologische Aussagen nicht verstehen. Wer solche Aussagen entwirft, muß die Wirkungen mitbedenken und mitverantworten.

(5) Anthropologische Aussagen unterliegen dem geschichtlichem Wandel (vgl. unten Sigmund Freud). Sie reagieren auf Infragestellungen oder "Identitätskrisen" des Menschen durch ganz verschiedene zeitgeschichtliche Ereignisse. Sie stehen unter dem Eindruck geschichtlicher Erfahrungen und suchen diese in einem neuen Selbst- und Weltverständnis zu verarbeiten (Identität). Neue Erfahrungen machen eingelebte Selbstdefinitionen fraglich und unsicher.

wie Dürer, Rembrandt, Corinth, Beckmann u.a. haben sich immer wieder neu gemalt. Ihre Selbstbildnisse sind u.E. der Versuch, sich in den Wechselfällen des Lebens zu "wiederholen").
Menschen werden aber durch ganz verschiedene Ereignisse herausgefordert. Es können Todeserfahrungen sein, Krankheiten, gesellschaftliche Krisen, Kriege, Beziehungen und Freundschaften, berufliche und persönliche Anforderungen und gesellschaftliche Ansprüche. Je nach diesen Herausforderungen fallen Porträts anders aus. Sie nehmen daher den Menschen immer von verschiedenen Perspektiven und Herausforderungen wahr.

Der Mensch wird auf sich selbst zurückgeworfen und wird sich selbst zur Frage. Anthropologien sind zeitlich, sie wurzeln in konkreten Lebenserfahrungen. Der geschichtliche Wandel bringt es mit sich,daß der Mensch nie ganz mit sich fertig ist und nie mit sich selbst fertig wird. Die Suche nach sich selbst, nach dem wahren Menschen, geht nie zu Ende. Der Mensch läßt sich nicht abschließend definieren. Anthropologien wurzeln in Herausforderungen und Infragestellungen des Menschen. Sie kommen von diesen her und betrachten ihn unter einer bestimmten Problemstellung. Das, was den Menschen zum Menschen macht, kommt nie umfassend in den Blick, sondern nur immer unter einer bestimmten Perspektive und Fragestellung (z.B. Gemeinsamkeiten mit dem Tier, die psychische Verfassung, die moralische Qualität, die Möglichkeiten und Fähigkeiten des Menschen).

Konsequenzen für den Umgang mit anthropologischen Aussagen:

Wer diese verstehen will, muß sich u.E. über den bloßen Inhalt der Aussagen hinaus deutlich machen,

- in welchen Erfahrungen und Lebenszusammenhängen diese Aussagen stehen,
- auf welche Herausforderungen diese Aussagen antworten und unter welcher Perspektive bzw. Fragestellung sie den Menschen wahrnehmen wollen,
- welche Motive und Absichten diese Aussagen leiten,
- welches Bild wahren Menschseins entworfen wird,
- was diese Aussagen jeweils bewirken.

2. Das Selbstbildnis von Dürer

Im Jahre 1498 malt sich Dürer in dem sogenannten Madrider Selbstbildnis als ein nach allerneuester venezianischer Mode in fast geckenhafter Eleganz gekleideter, höchst selbstbewußter "Gentil uomo". Nur 2 Jahre nach diesem weltoffenen Selbstbildnis malt Dürer die rätselhafteste Schöpfung in seinem Gesamtwerk, das Münchner Selbstbildnis. Die ganz unberührt erhaltende Bildtafel trägt die Jahreszahl 1500. Das Bild ist wohl zwischen dem 25. Dezember 1499 und dem 20. Mai 1500 gemalt worden. Bei dem Betrachten fällt sofort auf, daß der Kopf mit den wallenden Locken ein regelmäßiges Dreieck bildet. Es handelt sich um ein gleichseitiges Dreieck, dessen Spitze mit der Mitte des oberen Bildrandes zusammenfällt. Die Grundlinie des Dreiecks teilt die Gesamthöhe der Bildtafel genau im goldenen Schnitt. Untersuchungen ergaben, daß die Höhe des Gesichtes in vier gleiche Teile geteilt ist und daß die Gesamthöhe des Kopfes 6 Teile ausmacht und Gesicht und Hals zwei Teile breit sind. Das Teilmaß wird durch den Abstand der Pupillenmittelpunkte bestimmt. Der Kopf ist ähnlich harmonisch in einen Kreis und ein Quadrat eingefügt, die ebenfalls aus den Grundmaßen gefügt sind. Das gleiche Schema wurde in der mittelalterlichen Kunst etwa bei Giotto oder Jan van Eyck mit dem Bild Christi verbunden. Hinter der Geometrie des Bildes steht wohl der Glaube, daß die Ordnung in der Schöpfung durch gesetzmäßige Zahlenverbindungen ausdrückbar ist und in eine geheimnisvolle Welt besonderer Zahlenzusammenhänge führt, in der sich ein Teil des göttlichen Seins und Wirkens offenbart. In der Gestalt Christi ist die menschliche Erscheinung in ihrer größten Vollkommenheit und Schönheit mit der übernatürlichen Schönheit des Göttlichen untrennbar verbunden.

Im Bild Christi kommen deshalb alle Kennzeichen des makellos Schönen in vollkommener Weise zum Ausdruck. Das Ebenmaß und die Klarheit seiner Gestalt ist Ausdruck göttlicher Vollendung.
Wie aber soll die Christus-Ähnlichkeit Dürers bewertet werden?
"Die einleuchtendste Deutung stammt von Erwin Panofsky: Die christomorphe Verfremdung des eigenen Abbildes erweist sich als Symptom einer unverwechselbaren Frömmigkeit; sie ist nicht Selbstglorifizierung und Hochmut, sondern im Gegenteil, Pfand der Demut: 'Imitatio Christi: nach Christo leben', sowie es das neben der Bibel im Spätmittelalter verbreitetste mit der devotio moderna verknüpfte und durch Thomas a Kempis in seine definitive Form gegossene christliche Erbauungsbuch der 'Nachfolge Christi' forderte: Dem Gläubigen sei aufgegeben sich seinem Gott, Christus, anzugleichen. Für Dürer hieß das: 'Ich sehe wie Christus aus und Christus sieht aus wie ich'. Sich selber also erteilt Dürer den Charakter eines 'alter deus'; aber die für sich genommene hybride Einkleidung schließen gleichzeitig eine tiefsinnige Dialektik ein: Die Vergöttlichung und Verchristlichung des Menschen ist, reziprok auch eine Vermenschlichung Christi." (Eduard Hüttinger).

Literatur:
Franz Winzinger, Dürer, rororo Bildmonographien, 177, 1971,bes.47ff.

3. Das Selbstbildnis von Vincent van Gogh

Vincent van Gogh (1853-1890) malte dieses Selbstporträt im September 1889 in der Irrenanstalt von Saint Remier in der Nähe von Arles. Der von ihm bejahten Einweisung in die Anstalt ging ein Jahr spannungsvoller Zusammenarbeit mit Paul Gaugin voraus, der glaubte, die Rolle eines Lehrmeisters für van Gogh spielen zu müssen. Vicent, der von der Überlegenheit Gaugins überzeugt war, war bereit zu lernen, aber die kraftvolle Persönlichkeit des Abenteurers und Frauenheldes machten ihn immer wieder sein menschlich-schwächliches Elend, die Liebe einer Frau zu gewinnen und eine Familie zu gründen, seine Isolation und Einsamkeit sowie seine Angst sich in Fremde zu verlieren, bewußt. Die Überzeugung seiner Bedeutungslosigkeit als Künstler (er hat nur wenige Bilder verkaufen können und lebte von der Unterstützung seines Bruders Theo, der Kunsthändler war), der Zweifel am Sinn seines Lebens und das Gefühl um das wahre Leben betrogen zu sein, fanden ihren Ausdruck in dem Angriff auf Gaugin, in der Selbstzerstümmelung (van Gogh schnitt sich sein rechtes Ohr ab) und endeten schließlich im Wahnsinn. In der Anstalt suchte er jedoch mit der ihm eigenen unbarmherzigen Strenge gegen sich selbst, Herr seiner Krankheit zu werden, indem er las und schrieb, zeichnete und malte. Vincent sah den Anstaltsaufenthalt als notwendig an, denn in realistischer Einschätzung seiner Lage sagte er sich, daß er nicht mehr die Verantwortung für sein Handeln tragen könne und ihm daher ein Leben in Freiheit verboten sei. So konnte er sich vor der Gesellschaft und die Gesellschaft vor sich schützen. Er fürchtete sich vor nichts so sehr, als in seinem erbärmlichen Zustand in die Öffentlichkeit gezerrt zu werden. Van Gogh endete durch die eigene Hand. Am 27. Juli 1890 schoß er auf sich selbst und starb zwei Tage später am 29. Juli 1890. Warum er es tat, wissen wir nicht. Vielleicht erschien ihm der Tod als vollständige Genesung, die sein Leben ihm nie gewähren konnte.

Literatur:
Herbert Frank, van Gogh, rororo Bildmonographien 239, 1976

4. Johann Wolfgang Goethe, Prometheus

Literatur:

Peter Boerner, Goethe, rororo Bildmonographien, 1964, bes. 37ff.
Richard Friedenthal, Goethe - Sein Leben und Werk, 1963
(vgl. auch Lexikonartikel zu "Sturm und Drang").

5. Hans von Stuck, Sisyphos

Literatur:
Albert Camus, Der Mythos von Sisypos. Ein Versuch üner das Absurde, rororo 90,1959
Heinz Zahrnt, Prometheus, Sisyphos und Jesus, in: ders., Gott kann nicht sterben, 1970, 243-250

6. Erich Fried, Definition des Menschen

(1) In Redewendungen wie "Der Mensch ist auf den Hund gekommen" oder "armer Hund" oder "Hundeleben" dient der Vergleich mit dem Hund dazu, die jeweilige Lebenssituation eines Menschen als arm, hoffnungslos, abhängig, kurz: als miserabel zu beschreiben. Fried nun nimmt zwar diesen Vergleich auf, treibt ihn aber zugleich auf die Spitze. Es heißt bei ihm nicht: "der Mensch ist (wie ein Hund, der...", sondern "ein H u n d, der ... ist ein Mensch". Indem der Autor beim Hund einsetzt, bestimmt er das Menschsein aus der Perspektive des Tieres. Der Mensch wird also "definiert" in seiner Beziehung zum Tier. Diese Beziehung "nach unten", wonach Mensch und Tier gleich einzustufen sind, bedeutet eine Provokation gegenüber der herkömmlichen Sicht des Menschen: Was ist der Mensch gegenüber dem Tier? Woher nimmt er das Recht, sich für etwas Besseres, Höheres zu halten? Der Mensch - ein Hund, ein Hund - der Mensch: der pessimistische, ironische und "zynische" Klang ist nicht zu überhören!

(2) Was veranlaßt den Dichter zu dieser pessimistischen Sicht? Nun, beide, Hund und Mensch, müssen sterben: "Ein Hund, der stirbt... ist ein Mensch". Der Tod setzt eine unüberschreitbare Grenze, er "ist" das Ende, ganz augenfällig für alles menschliche und tierische Leben. Das Leben ist also unumstößlich und unabänderlich "festgelegt", "begrenzt", eben " d e f i n i e r t " durch den Tod. So ist also auch der Mensch - wie das Tier - ein vergängliches Wesen!

(3) Der Autor nennt freilich zwei Kennzeichen, die die Besonderheit des Menschen gegenüber dem Tier herausstellen sollen:

Der zum Mensch gewordene "Hund" hat ein Bewußtsein:
"er w e i ß, daß er stirbt wie ein Hund". Fähig, gleichsam neben sich selbst zu treten, über sich selbst nachzudenken, sich also seiner "definitiven" Lage bewußt zu werden, erkennt er, daß er ein "armer Hund" ist. Anders gesagt: Der Hund als Tier stirbt a l s Hund; der Hund als Mensch stirbt w i e ein Hund, denn er ist sich der Endgültigkeit seiner Situation bewußt. Das Tier mag seinen Tod instinktiv ahnen, aber der Mensch, der w e i ß , daß er sterben muß, wird das "Eingegrenztsein" durch den Tod umso schmerzlicher empfinden!

Ein zweites Definitionsmerkmal kommt hinzu: Der Mensch kann auch " s a g e n, daß er weiß, daß er stirbt wie ein Hund". Der Autor verweist also auf die besondere Fähigkeit der Sprache hin, die nur der Mensch hat. Er meint wohl mehr als die Möglichkeit der "Kommunikation", also der Verständigung im weiten Sinn des Wortes. Indem der Mensch das, was ihm bewußt und klar geworden ist, zum Ausdruck bzw. zur "Sprache bringt", kann er genau und verbindlich "sagen", in welcher Lage er sich befindet. Die Sprache ist also gegenüber dem Bewußtsein die Möglichkeit, laut und deutlich die elende und miserable Situation des Menschen zu benennen. Diese Möglichkeit der Sprache bewirkt nun nicht eine Verständigung darüber, wie das Leben gelingen kann, sondern läßt den Menschen das Festgelegtsein, das Definiertsein, als unabänderlich und endgültig erfahren.

Literatur:
Friedrich Kienecker, Der Mensch in der modernen Lyrik, 1970^3, 50-55

zu Psalm 8:
Hans Walter Wolff, Anthropologie des Alten Testaments, 1976^3, 233ff., 328ff.

7. Das Menschenbild von Thomas Hobbes

Hobbes beschäftigt sich in seinen anthropologischen Aussagen überwiegend mit der moralischen Verfassung des Menschen. Der Mensch ist egoistisch, er sucht nur seinen eigenen Vorteil und seinen eigenen Nutzen. Was ihn bewegt, ist letztlich nur der Selbsterhaltungstrieb. Der Mensch ist deshalb nicht zur Gemeinschaft geeignet. Ja, er fürchtet die Mitmenschen. Aber er ist auf geregelte Gemeinschaft angewiesen, denn sonst droht der "bellum omnium contra omnes". Da der Mensch aber nur an sich denkt und bei dem, was er tut, von dem Selbsterhaltungstrieb gesteuert und bestimmt wird, muß er durch Herrschaft zur gegenseitigen Unterstützung und zur Gemeinschaft angehalten werden, wobei gleichzeitig die Menschen voreinander geschützt werden müssen.
Hobbes anthropologische Ausführungen sind getragen von dem Wunsch, Friede und Ruhe, Sicherheit, Gerechtigkeit und Freiheit herstellen zu wollen. Sie dienen letztlich der Klärung der Frage, wie Friede, Gerechtigkeit und Freiheit möglich werden können. Der historische Hintergrund für diese Aussagen sind die religiösen Bürgerkriege der ersten Hälfte des 16. Jahrhunderts.
Ein gelingendes -und das heißt bei ihm ein friedliches- Zusammenleben ist für die Menschen nur möglich aufgrund eines Gesellschaftsvertrages, in dem alle Bürger ihre Rechte an eine absolute Herrschaft abtreten. So wird der absolute Wille des obersten Gewaltträgers zu dem Willen aller. Jeder hat in diesem System die gleichen Rechte, jeder kann in Ruhe die Früchte des Fleißes und der Erde genießen; jeder kann das, was er durch Fleiß und Gefahr sich erworben und besetzt hat, als das Seine behalten. Aus diesen Überlegungen ergeben sich konkrete Verhaltensvorschriften. Alle individuellen Willen sollen auf einer absoluten Herrschaft übertragen werden und der einzelne soll sich unter diese unterwerfen, allerdings nur so lange, wie diese imstande ist, die Bürger zu schützen.

Literatur:

Karl Vorländer, Philosophie der Neuzeit, Geschichte der Philosophie IV, rde 261/262, 36 ff.
Christian Graf von Krockow, Art. Hobbes, RGG[3] III, 1959, Sp. 371-373

8. Das Menschenbild bei Jean Jacques Rousseau

Auch Rousseau betrachtet den Menschen unter dem Gesichtspunkt seiner moralischen Verfassung. In seiner Sicht des Menschen stellt er sich aber explizit in Gegensatz zu Hobbes.
Der Mensch ist von Natur aus frei, gleich und gut. Den Menschen zeichnet ursprünglich Eigenliebe aus, die für Rousseau allerdings Liebe zum Menschen schlechthin bedeutet.
Von Natur aus bekämpfen sich Menschen nicht. Ein jeder ist auf den anderen angewiesen und deshalb bereit und fähig, eine Form der Vergessellschaftung einzugehen, die allen dient, ohne seine individuelle Freiheit aufzuheben. Entscheidende Voraussetzung für eine solche Gesellschaftsform ist es, daß der Mensch sich von seinen Begierden lösen, die Vernunft zu Rate ziehen und frei entscheiden kann.
Rousseau beschäftigt sich mit dem Menschen in der Absicht, ein Staatswesen zu begründen, in dem die Gleichheit und die Freiheit des Einzelnen gesichert sind.
Der Erfahrungshintergrund für diese optimistische Sicht des Menschen dürfte bei Rousseau in den glücklichen Jahren gelegen haben, die er an der Seite von Madame de Warens in Savoyen verbracht hat.
Rousseau sieht das Menschsein erst in einer radikalen Basisdemokratie verwirklicht, in der jeder voll an der Willensbildung Anteil hat und jeder die gleichen Rechte vor dem Gesetz hat.
Daraus ergeben sich bestimmte Verhaltensvorschriften: Die Menschen sollen einen Gesellschaftsvertrag schließen (contract sociale) und sich unter dem "volonte générale" unterwerfen.

Literatur:

Karl Vorländer, Philosophie der Neuzeit, Geschichte der Philosophie V, rde 281/282,

9. Sigmund Freud, Die drei Kränkungen der menschlichen Eigenliebe

Selbst- und Weltverständnis vor Kopernikus	Der "Schock" von Nikolaus Kopernikus (1473-1543)	Die Rettung der menschlichen Eigenliebe - 1.Akt	Der "Schock" von Charles Darwin (1809-1882)	Die Rettung der menschlichen Eigenliebe - 2.Akt	Der Schock von Sigmund Freud (1856-1939)	Rettung 3.Akt?
Der Mensch ist mit der Erde Mittelpunkt des Weltalls. *Ich stehe im Mittelpunkt,* alles dreht sich um mich, ich stehe in einer festgefügten Ordnung, oben ist das Gute, das Göttliche, unten das Böse und das Animalische. Das Oben ist das Ziel all meiner Sehnsucht.	Die Erde ist nicht Mittelpunkt des Weltalls, sondern ein winziges Teilchen eines in seiner Größe unvorstellbaren Weltsystems. Oben und Unten entfallen, damit Himmel und Hölle, Gott hat keinen Wohnort mehr. Die Planeten, die Sonne drehen sich nicht mehr um die Erde und damit nicht mehr um den Menschen. Der Blick an den Himmel gab dem Menschen nicht mehr die Gewißheit, etwas Wichtiges und Besonderes zu sein.	Der Mensch besitzt ein Schöpfungsvorrecht. Er ist bestimmt zum Ebenbild Gottes und zur Herrschaft über Tiere und Erde. *Ich bin die Krone der Schöpfung,* weil ich die Möglichkeit habe, Gottes Schöpfungsgedanken in den Gesetzmäßigkeiten des Kosmos zu erkennen. Mein "Geist" bzw. meine "Vernunft" geben mir die Gewißheit etwas besonderes und Einmaliges zu sein.	Der Mensch stammt aus dem Tierreich seine animalische Natur ist unvertilgbar. Alle Lebewesen sind nach den gleichen Prinzipien verfaßt und eng miteinander verwandt. Sie sind zufällig entstanden, nicht aufgrund eines einmaligen Schöpfungsaktes. Die Entwicklung des Menschen folgt nicht einem göttlichen Heilsplan, sondern natürlichen Gesetzen (Mutation, Selektion, Isolation).	Der Mensch hat eine Sonderstellung unter dem Lebewesen. Dies liegt in seinem Verstand, seiner Sprache und seiner Personalität begründet. Er kann im Unterschied zum Tier bewußt handeln und seine animalischen Seelenteile kontrollieren und beherrschen. *Ich bin das meiner selbst bewußte Wesen.* Die Überlegenheit des "Geistes" über den "Leib" begründet die Einmaligkeit und die Besonderheit des Menschen.	Das Ich des Menschen ist nicht Herr im eigenen Haus. Es ist auf kärgliche Nachrichten angewiesen von dem, was unbewußt im Seelenleben vorgeht. Im Kampf mit dem Unbewußten unterliegt das Ich. Es ist eingekeilt zwischen dem Über-Ich und dem Eis. Das Ich steht unter der Macht der Triebe sowie den internalisierten gesellschaftlichen Anforderungen. Es kann nur sehr bedingt Herrschaft und Kontrolle ausüben.	Wie ging es weiter?

Ergebnis:
Der Mensch ist in seinen Selbstdefinitionen von äußeren Erschütterungen und Krisen abhängig. Angetrieben von narzistischen Motiven bildet seine Selbstdefinition und damit sein Selbst- und Weltverständnis die Antwort auf fundamentale Identitätskrisen. Der Mensch stellt sich selbst mit seinen eigenen Errungenschaften und Erkenntnissen in Frage. Er wird mit sich selbst nicht fertig.
Die Geschichte der Anthropologie erweist sich als eine stete Suche des Menschen nach sich selbst, nach seinem wahren Menschsein. Im Strom der Zeit ist der Mensch seinen eigenen Selbstbestimmungen immer wieder voraus. Er bekommt sich nicht in den Griff.

Die Frage stellt sich, wie der Mensch nach den Erschütterungen durch Freud versucht hat, seine Eigenliebe zu retten. Gerhard Liedke gibt in seiner Meditation "Im Bauch des Fischers" dazu einige Hinweise. Er beschreibt die Folge dieser Identitätskrisen mit den Worten des Gedichtes "Verlorenes Ich" von Gottfried Benn. Gleichzeitig zeigt er, wie die Menschheit versucht hat, sich aus dieser Verlorenheit zu retten, nämlich durch den "agressiven Drang zur Unterwerfung des Restes der Menschheit" und durch die "Ausbeutung der Erde". Der Mensch, der im Inneren keinen Halt mehr findet und seine Beherrschung verloren hat, sucht seine Sicherheit dadurch wiederzufinden, daß er Äußeres beherrscht und festhält. Wer im Inneren voller Angst zittert, sich bedroht fühlt, wehrlos und ohnmächtig ist, rettet sich dadurch, daß er anderen Angst macht, sie bedroht, sie unterwirft und beherrscht. Die aufkommende industrielle und militärische Technik gibt dem abendländischen Menschen die Mittel in die Hand, "Herr und Besitzer der Natur", ja der ganzen Schöpfung zu sein.
Doch auch dieser Versuch, die Eigenliebe zu retten und sich selbst als groß und wichtig zu erfahren, scheitert und erfährt ihren vierten "Schock". Wir meinen, diesen Schock in der *weltweiten ökologischen Krise* zu sehen, die seit Beginn der 70er Jahre manifest geworden ist. Der Mensch erfährt hier die Begrenztheit seiner Möglichkeiten und die Abhängigkeit von denen, denen er sich überlegen glaubte. Der Versuch, Freiheit und Besonderheit durch die willkürliche Ausbeutung der übrigen Menschheit und der Natur zu gewinnen, führt in den "Bauch des Fisches", macht beklommen und eng. Die Menschheit droht zu ersticken und unterzugehen. Der inneren Angst folgt eine äußere und macht diese universal. Wie kann der Mensch heute sich wiederfinden? Wo gibt es Rettung? Alle anthropologischen Entwürfe sind u.E. daraufhin zu befragen, inwieweit sie dieser Identitätskrise Rechnung tragen und sie einen Beitrag leisten, diese zu bewältigen.

10. Der Mensch als Frage

(1) Die immer wieder neue Erschütterung des menschlichen Selbst- und Weltverständnisses, der Identität des Menschen, verweist auf die Fraglichkeit und die Unsicherheit der menschlichen Existenz. Der Mensch wird immer wieder sich selbst zur Frage. Definitionen seiner selbst (Selbstbestimmungen) geraten in eine Krise, werden verändert und wandeln sich. In gesellschaftlichen Krisen und Umbrüchen erfährt der Mensch, "daß er nicht weiß, wer er ist und wer er sein wird" (Tödt).
Offenbar ist der Mensch nicht abschließend zu bestimmen. Wer er ist, kann nicht ein für alle Mal gesagt werden. Ja noch mehr, welche Erschütterungen, Veränderungen und Wandlungen ihm noch bevorstehen, ist nicht vorhersagbar. Für den Menschen gilt die Einsicht von Jüngel: "keine Antwort entbindet ihn davon, stets neu und weiter nach sich selbst zu suchen". Diese Einsicht wird umso zwingender, je mehr man erkennt, daß Antworten selbst wieder Geschichte machen und die menschliche Lebenswirklichkeit verändern. Hinzu kommt aber, daß Antworten selbst nicht fraglos bleiben, stellen sie doch die Frage an den Antwortenden, wie er sich selbst in seiner Antwort verstehen will.
Die Vielzahl und die Unterschiedlichkeit der Definition des Menschen und die Aspekthaftigkeit anthropologischer Aussagen scheinen diesen Istbestand zu bestätigen..
Selbst Philosophen geraten in dem Bemühen, die disperaten Erkenntnisse des Menschen in eine einheitliche Sicht zu bringen, in Schwierigkeiten. Eine der letzten Versuche, eine "neue" Anthropologie zu schreiben - Gadamer und Voglers "Neue

Anthropologie" - , macht dies deutlich. Sie zerfällt in eine Vielzahl verschiedener Sichtweiten des Menschen, in der zwar Theologie und Philosophie (im 6. und 7. Band) ein "letztes " Wort zu haben scheinen, ohne allerdings die "neue Anthroplogie" abschließend formulieren zu können.

(2) Die Fraglichkeit erweist die Zeitlichkeit und damit die Zukunftsoffenheit des Menschen und seiner Lebenswirklichkeit. Der Mensch wandelt und verändert sich. Neue Möglichkeiten treten auf, machen Bisheriges "alt" und Gegenwärtiges "vergangen". Der Mensch ist lebendig (Frisch), er ist nicht das, was er war, noch das, was er ist; der Mensch ist das, was er war, was er ist und was er wird. Der Mensch ist also noch nicht fertig, er ist im Werden. Ihn abschließend bestimmen zu wollen, hieße ihn festzuhalten und "fertigzumachen". Das "so und nicht anders" schneidet andere Möglichkeiten ab, schließt alternative, neue Lebensräume zu und fixiert den Menschen auf eine bestimmte Sicht seiner selbst. Solche Definitionen des Menschen sind absolutistisch und totalitär. Sie wollen den Menschen besitzen und über ihn verfügen.
Menschliche Erkenntnis erfaßt aber nur das, was ist, jedoch nicht das was wird, denn sie macht an Erfahrenem Halt. Wohl sieht sie das, was bleibt, doch nicht das, was kommt. Die Zukunft - das also was "zu- kommt" - und damit die "Fülle" des Menschen- bleibt menschlicher Erkenntnis verborgen. Der "ganze" Mensch, der Vergangenheit, Gegenwart und Zukunft in sich vereint, bleibt "jenseits" vernünftiger Erkenntnis (Transzensdenz).
Daraus jedoch zu folgern, es gäbe nichts Neues, wäre "tödlich". Es hieße dem Menschen absprechen, "weiter Verwandlungen einzugehen" (Frisch) und seine "Offenheit für die Zukunft" zu verstellen (Tödt). Der Mensch, der aber keine Zukunft mehr hat, ist nicht mehr lebendig, er ist tot. Wo Menschen sich selbst und andere um ihre Zukunft bringen, indem sie Wandlungen ausschließen oder nicht mehr zulassen, da werden sie "starr" und sterben.

(3) Soll man aber nun aus der Not eine Tugend machen und die Fraglichkeit zum Bestimmungsmerkmal des Menschen machen? Das hieße aber, den Menschen als nichtdefinierbar zu definieren und den Menschen als radikal fraglich, unbestimmt und unfaßbar zu bestimmen.
Anthropologie könnte letztlich nur noch sagen, was der Mensch nicht ist - analog der "via negationis" der mittelalterlichen Theologie. Das Wesen des Menschen würde dann in seiner "Weltoffenheit", in seinem"Nichtfestgelegtsein" liegen und käme in einem immer wieder neuen "so nicht" zum Ausdruck.
Doch ist damit die Frage des Menschen nach sich selbst beendet? Wohl nicht, denn es ist damit noch nicht ausgemacht, wie der Mensch mit dieser Offenheit und Nicht-Definierbarkeit leben und umgehen wird. Soll er nun verzweifeln und resignieren oder soll er vertrauen und zuversichtlich warten? Soll er sich enttäuscht aus dem Leben zurückziehen, allen Versuchen zu leben, das Recht und die Möglichkeit absprechen, sinnvoll zu sein? Oder soll sich der Mensch immer wieder auf die Suche nach dem Menschen machen und sich immer wieder neu überraschen lassen? Soll der Mensch versuchen, sein Leben "in den Griff zu bekommen" und alle Unsicherheiten unter Kontrolle bringen, oder soll er sich gelassen und abwartend auf den Wandel und die Veränderung des Menschen einlassen?
Die Nicht-Definierbarkeit, die Fraglichkeit und die Offenheit des Menschen ist noch keine Antwort auf die Frage des Menschen nach sich selbst. Die Notwendigkeit, sich zu der Nicht-Definierbarkeit zu verhalten und zu ihr Stellung zu nehmen, macht deutlich, daß nicht die Frage, sondern die Antwort das Erste und das Letzte ist. Der Mensch kann nicht in der Fraglichkeit bleiben, er muß durch seinen Lebensvollzug Antwort geben, er muß zum Ausdruck bringen, wer er in Wirklichkeit ist und wer er wirklich sein will. Menschsein ist in letzter Konsequenz nicht Frage, sondern Antwort. Die Nicht-Definierbarkeit des Menschen ist also keine Antwort. Sie stellt vielmehr den Menschen vor letzte und entscheidende Fragen:

(a) Wer bin ich eigentlich angesichts meiner Zeitlichkeit und Zukunftsoffenheit?

(b) Was gibt meinem Leben Grund, Halt und Ziel? Worauf kann ich mich verlassen ?

(c) Was heißt es für mich angesichts von Wandlungen und Veränderungen, wahrhaft Mensch zu sein?

(4) Diese Fragen machen deutlich, daß auch Max Frisch nicht bei der Rätselhaftigkeit des Menschen stehen bleibt. Auch er hat ja ein Bildnis des Menschen vor Augen: Er setzt voraus, daß der Mensch dazu neigt, Bildnisse anzufertigen und sich enttäuscht zurückzuziehen. Er setzt weiterhin voraus, daß der Mensch lieben kann. Frisch setzt weiterhin voraus, daß der Mensch sich selbst neu erfahren möchte in der Begegnung mit anderen Menschen, daß er geliebt werden möchte und daß er selber lieben will. Hinter all dem steht wohl in letzter Konsequenz der Glaube, daß der Mensch in all seinen Veränderungen liebenswürdig ist und die Veränderungen des Menschen Liebe verdienen. Für Frisch besteht deshalb wahres Menschsein darin, den Menschen zu lieben, ihn zu begleiten, seinen Wandel auszuhalten, offen zu sein und darauf zu verzichten, den Menschen festzulegen.
Mit Frisch muß aber gegen Frisch zurückgefragt werden: Stimmt das? Ist der Mensch wirklich liebenswert? Kann der Mensch wirklich so lieben? Was gibt eigentlich dieser Liebe Kraft, Grund, Halt und Ziel? Ist das nicht auch wieder ein Bildnis? Ist der Mensch wirklich so, wie Frisch ihn sieht?
Frisch versteht seine Ausführungen als Auslegung des 2. Gebotes. Dieses gewinnt aber im Dekalog seinen Sinn und seine Begründung aus der Prämisse, die allen Geboten zugrunde liegt: "Ich bin der Herr dein Gott". Ernst Lange hat in seinen "zehn großen Freiheiten" diesem Satz interpretierend hinzugefügt: "Du brauchst keine Angst zu haben.... ich der allmächtige Gott will dein Helfer sein".
Bedarf nicht auch Frisch dieser Begründung?

(5) Auch Heinz Tödt beläßt es nicht einfach bei der Offenheit des Menschen. Auch er sucht und fragt nach der Antwort auf die Frage, wie der Mensch mit dieser Offenheit leben und somit wahrhaft Mensch sein kann. Seine Antwort lautet: Der Mensch ist im Grunde ein "angesprochenes" und daher "hörendes" Wesen, er ist angesprochen von Gott und herausgefordert, auf Gottes Wort zu hören. Auf dieses Wort kann sich der Mensch in den Wechselfällen des Lebens verlassen. Es gibt ihm Kraft, Grund, Halt und Ziel. Wahres Menschsein erfüllt sich in der Offenheit für Gottes Wort und für Gottes Geist. Der Mensch ist dann wahrhaft Mensch, wenn er sich selbst verläßt und sich ganz auf Gott einläßt. Der Mensch findet seine Identität in dem Wort Gottes, er bleibt sich selbst treu, wenn er ganz außer sich und von Gottes Wort ergriffen ist.

(6) Ist nun der Satz berechtigt: "Du sollst dir kein Bildnis machen"? Ja und Nein. Er ist berechtigt im Hinblick auf die Versuche, den Menschen abschließend festzulegen, neue Möglichkeiten auszuschließen und damit seine Offenheit für die Zukunft zu verstellen. Gegen diese Versuche ist festzuhalten, daß der Mensch eine Frage und nicht definierbar ist.
Der Satz ist jedoch nicht berechtigt, wenn damit gemeint ist, daß das Menschsein radikal fraglich, ungewiß, ohne Grund, Halt und Ziel ist. Gegen diese Auffassung ist festzuhalten, daß der Mensch Antwort ist. Die Antwort auf die Frage des Menschen nach sich selbst, ist das Menschsein, das die Fraglichkeit des Menschen aushalten und tragen kann.

(7) Auf diesem Hintergrund ist die Unterscheidung von Bert Brecht zwischen richtigen und falschen, guten und schlechten Bildern sinnvoll und berechtigt. Auch für Brecht ist das Anfertigen von Bildnissen Lieblosigkeit und Verrat, doch jedoch nur dann, wenn dabei falsche Bilder gemacht werden. Das Anfertigen von Bildnissen kann aber auch liebevoll sein, nämlich dann, wenn gute Bilder gemacht werden. Ein gutes Bild macht aber den Menschen nicht "fertig", sondern hilft ihm, Verhaltensarten zu entwickeln, die für ihn gut sind. Gute Bilder schaffen wie alle Bilder Wirklichkeit, sie regen an, weisen auf noch nicht entdeckte Möglichkeiten, machen ausführbare Vorschläge zu einem guten Leben und verändern damit. Das Verbot, Bilder zu machen gilt für Brecht nur im Hinblick auf die schlechten Bilder. Im Hinblick aber auf ein wahrhaft menschliches Leben bedarf der Mensch guter Bilder, die ihm zeigen und eröffen, was es heißt, wahrhaft Mensch zu sein.

Gibt es aber solche guten Bilder und wie sehen sie aus? Christen sehen in Jesus Christus ein gutes Bild, ein Bild, das wahres Menschsein eröffnet. Steht aber dem das 2. Gebot nicht im Wege? Wir glauben - nein - denn ist nicht Jesus Christus das Bild, das Gott uns Menschen schenkt, "um den Verrat an uns selbst" zu beenden?

Berthold Brecht, Über das Anfertigen von Bildnissen

Der Mensch macht sich von den Dingen, mit denen er in Berührung kommt und auskommen muß, Bilder, kleine Modelle, die ihm verraten, wie sie funktionieren. Solche Bildnisse macht er sich auch von Menschen: Aus ihrem Verhalten in gewissen Situationen, das er beobachtet hat, schließt er auf bestimmtes Verhalten in anderen, zukünftigen Situationen. Der Wunsch, dieses Verhalten vorausbestimmen zu können, bestimmt ihn gerade zu dem Entwerfen solcher Bildnisse. Den fertigen Bildnissen gehören also auch solche Verhaltensarten des Mitmenschen an, die nur vorgestellte, entschlossene (nicht beachtete), vermutliche Verhaltensarten sind. Dies führt oft zu falschen Bildern und auf Grund dieser falschen Bilder zu falschem eigenen Verhalten, um so mehr, als sich alles nicht ganz bewußt abspielt. Es entstehen Illusionen, die Mitmenschen enttäuschen, ihre Bildnisse werden undeutlich; zusammen mit den nur vorgestellten Verhaltensarten werden auch die wirklich wahrgenommenen undeutlich und glaubhaft; ihre Behandlung wird unverhältnismäßig schwierig. Ist es also falsch, aus den wahrgenommenen Verhaltensarten auf vermutliche zu schließen? Kommt nur alles darauf an, richtiges Schließen zu lernen? Es kommt viel darauf an, richtiges Schließen zu lernen, aber dies genügt nicht. Es genügt nicht, weil die Menschen nicht ebenso fertig sind wie die Bildnisse, die man von ihnen macht und die man also auch besser nie ganz fertigmachen sollte. Außerdem muß man aber auch sorgen, daß die Bildnisse nicht nur den Mitmenschen, sondern auch die Mitmenschen den Bildnissen gleichen. Nicht nur das Bildnis eines Menschen muß geändert werden, wenn der Mensch sich ändert, sondern auch der Mensch kann geändert werden, wenn man ihm ein gutes Bildnis vorhält. Wenn man den Menschen liebt, kann man aus seinen beobachteten Verhaltensarten und der Kenntnis seiner Lage solche Verhaltensarten für ihn ableiten, die für ihn gut sind. Man kann dies ebenso wie er selber. Aus den vermutlichen Verhaltensarten werden so wünschbare. Zu der Lage, die sein Verhalten bestimmt, zählt sich plötzlich der Beobachter selber. Der Beobachter muß also dem Beobachteten ein gutes Bildnis schenken, das er von ihm gemacht hat. Er kann Verhaltensarten einfügen, die der andere selber gar nicht fände, diese zugeschobenen Verhaltensarten bleiben aber keine Illusionen des Beobachters, sie werden zu Wirklichkeiten: Das Bildnis ist produktiv geworden, es kann den Abgebildeten verändern, es enthält (ausführbare) Vorschläge. Solch ein Bildnis machen heißt lieben.

Berthold Brecht, Ges. Werke, 20, 1970, 169ff.

Literatur:

Jürgen Moltmann, Mensch, Themen der Theologie 11, 1977, 11-15
Eberhard Jüngel, Der Gott entsprechende Mensch, in: Gadamer/Vogler (Hg.) Neue Anthropologie, Bd. 6, 1975, 342-372

C. DIE ANTWORT GOTTES - GRUNDELEMENTE EINER THEOLOGISCHEN ANTHROPOLOGIE

1. Was ist das eigentlich, eine theologische Anthropologie?

(1) Nach Heinz Eduard Tödt verstößt jede Definition des Humanum gegen wahre Humanität, weil diese den Menschen auf unsere heutigen Erkenntnisse festlegen und ihm seine neue Möglichkeiten, seine Offenheit für die Zukunft verstellen würde. Definiert aber nicht auch die Theologie den Menschen, wenn sie von ihm als "Ebenbild Gottes", "Geschöpf Gottes" oder "Sünder" spricht? Verstößt nicht die Theologie selbst gegen das zweite Gebot?

(2) Eine Antwort setzt die Abklärung der Frage voraus, worin denn eigentlich der Charakter einer theologischen Anthropologie besteht, was das theologische Reden vom Menschen kennzeichnet.
Die Bibel beinhaltet kein feststehendes Wissenssystem über den Menschen, demgemäß auch keine Definition des Menschen. Die Bibel erzählt vom Menschen, sie läßt das Dasein des Menschen unter Gebet, Lob und Klage zu Wort kommen. Gewiß kommt auch darin Wissen zum Ausdruck, allerdings ein unsystematisches Wissen; ein Wissen, das anderes Wissen begrenzt und an seinen Ort stellt: Weisheit. Die nähere Auseinandersetzung mit biblischen Aussagen vom Menschen zeigt, daß sie eingebettet sind in den soziokulturellen Zusammenhang ganz verschiedener Lebenswelten.
Die Einsicht in diese Sachverhalte führt notwendig zu den Konsequenzen, daß

- neue Situationen und andere Lebenswelten, neue und andere Aussagen vom Menschen erfordern
- biblische Aussagen nicht einfach in die Gegenwart übernommen werden können
- eine abgeschlossene allgemeine, biblische "Lehre" vom Menschen nicht möglich ist
- das Eigentliche und Besondere einer biblischen Sicht des Menschen nicht in bestimmte Vorstellungen oder Begriffen liegen kann
- die Auseinandersetzungen mit der jeweiligen Lebenswelt für das Verständnis biblischer Aussagen konstitutiv ist.

Das Besondere und die Eigenheit biblischer Aussagen vom Menschen kommt erst in den Blick, wenn man sieht, was die biblischen Aussagen in dem betreffenden Lebenszusammenhang *tun*. Diese Tätigkeit zeigt sich einmal in der Umarbeitung vorfindlicher Vorstellungen und zum anderen in dem Anstoß, den sie den Adressaten ihrer Aussagen geben. Biblische Aussagen vom Menschen lassen sich daher nicht auf den Begriff bringen, als könnte man von dem geschichtlichen Einmaligen abstrahieren und zu einem verbindlichen Wesen des Menschen gelangen. Das Wesen biblisch-anthropologischer Aussagen ist vielmehr in der Bewegung zu finden, die sie auslösen bzw. auslösen wollen. Die Aufnahme und die Wiedergabe der biblischen Sicht des Menschen besteht aber dann nicht in der fehlerfreien Reproduktion biblischer Aussagen, sondern in dem Anknüpfen an die Bewegung, die durch die biblischen Aussagen ausgelöst wurde.

(3) Es gibt biblische bzw. theologische Anthropologien nur im Gespräch und in der Auseinandersetzung mit bestimmten Selbstansichten des Menschen in seiner Zeit und damit verbundener Lebensformen. Alle biblischen bzw. theologischen Aussagen vom Menschen sind daher nur zu verstehen, wenn man

(a) die Ursprungssituation biblischer Aussagen zu rekonstruieren sucht und

(b) die Fragen und Probleme herauszufinden versucht, die die Menschen in dieser Situation beschäftigt haben und

(c) die Aussagen der biblisch-christlichen Texte als Antwort auf diese Situation mit ihren Fragen und Problemen bezieht und

(d) schließlich die Intentionen und Impulse zu bestimmen sucht, die die Antwort auszeichnet und den Prozeß erkennen lassen, den die biblisch-christlichen Aussagen auslösen wollen bzw. auslösen.

Biblisch-christliche Texte sind demnach als "Lebeworte" zu verstehn. Sie wollen das Leben von Menschen heilvoll bestimmen, verändern und tragen, bewußter und reicher machen. Diesem Anliegen sollte aber auch im Unterricht Rechnung getragen werden, d.h. sie soll nicht bloß historisch korrekt verstanden werden, nicht nur gelesen werden, sondern lebendig gehört und soweit möglich wirklich gelebt werden. Biblisch-christliche Texte wollen unsere Identifikation, sie wollen uns betroffen machen, uns herausfordern und verheißungsvoll zeigen, daß biblisch-christliche Überlieferungen auch in unserem Leben bedeutsam werden können. Deshalb sollte im Unterricht nicht nur der historisch-kritische Umgang mit biblischen Texten gepflegt werden, sondern auch eine "interaktionale Bibelauslegung" versucht werden, die "Selbsterfahrung mit der Bibel" ermöglicht. Die Aussagen biblisch-christlicher Texte sollten deshalb auf unsere Lebenswelt und unsere Lebenserfahrungen bezogen werden. Wir schlagen deshalb im Unterrichtsverlaufsplan immer wieder neben einem historisch-kritischen Umgang einen "lebensgeschichtlichen Umgang" mit den biblischen Texten vor.

Literatur:

Christofer Frey, Arbeitsbuch Anthropologie, 1979, 236 ff.
Hermann Barth, Tim Schramm, Selbsterfahrung mit der Bibel, 1977, 11ff.

2. Die priesterschriftliche Schöpfungserzählung

2.1 Die Ursprungssituation: Niedergeschlagenheit und Hoffnungslosigkeit im Babylonischen Exil

Literatur:

Christoph Goldmann, Ursprungssituationen biblischen Glaubens, 1976
Rainer Albertz, Persönliche Frömmigkeit und offizielle Religion, 1978, 178ff.

2.2 Fragen und Probleme

Aus dieser Situation ergeben sich für die Exulanten verschiedene Fragen und Probleme. Einige davon sind:

(1) Sind wir der Spielball dunkler Mächte? Leben wir in einer Welt, die uns von innen und außen bedroht? Sind wir dem Kampf übermächtiger Gewalten ausgeliefert? Sind wir Gegenstand des absoluten Willens fremder Götter und damit abhängig und ohnmächtig?

(2) Sind wir dazu da, den Göttern und ihren Stellvertretern zu dienen? Sind wir klein und schwach und dazu bestimmt, Untertanen zu sein? Besteht unser Leben in ständiger Arbeit?

(3) Was gibt uns Bestand, Kraft und Zuversicht, weiterzuleben und mit neuem Mut in die Zukunft zu blicken, worauf können wir uns verlassen?

(4) Wie leben wir sinnvoll? Wie kann in und mit diesen Lebensumständen unser Leben gelingen?

Diese Fragen sind keine intellektuellen, sondern existenzielle Fragen, die universal sind und prinzipiell alle Menschen betreffen. Sie resultieren aus der Erfahrung des Bedrohtseins, sie fragen nach der Art und Weise, wie das Dasein bewältigt werden kann. Sie richten sich auf den fraglichen und unsicher gewordenen Grund aller Wirklichkeit und suchen diesen zu "wiederholen". Sie fragen nach dem, was aller sich wandelnden und sich verändernden Wirklichkeit "zugrunde liegt" und dem menschlichen Leben Grund, Halt und Ziel gibt. Diese Fragen entspringen also den Grunderfahrungen der Menschen mit sich selbst und ihrer Welt, sie thematisieren "Erfahrungen mit den Erfahrungen".

2.3 Die Antwort der Priester

Die Priester antworten auf diese Grundfragen des bedrohten Menschen mit der Erzählung vom Anfang der Welt und dem Anfang des Menschen, von seiner Schöpfung. Es handelt sich bei den Schöpfungserzählungen also um "Urgeschichten". Dies ist jedoch nicht so zu verstehen, als erzählten sie von Urzeiten. Sie beschreiben vielmehr das Grund- oder Urgeschehen, das der Wirklichkeit zugrunde liegt und die Bedingung der Möglichkeit aller Erfahrung bildet. Das Urgeschehen "stellt den Möglichkeitsraum elementarer Erfahrung zusammen. Urgeschehen ist das, was in, mit und unter jeder Erfahrung miterfahren wird" (Liedke).
Die Antwort der Priester soll hier an vier Punkten aufgezeichnet werden.

(1) Geschöpf Gottes
Der Mensch ist zunächst einem Geschöpf, er ist nicht aus sich selbst, er ist von Gott her und kann nur in Bezug auf ihn gesehen werden. Der Mensch ist sodann Teil der ganzen Schöpfung, die durch die 7 Tage als ein gegliedertes Ganzes zu sehen ist und auf ein Ziel zugeht (Gn 2,1-3). Als Teil der Schöpfung ist der Mensch auf die anderen Geschöpfe verwiesen und auf sie angewiesen. Er steht in einem unauflöslichen Zusammenhang mit ihnen, der nur um den Preis der Gefährdung der ganzen Schöpfung zerstört werden kann. Durch die Schöpfung Gottes ist alles Geschaffene miteinander verwandt. Die Bezeichnung alles Geschaffenen als Geschwister bei Franz von Assisi hat darin ihren Grund (vgl. Sonnengesang). Wie allen geschaffenen Wesen ist auch dem Menschen ein bestimmter Lebensraum zugeteilt, nämlich die Erde mit ihrem Pflanzenkleid. Allerdings muß er diesen mit den Landtieren teilen, was einen fortwährenden Konflikt bedeutet, der der Regelung bedarf.
Zu dem Geschöpf "Mensch" gehört wie zu der ganzen Schöpfung das Urteil des Schöpfers: "Und siehe, es war sehr gut". Der Mensch wie die ganze Schöpfung geben Anlaß zur Freude, zu Lob und zu Dank. Dieses Gutsein, das mit Schönheit gleichgesetzt werden kann, ist aber dem Menschen verborgen. Die Schöpfung ist nur in den Augen Gottes gut, der sie als Ganzes anschaut. Die Schönheit der Schöpfung ist an den Werken nicht ohne weiteres abzulesen, gerade wiel sie als Ganzes noch nicht in Erscheinung getreten ist.

(2) Ebenbild Gottes
Der Entschluß, Menschen zu schaffen, sowie die Stellung der Menschenschöpfung am Ende der Schöpfung (6. Tag) verweist auf die Sonderstellung des Menschen im Gesamt der Schöpfung. Seine Erschaffung hat eine ganz besondere Absicht, er ist bewußt von Gott gewollt. Diese Besonderheit des Menschen kommt einmal in der Bestimmung zum Ausdruck, Ebenbild Gottes zu sein. Er ist dazu bestimmt Gott abzubilden, ja gleichsam ihn zu spiegeln. Der Mensch ist dazu erschaffen, Gottes Spiegelbild zu sein und Gottes Wesen abzubilden. Als Abbild ist der Mensch aber auf das Ebenbild verwiesen, sie gehören beide zusammen. Abbild und Urbild sind nicht voneinander zu trennen. Was und wer der Mensch wirklich ist, erfährt er also nur in der Hinwendung zu Gott. Durch die Ebenbildlichkeit ist der Mensch in eine innige Gemeinschaft mit Gott gerückt. Der Mensch ist dadurch Mensch, das er Gottes Gegenüber ist, ein Gegenüber, zu dem Gott sprechen kann und das ihm antworten kann. Der Mensch ist im priesterlichen Schöpfungsbericht das einzige Wesen, zu dem Gott spricht (Gn 1.28)! Diese Anrede stiftet die Personalität des Menschen, sie macht ihm zum ansprechbaren Du und zum antwortenden Ich. Menschsein ist daher ein "Verantwortlich-Sein". Dieses Menschsein ist daher notwendig dialogisch, es gewinnt sich selbst in der hörenden und antwortenden Hinwendung zu Gott. Das Wesen des Menschen liegt dann aber nicht in sich selbst, sondern außer ihm, in Gott. Der Mensch ist bei sich selbst, wenn er ganz außer sich ist, und Gott "entspricht". Wahres Menschsein kann daher verstanden werden als ein Dasein, das Gott entspricht und seine Eigenschaften "spiegelt". Wahres Menschsein ist Gleichnis oder Spiegelbild Gottes.
Der Begriff "Entsprechung" bringt besonders deutlich das Bezogensein des Menschen auf Gott, seine dialogische Existenz, den Antwort- und Gleichnischarakter seines Daseins zum Ausdruck, so daß Jüngels Verständnis des von Gott gemeinten Menschen als "der Gott entsprechende Mensch" die Ebenbildlichkeit des Menschen gut zusammenfaßt. Diese Bestimmung des Menschen kommt aber allen Menschen zu, unabhängig von

Rasse und Geschlecht, Fähigkeiten und Leistungen. Sie liegt in seinem Dasein begründet, sie ist nicht etwas, was zum Menschen noch hinzu kommt. Die Würde des Menschen liegt darin, Gott entsprechen zu können, auf ihn hören und ihm antworten zu können. Der Mensch wird hier grundlegend als Gemeinschaftswesen verstanden, das nicht einsam sein kann, sondern seine Menschlichkeit gerade darin entfaltet, daß es einen anderen für sich dasein läßt. Das Gott entsprechende Dasein ist daher notwendig auf andere bezogen. Die Ebenbildlichkeit realisiert sich in der Zweisamkeit menschlicher Existenz: "und er schuf sie als Mann und Frau".

(3) Der Schöpfungsauftrag des Menschen
Die Besonderheit des Menschen kommt zum anderen in seinem Auftrag zum Ausdruck, über die Kreaturen, ja über die ganze Erde zu beherrschen. Dieser Herrschaftsauftrag darf nicht von der Ebenbildlichkeit getrennt werden, er wird nur in ihrem Rahmen verständlich. Das bedeutet, daß der Mensch in der Wahrnehmung seiner Herrschaft Gott verantwortlich bleibt und auch darin Gott "entspricht". So wie Gott über seine Schöpfung sorgsam herrscht, soll auch der Mensch herrschen. Dem Gott entsprechenden Menschen ist damit die Sorge um das Wohlergehen und die Vermehrung des Lebens auf der Erde aufgetragen, nicht aber die willkürliche Machtausübung. Dies wird vollends deutlich, wenn man den Bedeutungshintergrund des hebräischen Wortes von "herrschen" betrachtet. Er ist geprägt von dem Ideal des israelitischen Königs, der im Alten Testament als irdischer Garant der universalen Schöpfungs- und Lebensordnung gilt (Psalm 72).
Hervorzuheben ist, daß der Herrschaftsauftrag die Herrschaft über Menschen ausschließt. Das wird verständlich, wenn man den Zusammenhang des Herrschaftsauftrages mit der Ebenbildlichkeit im Blick behält und die Würde des Menschen in der freien Zuwendung zu Gott begründet sieht. Eine Begründung, die Gn 9,6 explizit anführt.
Der Schöpfungsauftrag beinhaltet schließlich eine Konfliktregelung, die besagt, daß in Streitpunkten zwischen Menschen und Tieren im gemeinsamen Lebensraum Erde die Menschen entscheiden sollen. Diese Regelung ist verbunden mit einer präzisen Nahrungsaufteilung (Gn 1,29-30): Die Landtiere sollen "Gras und Kräuter" essen, also Pflanzen, die von alleine nachwachsen; die Menschen hingegen Getreide und Baumfrüchte, also Pflanzen, die angebaut werden müssen. So findet der mögliche Konflikt, der in dem gemeinsamen Lebensraum liegt, eine Lösung.
Der Einbruch der Sünde und die Flut machen jedoch eine Neuformulierung des Schöpfungsauftrages notwendig (Gn 9, 1-7). Die Nahrungszuweisung wird hier verändert und die Tiertötung freigegeben. In Anbetracht der Verdorbenheit der Erde (Gn 6,2) ist der Konflikt zwischen Mensch und Kreatur unvermeidlich geworden, es gibt keine Rückkehr mehr in die Zeit vor der Sünde. Der Konflikt macht nun aber Maßnahmen notwendig, die die Konfliktpartner voreinander schützen und eine wechselseitige Vernichtung verhindern. Nun ergänzen und kontretisieren der Tier- und Menschenschutz den Herrschaftsauftrag des Menschen und fordern ihn auf, unnötige Opfer zu vermeiden und die Konfliktpartner zu schonen.

(4) Von Gott gesegnet
Mit der Erschaffung des Menschen ist unauflöslich der Segen verbunden: "Seid fruchtbar und mehret euch" (Gn 1,28). Das Menschsein ist gehalten und getragen durch ein stilles, stetiges, unmerklich fließendes Handeln Gottes, den Segen. Der Segen Gottes ermöglicht, daß Mensch und Tier, ja die ganze Erde entstehen, wachsen und reifen, eben fruchtbar sind. Das Segenswirken Gottes, an dem alle Kreatur Anteil hat, bildet die notwendige Voraussetzung allen Daseins, gerade auch des menschlichen.

Literatur:

Claus Westermann, Schöpfung, Themen der Theologie 12, 1971
ders., Theologie des Alten Testaments in Grundzügen, ATD Ergänzungsreihe 6, 1978, 72ff.
Gerhard Liedke, Im Bauch des Fisches, 1979, 109ff.
Eberhard Jüngel, Der Gott entsprechende Mensch, in: Gadamer, Vogler (Hg.), Neue Anthropologie, Bd. 6, 1975, 342-372

3. Die jahwistische Schöpfungserzählung

3.1 Die Ursprungssituation: Stolz und Selbstvertrauen in der Salomozeit

Literatur:
Christoph Goldmann, Ursprungssituationen biblischen Glaubens, 1976
Hans Walter Wolff, Das Kerygma des Jahwisten, in: ders., Gesammelte Studien zum Alten Testament, 1964, 345ff.
Claus Westermann, Schöpfung, Themen der Theologie 12, 1971

3.2 Fragen und Probleme

In dieser Lebenssituation stellten sich dem Jahwisten sehr grundsätzliche Fragen, die man folgendermaßen charakterisieren könnte:

(1) Haben sich die Verheißungen an Abraham schon erfüllt? Ist die Geschichte mit Jahwe schon an ein Ende gekommen oder geht sie weiter?

(2) Was gibt dem menschlichen Dasein Bestand? Worauf können wir uns verlassen? Was trägt uns? Haben wir unser Geschick selber in der Hand oder sind wir auf Vorgaben angewiesen? Sind wir unumschränkte Herren? Können wir tun, was wir wollen?

(3) Wie sollen wir uns fremden Völkern gegenüber verhalten, so daß Frieden und Heil sich ausbreiten und wir ihnen zum Segen werden? Wie gehen wir mit dem um, was uns unterstellt ist?

(4) Sollen wir uns den neuen Gegebenheiten anpassen und das bisher Gültige aufgeben?

3.3 Die Antwort des Jahwisten

Der Jahwist entfaltet seine Antwort in einem breiten Geschichtswerk, das die Urgeschichte (Gen 2-11), die Vätergeschichte (Gen 2-50), den Exodus und die Wüstenzeit (Ex 1- Num 13f.) sowie die Zeit der Landnahme und die Königszeit (Num 24, Jos 21, 43f. 1.Kön 3-11) umfaßt. Wesentliche Antworten werden darin erzählend entfaltet, so z.B. die Antwort auf die Frage, wie Israel mit seinen unterjochten Nachbarvölkern umgehen soll, um seinen Segensauftrag zu verwirklichen.
In seiner Urgeschichte entwickelt der Jahwist gleichsam das anthropologische Fundament, aus dem heraus die Erwählung Abrahams und Israels verständlich und zugleich deutlich wird, warum die Völker der Erde den Segen brauchen.

(1) Lebendigsein
Der Mensch (adam) wird aus Erde (adama) gebildet. Aber erst indem Gott diesem "Erdengebilde" Lebensatem einhaucht, wird der Mensch zu einem "lebendigen Wesen" (Gen 2,7). Menschsein ist daher von Anfang an Geschaffensein. Der Mensch hat sein Dasein von Gott. Er hat sich daher nicht selbst in der Hand, er ist von Anfang an Empfänger. Das Einhauchen des Lebensatems begründet nun aber keine Zwei- oder Dreiteilung des Menschen, so als käme zum Leib eine (womöglich gar unsterbliche) Seele. Der göttliche Atem *macht* vielmehr lebendig, er macht aus dem Gebilde aus Erde ein lebendiges Wesen. Das Leben ist daher umfassend und ganzheitlich zu sehen, alles gehört dazu, nichts ist ausgenommen. Das Leben ist dann aber das, was dem Menschen zugeteilt wird, was ihm geschenkt wird. Er ist "Empfänger" in all seinen Bezügen, ohne Ausnahme. Leben ist dann aber auch etwas, was dem Menschen wieder genommen werden kann. Die Erdverbundenheit markiert von Anfang an die Begrenztheit und die Hinfälligkeit des Lebens. Gen 3, 18: "Staub bist du und zum Staub sollst du zurückkehren". Leben und Tod gehören von Anfang an zusammen.

(2) Der Auftrag

Gott hat den Menschen fürsorglich in einen Garten, das Kulturland, gesetzt (Gen 2,8). Dieser Garten ist ihm überstellt, um ihn zu "bebauen und bewahren" (Gen 2,15). Er ist kein Schlaraffenland, sondern erfordert Arbeit. Wohl kann der Mensch auf die Fürsorge Gottes zurückblicken, doch sein Lebensunterhalt ist damit noch nicht gesichert. Der Mensch muß dafür arbeiten. Arbeit ist Lebensbestandteil des Menschen, ohne sie gibt es kein menschenwürdiges Dasein. Allerdings hat die Arbeit einen bestimmten Sinn: sie ist dazu bestimmt, den Lebensraum des Menschen zu bebauen und zu bewahren, so daß er darin leben kann. Nur wenn Arbeit dieser Bestimmung genügt, kann sie menschlich genannt werden.

Alles, was dem Menschen zur Bearbeitung anvertraut wird, steht unter dem Auftrag, es zu "bewahren", d.h. zu beschützen und zu erhalten. Arbeit und Fürsorge gehören eng zusammen. Eine Arbeit, die nicht dieser Bestimmung genügt, ist verfehlt. In dem Auftrag, zu bebauen und zu bewahren, kommt ein selbständiges Aufnehmen und Fortführen der göttlichen Vorgaben zum Ausdruck. Der Mensch wird eingesetzt zum "cooperator dei". Noch deutlicher wird dies in der Namensgebung der Tiere (Gen 2,19). Bindung und Autonomie, Verantwortung und Freiheit bestimmen daher das Dasein und den Auftrag des Menschen.

(3) In Gemeinschaft

Es ist nicht gut, daß der Mensch allein sei (Gen 2,18). Der Mensch ist erst in Gemeinschaft wirklich Mensch, er braucht ein Du, das zu ihm gehört. Tiere können das nicht sein, in ihnen entdeckt der Mensch nicht das Wesen, das ihm entspricht. Erst die Frau entspricht dem Mann, und der Mann der Frau. In der Beziehung von Mann und Frau findet der Mensch die ihm gemäße Gemeinschaft, in der beide Hilfe und Unterstützung finden. Die Erschaffung der Frau unterstreicht die Zusammengehörigkeit von Mann und Frau (ein Stück von mir, sie gehört zu mir vgl. Gen 2,21f.). Diese Zusammengehörigkeit ist so stark, daß sie sogar familäre Bande löst (Gen 2,14).

(4) Begrenzt

Die Grenzen des Menschen liegen einmal in der Unverfügbarkeit seines Lebens, zum anderen in der Hinfälligkeit seines Daseins. Wieder zu Staub zu werden, gehört als unvermeidliche, geschöpfliche Grenze zum Menschsein. Das menschliche Leben ist eingeordnet zwischen Geburt und Tod. Den Sachverhalt zu negieren, daß Krankheit und Leiden, Mühsal und Not, Enttäuschung und Schmerz, Altern und Veränderung zum Menschen gehören, hieße am menschlichen Leben vorbeigehen. Alle Grenzen sind aber letztlich Ausdruck der einen Grenze Gott. Die letzte Grenze des Menschen liegt darin, daß Gott Gott ist und der Mensch Mensch ist. Der Mensch ist nicht Gott.

(5) Sich verfehlend

Der Mensch ist von Gott "begabt", ihm ist vieles anvertraut, wovon er freien Gebrauch machen kann (Gen 2,18). Doch der Gebrauch all dieser Gaben kann nicht willkürlich sein, er erfordert Verantwortung. Erst so eröffnet der Umgang mit den Schöpfungsgaben ein menschliches Leben. Dem willkürlichen Umgang mit diesen Gaben stehen deshalb Gebote Gottes entgegen, die die Aufgabe haben, den Menschen vor Lebensverlust, letztlich vor dem Tod zu bewahren (Gen 2,17). Dies sind keine lebensfeindlichen und einschränkenden Gebote, sondern solche, die das Leben befördern und erhalten. Gerade diese Gebote sind es, die die Freiheit des Menschen eröffnen: er kann sich positiv und negativ dazu verhalten. Erst die Möglichkeit, sich *für* oder *gegen* eine Sache zu entscheiden, läßt Freiheit entstehen. Der Mensch ist frei zur Verantwortung.

Der Mensch steht Gott gegenüber als ein Wesen, das sich für oder gegen ihn entscheiden kann. Diese Entscheidung ist schlechterdings unumgänglich, es gibt keinen "dritten Weg". Sie ist darüber hinaus lebenswichtig: an ihr entscheidet es sich, ob das Leben gelingt oder nicht. Ob das Leben gelingt, hängt schließlich davon ab, ob der Mensch aus freien Stücken den Geboten Gottes folgt und dem vertraut, der sie gegeben hat, ob der Mensch seinem Gegenüber Gott treu bleibt, die Grenzen annimmt, die dem Menschen als Geschöpf gesetzt sind und wirkliches Leben eröffnen.

Doch obwohl der Mensch weiß, daß er von den Geschenken seines Schöpfers lebt, wird er ungehorsam und verfehlt sich. Die Fehlbarkeit gehört zum Menschsein dazu. Der

Mensch ist nicht unfehlbar, er kann sich vergehen. Mit der Freiheit der Entscheidung und dem Ruf zur Verantwortung ist die Gefahr und die Versuchung verbunden, "schuldig" zu werden.

Der Mensch wird dort schuldig, wo er ignoriert, daß er das Gegenüber zu Gott ist, indem er selber wie Gott sein will (Gen 3,5). Er wird dort schuldig, wo er all das begreifen will, was dem Leben förderlich und abträglich ist. "Sünde" oder "Schuld" erweist sich in dem maß- und grenzenlosen Drang, alles selbst in die Hand zu nehmen und über alles herrschen zu wollen. Sünde und Schuld haben dabei ganz verschiedene Formen, sie zeigen sich

(a) im Ungehorsam und im Mißtrauen zu dem Schöpfergott und seinen lebensfreundlichen Vorgaben (Gen 3),

(b) in dem Mord an dem Menschenbruder und der Zerstörung menschlicher Gemeinschaft (Gen 4),

(c) in dem Versuch, die Grenzen des Menschen zu überschreiten und Übermenschliches herzustellen; ein Vorhaben, das das Menschsein bedroht und große Katastrophen heraufbeschwört (Gen 6, 1-4, 11, 1-9),

(d) in der Verachtung der Eltern, so daß das heile Verhältnis der Generationen und damit die Tradition gefährdet ist (Gen 9, 20-27).

Kehrseite der Sünde ist aber das Gericht, die Strafe. Sie besteht in dem Verlust von Lebensmöglichkeiten, letztlich in dem Verlust des Lebens. Doch die Androhung der Todesstrafe erfüllt sich in keinem Falle. Das Strafmaß bleibt immer wieder hinter der Schuld zurück, so daß sich immer wieder ein Element der Bewahrung zeigt.

(a) Adam und Eva werden "nur" aus dem Garten gewiesen, Gott macht ihnen sogar noch Kleider (Gen 3,12)

(b) Kain wird "nur" zum Nomadendasein verurteilt. Gott schützt ihn sogar noch durch das "Kainszeichen" (Gen 4,15)

(c) entgegen dem Vorhaben Gottes wird Noah durch Gottes Vorsorge gerettet und bekommt sogar noch die Zusage, daß eine solche Vernichtung sich nicht mehr wiederholen wird (Gen 8,21)

(d) die Hybris des Turmbaus wird "nur" mit der Zerstreuung in verschiedensprachige Völker geahndet (Gen 11, 9)

Es zeigt sich schließlich, daß menschliche Bosheit und Untreue den Heilswillen Jahwes nicht überwinden kann. Dennoch bleibt: Der Mensch hat die Neigung zum Bösen, er ist so, daß er sich verfehlt und gegen Gott und seinen Bruder sündigt. So erklärt sich, daß der Mensch aus dem Garten vertrieben wird und nun nicht mehr "daheim", sondern in der "Fremde", fern von Gott lebt. Die irdische Existenz des Menschen besteht nicht in fürsorglicher Geborgenheit und wärmender Nähe, sondern sie ist gekennzeichnet durch Mühe und Schmerzen, Not und Elend, Leiden und Krankheit, Schuld und Tod. Die irdische Existenz des Menschen zeigt hier noch einmal ihre Begrenztheit, die dem Menschen verdeutlicht, daß er nicht wie Gott ist.
Doch die Bewahrung zeigt: Die Ferne von Gott, die fehlende Nähe und Geborgenheit bedeutet keine völlige Trennung. Der von Gott entfernte Mensch bleibt der von Gott beschützte, versorgte und gesegnete Mensch, er bleibt Gottes Geschöpf. Der Erfahrung des Ja gegenüber.

Literatur:

Claus Westermann, a.a.O.
Gerhard Liedke, a.a.O.

4. Das Gleichnis vom verlorenen Sohn (Lk 15, 11-32)

4.1 Ursprungssituation: Vorwürfe der Schriftgelehrten und Pharisäer an Jesus wegen der Tischgemeinschaft mit Zöllnern und Sündern.

Literatur:

Eta Linnemann, Gleichnisse Jesu, 1961, 71-79
Joachim Jeremias, Die Gleichnisse Jesu, 1978, 86-90
Günter Bornkamm, Jesus von Nazareth, 1956, 116ff.

4.2 Fragen und Probleme

Diese Situation impliziert Fragen und Probleme, auf die das Gleichnis eingeht.

(1) Wie finde ich ein erfülltes Leben? Beruht es auf meiner Anstrengung und Leistung? Ist Geborgenheit und Anerkennung Lohn und Ergebnis meines Handelns? Verteilt Gott seine Liebe nach der Leistung, und zwar jedem so, wie er es verdient?

(2) Bin ich nur anerkannt und gemeinschaftsfähig, wenn ich gegebene Normen erfülle und mein Leben ganz nach ihnen ausrichte? Ist Gottes Liebe und Gerechtigkeit an Bedingungen und Voraussetzungen geknüpft?

(3) Gibt es Hoffnung auf einen neuen Anfang, wenn ich versagt habe, oder ist mein Leben dadurch für alle Zeiten verpfuscht? Ist Gottes Zorn und Strafe unausweichlich?

(4) Ist wirkliches Leben gekennzeichnet durch strenge Pflichterfüllung und hohes Verantwortungsbewußtsein?

(5) Bin ich wahrhaft frei, wenn ich mich nicht mehr an Vorgaben und Regeln halte und mich nur auf mich selbst verlasse?

(6) Wie soll ich mich zu dem Menschen verhalten, besonders zu dem, der sich verfehlt hat und schuldig geworden ist?

4.3 Die Antwort: Die Parabel vom verlorenen Sohn

Jesus antwortet auf die Vorwürfe der Pharisäer und Schriftgelehrten mit dem Gleichnis vom verlorenen Sohn.
Die Parabel vom verlorenen Sohn läßt sich in verschiedene Phasen zerlegen, deren nacheinanderfolgende Betrachtung den Inhalt erschließt.

1. Aufteilung des Besitzes und Abschied (V. 11-13)
2. Leben in der Fremde (V. 13b-16)
3. Umkehr und Rückweg (V. 17-20)
4. Empfang und Fest (V. 20-24)
5. Heimkehr und Zorn des Bruders (V. 25-28a)
6. Gespräch des Vaters mit dem älteren Sohn (V. 28b-32)

Der nähere Ablauf ergibt sich aus den Sacherklärungen (s. Schülerheft). Zum Verständnis des Gleichnisses sind jedoch noch einige Bemerkungen hilfreich:

a. Die ntl. Forschung ist sich nicht einig, wie der Zug in die Fremde zu beurteilen ist. G. Bornkamm sieht darin eine Verachtung der Güte des Vaters und ein Handeln, das so tut, als wäre der Vater schon tot. Dahinter steht die Auffassung, daß auch nach Verteilen des Besitzes der Vater das Verfügungsrecht bis zu seinem Tode behält. Der Abschied stellt dann einen Vertrauensbruch und eine ungeheuerliche Verantwortungslosigkeit dar. J. Jeremias und E. Linnemann sehen in dem Verhalten des jüngeren

Sohnes ein durchaus übliches und legitimes Tun, das genügend andere Beispiele hat. Wir haben uns der letzteren Auffassung angeschlossen, da offensichtlich zur Zeit Jesu das gesetzliche Verbot für einen Sohn, das ihm übergebene Eigentum zu verkaufen, noch nicht in Kraft war. Die Sünde des Sohnes ist dann seine verschwenderische Lebensart. Er wird ein unwürdiger Sohn durch die willkürliche Unverantwortlichkeit, mit der er seines Vaters Gut durchbringt, das ihm freiwillig überantwortet worden war.

b. Die Umkehr wird oft als erster Schritt der Buße verstanden, als das Bemühen, wieder etwas gutzumachen. Angesichts der äußersten Lebensgefahr, nämlich vor Hunger umzukommen (V. 17), erscheint aber die Umkehr als der einzig mögliche Ausweg, um nicht zu Tode zu kommen. So erscheint die Rückkehr nicht als Buße, sondern als letzter Ausweg, der dem jüngeren Sohn noch blieb.

Für eine theologische Anthropologie ist es sehr aufschlußreich, einmal die verschiedenen Personen des Gleichnisses in den verschiedenen Phasen zu betrachten.

DAS GLEICHNIS VOM VERLORENEN SOHN
Interpretation der drei beteiligten Personen in den einzelnen Phasen

Jüngerer Sohn	Älterer Sohn	Vater
<u>Empfängt ein Vermögen</u>, will unabhängig sein, möchte eigene Wege gehen, möchte auf niemanden angewiesen sein, lebt ohne Schranken, will frei und ungebunden sein, auf eigenen Füßen stehen, selbstständig sein, <u>hat Angst, zu kurz zu kommen</u> will glücklich werden, ein erfülltes Leben leben, <u>das Leben soll gelingen.</u>	<u>Empfängt ein Vermögen</u>, bleibt dem Vater treu, hält die Gesetze genau ein, tut das, was recht ist, ist verantwortungsbewußt, stellt eigene Wünsche zurück, hält an dem Bestehenden fest, <u>will ein gelingendes Leben finden</u>, verzichtet.	verteilt sein Vermögen unter seine Söhne, gibt dem Jüngeren was er verlangt und was ihm zusteht, hält nicht fest, macht keine Vorwürfe
verschwendet die freiwillig gegebenen Gaben, sein Vermögen, ist maßlos; erleidet Schiffbruch: gerät in Not, aus der Fülle wird Mangel, Beziehungen brechen ab, er ist allein, lebt unter Schweinen, wird abhängig von einem Heiden: verliert endgültig jeden Halt, entwurzelt, verliert Nähe und Geborgenheit, steht kurz vor dem Hungertod, ist auf Null, ist am Ende		leidet unter dem Weggang des Sohnes, gibt seine Liebe nicht auf, leidet mit, ist "sympathisch"
erinnert sich an seinen Vater, sieht bei ihm die letzte Chance, erwartet von ihm "barmherzige" Gerechtigkeit, erkennt sein Scheitern voll an, erkennt, daß sein Leben mißlungen ist, schreibt dies seiner eigenen Leistung zu, will allein mit ihr fertig werden will die Schuld tragen, mit der Schuld leben, spricht über sich selbst das Urteil, rechnet damit, daß		hält Ausschau, wartet, nimmt auch von ferne Anteil; läßt sich nicht trennen, der Sohn ist ihm nicht gleichgültig, für ihn ist der Sohn im Grunde nicht verloren

sein Vater ihn nicht mehr voll anerkennen kann; glaubt, daß er klein und abhängig bleiben muß;

---

sieht in dem Vater einen strengen Richter, rechnet nicht mehr mit einem neuen Anfang, sein Leben ist bloß noch Vergangenheit, sie ist die lebensbestimmende Macht

ihm geht der Vater wider Erwarten entgegen, er wird zum Ehrengast, er wird gleichberechtigt, er bekommt neue Vollmacht und Freiheit. Die Vergangenheit wird um ihre alles bestimmende Macht gebracht; er läßt sich küssen, nimmt die Liebe an, akzeptiert die Einladung zum Fest, feiert mit, nimmt Anteil an der Gemeinschaft, erfährt sich und die anderen neu, bekommt Anteil an der Freude

geht dem Sohn entgegen, hält Ausschau nach ihm, hält nicht an seiner Würde fest, pocht nicht auf Abstand, Form und Höflichkeit, bleibt offen umarmt und küßt ihn, liebt, freut sich, vergibt, schützt, schenkt Vertrauen, nimmt auf, macht einen neuen Anfang, beugt sich herab, hat Zeit, schaut nicht auf die Leistung, begegnet ihm als einem freien Menschen, das Beste ist gerade gut genug; macht ein Fest, ist spontan, streicht die Vergangenheit durch, schenkt Zukunft.

---

hat Angst um den Wert seiner Arbeit, möchte wichtig sein, erwartet für seine Leistung entsprechend honoriert zu werden, hat Angst nicht anerkannt zu werden, ist eifersüchtig, neidisch, mißtrauisch, rechnet Leistung gegen Lohn auf, verurteilt nicht normkonformes Verhalten, verlangt nach Bestrafung für das Nicht-Einhalten vorn Normen, sieht den Vater als strengen Richter, kann nicht vergeben, nicht lieben, hat Schwierigkeiten, "unverdiente" Liebe anzunehmen, die Welt muß in Ordnung bleiben, kann sich nicht freuen, macht Vorwürfe, ist unzufrieden, will mehr haben

---

	<u>ihm geht der Vater entgegen,</u> lädt ihn ein, bittet ihn, mitzufeiern; ist eingeladen, die Liebe und die Güte des Vaters einzunehmen, ist eingeladen, von sich selbst abzusehen und einen neuen Anfang mit anderen und sich selbst zu machen	bittet, lädt ein, ohne Zwang, wirbt, eröffnet Selbstständigkeit und Freiheit, will Verbrüderung und Versöhnung, bittet den Bruder als Bruder anzunehmen, sucht Überwindung von Neid, Eifersucht, Konkurrenz

Versteht man nun das Gleichnis vom verlorenen Sohn als Darstellung des Menschen, so wie ihn Jesus sieht, so erscheinen die beiden Söhne als Abbild des Menschen, wie er "wirklich" ist.

(1) In-Beziehung-sein
Der Mensch steht von Anfang an in Beziehungen und Bindungen. Ohne diese kann er gar nicht existieren. Sein Leben ruht auf Vorgaben, die er sich nicht selbst gibt, sondern die er empfängt. Er kann über diese Gaben nicht selbstmächtig verfügen, er ist vielmehr auf sie angewiesen, er ist mit ihnen "gesegnet". Es gibt den Menschen nicht an sich, es gibt ihn nur in Beziehungen und Abhängigkeiten. Dafür kann er sich nicht erst entscheiden. Ohne diese Beziehungen gibt es ihn gar nicht, sie gehören zu seinem Menschsein dazu. Im Gleichnis sind die beiden Söhne von Anfang an als Söhne eines Vaters dargestellt. Demgemäß sind aber die beiden - und damit alle Menschen - von Anfang an Brüder. Die beiden Söhne erhalten am Anfang ein Vermögen, ein Erbe, das ihnen anvertraut wird. Es eröffnet ihnen einen weiten Spielraum des Lebens, den sie ganz verschieden nutzen können.

(2) Freiheit
Der Mensch hat die Möglichkeit, seine Angewiesenheit auf Vorgaben und sein In-Beziehung-sein anzunehmen oder abzulehnen. Er hat die Möglichkeit, die vorgängige "Hingabe" seinerseits mit "Hingebung" zu beantworten und damit sich selbst treu zu bleiben.
Darin besteht die Freiheit der beiden Söhne: der Vater überläßt beiden die Entscheidung, wie sie mit den Gaben umgehen wollen und stellt es ihnen frei, bei ihm zu bleiben und seine Gemeinschaft anzunehmen. Er möchte, daß seine Söhne aus freien Stücken bei ihm bleiben. Deshalb gibt er dem jüngeren das, was ihm zusteht und läßt ihn ohne Vorhaltungen ziehen. Deshalb überläßt er dem anderen die Entscheidung, am Fest teilzunehmen. Der Vater möchte, daß die Söhne nicht aus Zwang, sondern aus freier Liebe zu ihm seine Gemeinschaft annehmen.

(3) Suche nach erfülltem Leben
Der Mensch will leben, er strebt nach Erfüllung, er sucht nach einem Leben, von dem er sagen kann, daß es sich lohnt. Er sucht nach Heimat, nach Nähe, die ihn nicht erdrückt, sondern Raum gibt zum freien Atmen. Beide Söhne suchen das Leben, beide sind bestrebt, "glücklich" zu werden.

(4) Selbstbehauptung und Selbstverwirklichung
Es gehört aber zur Tragik des Menschen, daß er in der Suche nach einem erfüllten Leben seine Freiheit mißbraucht und sein Angewiesensein und In-Beziehung-sein negiert.
Der Mensch sucht sein Leben selbst in die Hand zu nehmen und durch die eigene Leistung zu begründen. Er will sein Leben erfüllt "machen" und selber die Voraussetzungen und Beziehungen herstellen, die er zu einem gelingenden Leben braucht. Ob das Leben gelingt, hängt davon ab, was er leistet. Glück und Erfüllung, Geborgenheit und Nähe, Liebe und Verständnis: gelingendes Leben ist so Ergebnis seiner Anstrengungen. Auch dies zeigt sich an den beiden Söhnen: Der jüngere sucht das Leben zu finden, indem er alle Brücken abbricht und maß- und grenzenlos seine Gaben verschwendet. Er will sich selbst behaupten und sein Leben selbst verwirklichen.

Er bleibt dieser Selbstbehauptung auch dann noch treu, als er sein Scheitern erfährt. In dem verzweifelten Versuch noch den Zusammenbruch seines Lebens zu ertragen, zeigt sich noch im Negativen der Versuch, sich selbst zu behaupten. Der ältere sucht das Leben zu finden, indem er jedem Risiko ausweicht und Normen und Regeln pedantisch erfüllt. Auch er will sich selbst behaupten und sein Leben selbst verwirklichen. Beide betrachten das Leben als Tat und Verdienst, beide sehen in dem Vater den strengen Richter, der danach urteilt, was einer geleistet hat.

(5) Gefangen in sich selbst
Der sich selbst behauptende Mensch macht sich selbst zum Mittelpunkt seines Wollens, Denkens, Handelns und Fühlens. Er ist ganz auf sich selbst fixiert und beginnt, sich um sich selbst zu drehen. Er gerät in einen ausweglosen Zwang, der sein ganzes Leben bestimmt: Alles, was er unternimmt, tut er für sich. Alles, was ihm begegnet, bezieht er auf sich. Er sieht alles im Bezug auf sich selbst. Er kann sich nicht verlassen und aus sich herausgehen. Er ist gefangen in sich selbst. Der Mensch ist nicht mehr Herr seiner selbst, sondern er wird beherrscht durch den Zwang, sich selbst zu verwirklichen und sich selbst zu behaupten. Voller Hochmut macht er sich selbst zum Schöpfer seines Lebens und verkehrt sein Dasein.
Beide Söhne betrachten ihr Handeln und Erleben allein unter dem Gesichtspunkt, "was es ihnen bringt". Selbstsüchtig suchen sie in dem, was sie unternehmen, ihr Leben zu erzwingen. Der eine durch den willkürlichen Umgang mit den eigenen Möglichkeiten und der Weigerung, sich anzupassen. Der andere durch den Verzicht, eigene Wege zu gehen und dem Zwang zur Überanpassung. In beiden Fällen geht der Mitmensch als Nächster verloren. Er wird entweder nur noch als Beschränkung der eigenen Freiheit oder als Konkurrent und Gegenstand der Selbstdarstellung begriffen.

(6) In Ängsten
Hinter dem Versuch, sich selbst zu behaupten, stehen aber fundamentale Ängste. Einmal die Angst, zu kurz zu kommen und zum anderen die Angst, nicht anerkannt zu werden. In beiden Ängsten verbirgt sich die Angst, sein Leben zu verlieren. In dieser Angst sucht der Mensch sein Leben in den Griff zu bekommen, festzuhalten und zu "besitzen". In der Angst, am Leben vorbeizugehen, verschließt er sich selbst und wird unfähig, Gemeinschaft einzugehen und Bindungen zu akzeptieren.

(7) Selbstverlust
Aber der Mensch, der sich selbst behaupten will, verliert sich selbst. Er scheitert an sich selbst, er wird an sich selbst schuldig. Es gehört zur Tragik des Menschen, daß er das Leben gewinnen will, doch in dem Versuch, es selbst zu begreifen, verliert er es. Paulus beschreibt dies folgendermaßen: "Denn nicht was ich will, tue ich, das Gute, sondern das, was ich nicht will, das Böse, das betreibe ich. Indem ich aber das tue, was ich nicht will, bin ich nicht mehr selbst der Handelnde, sondern die Sünde, die in mir wohnt. So stellt sich mir die gesetzmäßige Erfahrung ein: Ich will das Gute tun und verfüge doch nur über das Böse." (Röm 7, 19-21 nach Wilckens).
Der jüngere Sohn endet in der totalen Vereinzelung, die Welt, die ihm zur Heimat werden sollte, wird ihm zur Fremde. Sein Hunger nach Brot, sein Bedürfnis nach Nahrung, Beziehung und Angenommensein bleiben ungestillt. Sein Leben wird trost- und freudlos. Der Wunsch, ganz unabhängig zu sein, von allem frei zu sein, führt in die ausweglose Abhängigkeit.
Der Versuch des älteren Sohnes, sein Leben zu finden und in Besitz zu nehmen, macht ihn neidisch, eifersüchtig und mißtrauisch. Seine Suche nach Anerkennung und Bestätigung endet in einer zwanghaften Gesetzlichkeit, Selbstgerechtigkeit und einem mißgünstigen Aufrechnen von Leistungen, schließlich in der Unfähigkeit, Liebe zu geben und der Schwierigkeit, Liebe anzunehmen. Unter dem Zwang, alles richtig zu machen, wird sein Leben freud- und lieblos. Dies trennt ihn von seinem Bruder und vor allem auch von seinem Vater, er wird einsam. Obwohl er dem Vater treu zu bleiben versuchte, verliert er seine Nähe und seine Gemeinschaft.

(8) Verloren, doch angenommen
Der Mensch, der in dem Drang, sein Leben zu besitzen, sein Leben verliert, ist aber

auch der Mensch, dem gegen alle Erwartung Liebe und Verständnis entgegengebracht wird. Gegen alle Sitte geht der Vater seinen beiden (!) Söhnen entgegen. Der auf sich selbst bezogene, in sich verkrümmte Mensch, ist auch der Mensch, dem Nähe und Gemeinschaft angeboten wird, unabhängig davon, was er vorzuweisen hat. Paulus bezeichnet dies als "Rechtfertigung des Sünders". Beiden Söhnen reicht der Vater seine Hände und bietet ihnen seine grenzen- und bedingungslose Gemeinschaft an. Er macht sie "gerecht", indem er ihnen seine Zuwendung und Gemeinschaft anbietet.
Der Mensch ist zu einem erfüllten Leben bestimmt. Er findet es jedoch erst in der bedingungslosen Hingabe zu Gott, in dem Vertrauen in das, was auf ihn zukommt. Der jüngere Sohn findet sein Leben in den Armen des Vaters. Indem er sich losläßt und sich hingibt, findet er ein gelingendes Leben. Diese Hände und diese Einladung gelten beiden Söhnen, sie sind beide eingeladen, die vorbehaltlose Liebe des Vaters anzunehmen. Sie können beide die Erfahrung machen, daß auf den Menschen Neues zukommt, daß ihm eine Zukunft verheißen ist, die Heil und erfülltes Leben bringt.
Sie können beide die Erfahrung machen, daß das Leben nicht von "hinten" bestimmt wird, sondern durch das, was von "vorne" auf uns "zukommt". Wahres Leben entscheidet sich nicht an Vergangenem, sondern in der Annahme und Verarbeitung von Neuem. Das Leben wird nach vorne gelebt, nicht nach hinten. Es verlangt Mut und Risikobereitschaft, es verlangt den Mut, sich zu wandeln. Wer sich darauf einläßt, macht die Erfahrung, daß es einen neuen Anfang wider alle Erwartung gibt, daß es Vergebung gibt.

(9) Der neue Mensch
Der Mensch, der sich auf die einladende Zukunft einläßt, sich vertrauensvoll losläßt und fallen läßt, der wird verändert; er wird zu einem "neuen Menschen". In der Aussicht auf ein erfülltes Leben erfährt er Nähe und Geborgenheit, Freude und Gemeinschaft als reale Möglichkeiten.
Er wird frei von dem Zwang, sich selbst behaupten zu müssen und sein Leben selbst suchen und verdienen zu müssen. Paulus bezeichnet dies als die *Freiheit von der Sünde* (vgl. Röm 6).
Er wird frei von dem Zwang, sein Leben festhalten zu müssen, er wird frei von der Angst, sein Leben zu verlieren. Paulus bezeichnet dies als *Freiheit vom Tod* (vgl. Röm 5,1-11).
Er wird frei davon, die Ansprüche aus Beziehungen, Bindungen und Vorgaben als mißgünstige, lebensbedrohende Einschränkungen oder als Mittel zur Sicherung von Anerkennung und Liebe wahrzunehmen. Paulus bezeichnet dies als *Freiheit vom Gesetz* (vgl. Röm 7,1ff.; Gal 3,1ff.)
Doch die *Freiheit von etwas* wird ergänzt durch die *Freiheit zu etwas*. Die Erfahrung unbedingter Zuwendung mach den Menschen frei, sich selbst und andere anzunehmen. Er wird frei zur Liebe und zur Gemeinschaft. Er kann das Gesetz Christi erfüllen: Liebe deinen Nächsten wie dich selbst (Gal 5,14).
Die Erfahrung dieses schrankenlosen Ja versöhnt mit den eigenen Grenzen und seinem Versagen; es macht frei, sich so zu sehen, wie man wirklich ist. In den Armen des Vaters kann der jüngere Sohn sich so annehmen und sich so sehen, wie er wirklich ist: Ein begrenzter, angsterfüllter, sich selbst verfehlender Mensch, der nach erfülltem Leben sucht, es aber verfehlt; gleichzeitig aber ein Mensch, dem eine große Einladung gilt, nämlich sich selbst loszulassen und als Wiedergefundenem das Leben zu finden.
Die Erfahrung des schrankenlosen Ja macht den Menschen aber auch frei, Beziehungen und Bindungen dankbar als Ermöglichung vom Leben anzuerkennen und sich ihnen vertrauensvoll zu öffnen. Es macht frei, seinen Gegenüber freudig anzunehmen und das zu geben, was für ihn nötig ist. Die Erfahrung zuvorkommender Liebe schafft schließlich Gemeinschaft, Heil und Frieden. Was vorher trennte, verliert seine Bedeutung, Gegensätze und Widersprüche verlieren ihre trennende Kraft.

(10) Gegenüber Gottes
Und Schließlich: Wie der Mensch wirklich ist, kommt nur in den Blick im Hinblick auf den, dem der Mensch sich verdankt und der ganz anders ist. Wie der Mensch wirklich ist, kommt erst in den Blick, wenn man ihn betrachtet in Bezug zu Gott. Das Verhalten der beiden Söhne wird erst verständlich in Bezug auf ihren Vater, der

- die Söhne versorgt mit dem, was sie zum Leben brauchen und ihnen einen Raum zum Leben eröffnet
- die Söhne freigibt und es ihnen überläßt, seine Gemeinschaft anzunehmen
- sich um die Söhne sorgt und ihr Bestes will
- den Söhnen wider Erwarten entgegenkommt, sich ihnen öffnet, unabhängig davon, was sie geleistet haben
- sich zu ihnen niederbeugt, seine Zuneigung ohne Einschränkung verschenkt und sie zu einem erfüllten Leben einlädt - und gerade darin zeigt, daß er nicht festzulegen ist.
- für seine Söhne Zeit hat und immer für sie da ist
- seine Söhne als gleichrangige Partner akzeptiert
- sich für Brüderlichkeit und Frieden unter den Söhnen einsetzt und Trennung zwischen ihnen zu überwinden sucht.

4.4 Die Intentionen von Lukas 15, 11-32

(1) Hinweis auf Gottes voraussetzungslose Liebe und Einladung, sich ihr anzuvertrauen. Zusage der "Liebenswürdigkeit" jedes Einzelnen, auch des schuldig gewordenen. Einladung, sich als Gottes Sohn zu verstehen und sich Gott zuzuwenden.

(2) Befreiung von dem Zwang, sich selbst behaupten und sich Gottes Liebe verdienen zu müssen. Befreiung von Selbstgerechtigkeit.

(3) Aufdecken der eigenen Begrenztheit und Fehlbarkeit. Versöhnung mit den eigenen Grenzen und Fehlern.

(4)Ermutigung, auch dem schuldig gewordenen anzunehmen und ihm Anteil an der Gemeinschaft zu geben.

(5) Vermittlung der Hoffnung auf Vergebung und Neuanfang. Neuorientierung an dem, was kommt und nicht an dem, was war.

(6) Bestreitung der Göttlichkeit und Allmacht des Menschen in dem Versuch, sein Leben selbst zu erschaffen.

(7) Rechtfertigung des Verhaltens Jesu

Literatur:

Hans Georg Drescher, Das Menschenbild der Theologie, in: ders., (Hg.) Der Mensch, Wissenschaft und Wirklichkeit, 1966, 123ff. bes. 129-131
Günter Bornkamm, Paulus, 1969, 121ff.
Manfred Josuttis, Freiheit in theologischer Sicht, in: G.Brakelmann (Hg.), Freiheit konkret, Über Wahrheit und Wirklichkeit eines Schlagworts, GTBn 313, 1979, 39ff.

4.5 "H e i m k e h r"

(1) Die Erzählung
Warum der Sohn das Elternhaus verlassen hatte, was ihm in der Fremde begegnet war, was ihn nun zur Heimkehr bewogen hat, das alles wird mit keinem Wort erwähnt. Wichtig ist nur der Moment des Ankommens. Aber auch hier ist alles in das "Ich" des Erzählers bzw. des Heimkehrenden verlegt: weder erscheint der Vater zur Begrüßung noch hören wir etwas von der Kritik des älteren Bruders. "Ich bin zurückgekehrt", schon mit dem ersten Satz sind wir gezwungen, an den Gefühlen und Empfindungen des Heimkehrenden teilzunehmen.

Freilich, es sind zwiespältige Gefühle, die sich des Heimkehrenden bemächtigen: das Gefühl der Vertrautheit und das der Fremdheit. Das Gefühl der Vertrautheit: Alles ist noch so, wie er es beim Fortgehen verlassen hatte, obwohl der Flur, den er durchschreitet wie der "alte Hof" mit der Pfütze in seiner Mitte, das "alte unbrauchbare Gerät" das den Weg zur Bodentreppe verstellt; die Katze, die auf der Lauer liegt und das "zerissene Tuch, das sich im Wind hebt". Aber zugleich mutet alles irreal, fremd und "unheimlich", ja bedrohlich und feindlich an. Niemand scheint mit seinem Heimkommen zu rechnen, alles ist wie im Tode erstarrt.
"Ich bin gekommen", sagt der Heimkehrende. Aber trotz vertrauter Lebenszeichen hat er nicht das Gefühl, "zu Hause" zu sein. In die Beklemmung darüber, wer den Heimkehrenden empfangen werde, mischt sich die Angst: "Wer wartet hinter der Tür der Küche?", so als ob sich hinter der Tür Bedrohung und Unheit verbergen würden. Es ist zwar seines "Vaters Haus", aber statt Wärme schlägt ihm die Kälte einer funktionalen Ordnung ("Kalt steht Stück neben Stück, als wäre jedes mit seinen eigenen Angelegenheiten beschäftigt") entgegen, zu der auch er zu gehören scheint. Der Heimkehrende weiß sich, "und sei ich auch des Vaters, des alten Landwirts Sohn", nicht mehr aufgehoben im Ganzen des Vater-Hauses; vielleicht war es einmal in den "Kindertagen" so, aber nun ist er aus dem Zusammenhang des Ganzen herausgebrochen und ihm fremd geworden. Konsequenterweise stellt er daher auch nicht die Frage nach seiner Person: *Wer* bin ich?, sondern die nach seinem Nutzen: "Was kann ich ihnen nützen, was bin ich ihnen..?"
Der Sohn "kehrt" in das Vaterhaus "zurück", aber er "kehrt" nicht "heim"; die "Heimkehr" endet *vor* der Tür der elterlichen Küche. Niemand öffnet die Tür, weder der Vater bzw. die Eltern von innen noch der Sohn von außen: "Und ich wage nicht, an der Küchentür zu klopfen". Der Grund: Die "dort Sitzenden" haben ein "Geheimnis" vor ihm, dem Sohn, zu wahren, aber auch er, der Sohn, hat "sein Geheimnis" vor ihnen zu wahren, selbst dann, "wenn jetzt jemand die Tür öffnete und mich etwas fragte". Jeder ist eingeschlossen in seinem Gefängnis und vermag die Tür zum anderen aus Angst und Schuld nicht zu öffnen.

(2) Biographische Hinweise zum Verständnis
Bei kaum einem anderen Dichter hängen Lebensgeschichte und Werk so eng zusammen wie Franz Kafka; das gilt auch für seine "Heimkehr" aus dem Jahr 1920.

Kafkas Versuche, Bindungen einzugehen, waren bestimmt von der Sehnsucht, ein Leben in Gemeinschaft zu führen, vor allem in der Ehe; zugleich hatte er aber "Angst vor der Verbindung, dem Hinüberfließen". Mit der Gründung von Ehe und Familie wollte er sich vom Elternhaus, besonders vom Vater lösen; nur so konnte er dem Vater "ebenbürtig" werden, aber die Angst, "dann nie mehr allein zu sein", war zu groß. Zweimal verlobte er sich mit Felice Bauer, jedesmal folgte die Entlobung. Kafka hat seine Unfähigkeit zu Liebe und Hingabe, vor allem Felice gegenüber, als schwere persönliche Schuld empfunden.
Ende Juli 1920 kam er nach mehrmonatigem Kuraufenthalt aus Meran zurück nach Prag - er litt schon seit langem unter einer beidseitigen Lungen-Tbc -, aber er "kehrte" nicht "heim" zu seinen Eltern, sondern zog für 4 Wochen zu seiner Schwester Elli. In dieser Zeit wurde ihm gewiß, daß auch seine Beziehung zu Milena, einer verheirateten Journalistin, ebenso unglücklich enden würde wie alle bisherigen Beziehungen, und daß auch die ersehnte Selbstständigkeit vom Elternhaus sich nicht einstellen würde. So sah er keine andere Wahl, als ins Elternhaus zurückzukehren. In dieser Zeit entstand u.a. die "Heimkehr".

Kafkas Elternhaus, das war für ihn vor allem des "Vaters Haus". Schon im "Urteil" (1912) hat er das Vaterbild als "Schreckbild" gezeichnet. Auf unerklärliche Weise an die Autorität des Vaters gebunden, bewunderte er ihn wie eine höhere Macht und fürchtete ihn zugleich, fühlte er sich in seinem Schatten klein und minderwertig, hilflos seiner Tyrannei ausgeliefert. In seinem langen "Brief an den Vater" (1919), den dieser nie erhalten hat (und auch nicht erhalten sollte), legte Kafka in erschütternder Weise seine Beziehung zum Vater dar. Er schreibt "Ich war schon niedergedrückt durch deine bloße Körperlichkeit. Ich erinnere mich zum Beispiel daran, wie wir uns öfter zusammen in der Kabine auszogen. Ich mager, schwach, schmal, Du

stark, groß, breit. Schon in der Kabine kam ich mir jämmerlich vor, und zwar nicht nur vor Dir, sondern vor der ganzen Welt, denn du warst für mich das Maß aller Dinge. Traten wir dann aber aus der Kabine heraus, ich an Deiner Hand, ein kleines Gerippe, unsicher, bloßfüßig an den Planken, in Angst vor dem Wasser, unfähig Deine Schwimmbewegungen, die Du mir in guter Absicht, aber tatsächlich zu meiner tiefen Beschämung immerfort vormachtest, dann war ich sehr verzweifelt und alle meine schlimmen Erfahrungen auf allen Gebieten stimmten in solchen Augenblicken großartig zusammen".
Kafka weiß, daß es einseitig, ja unerlaubt ist, die Familie mit einem Gefängnis zu vergleichen, denn es sind "doch meine Eltern., immer wieder Kraft gebende Bestandteile meines eigenen Wesens, nicht nur als Hindernis, sondern als Wesen zu mir gehörig", aber dem steht entgegen sein "unendliches Verlangen nach Selbstständigkeit, Unabhängigkeit, Freiheit nach allen Seiten. Lieber Scheuklappen anziehen und meinen Weg bis zum äußersten gehen, als daß sich das heimatliche Rudel um mich dreht und mir den Blick zerstreut. Deshalb wird jedes Wort, das ich zu meinen Eltern oder sie zu mir sagen, so leicht zu einem Balken, der mir vor die Füße fliegt" (Tagebuch, 18.Okt. 1916). (So "wagt" auch der Heimkehrende nicht, "an der Küchentür zu klopfen" weil die "dort Sitzenden" ihr "Geheimnis" haben, das sie vor ihm wahren wollen, so wie er selbst sein "Geheimnis wahren will"). In einer Welt, die "verkehrt", "heillos" und "grotesk" ist, ein "Gefängnis ohne Gitter", kann der Mensch nur so leben, daß er sich abschließt, weder Türen öffnet noch will, daß Türen geöffnet werden. In einer solchen Welt muß jeder sein Geheimnis wahren, nur so kann sich der Mensch gegen eine zum Alptraum gewordene Welt wehren. Das aber bedeutet, einsam und fremd zu werden: "Je länger man vor der Tür steht, desto fremder wird man". Das bedeutet aber auch, schuldig zu werden und dem Urteil entgegenzugehen. Sühne ist nicht möglich, da die Schuld weder erkannt noch benannt werden kann.

Gibt es bei Kafka keinen Schimmer der Hoffnung? In der Tagebucheintragung vom 18. Okt.1921 heißt es: "Es ist sehr gut denkbar, daß die Herrlichkeit des Lebens um jeden und immer in ihrer ganzen Fülle bereit liegt, aber verhängt, in der Tiefe, unsichtbar, sehr weit. Aber sie liegt dort, nicht feindselig, nicht widerwillig, nicht rauh. Ruft man sie mit dem richtigen Wort, beim richtigen Namen, dann kommt sie..." Freilich, der heimkehrende Sohn kennt das "richtige Wort" bzw. den "richtigen Namen" ebensowenig wie alle anderen Gestalten Kafkas; deshalb kann er auch die Tür nicht aufstoßen.
Er kann nur warten, bis ihn das "richtige Wort" erreicht; er kann sich die "kaiserliche Botschaft" nur "erträumen" und hoffen, daß sie "durchdringt", nur -es ist die "Botschaft eines Toten"!
In diese Richtung weisen zwei Tagebucheinträge, die als Paraphrase zu "Heimkehr" verstanden werden können. Am 28. Sept.1917 vermerkt Kafka: "Dem Tod also würde ich mich anvertrauen. Rest eines Glaubens. Großer Versöhnungstag ". (In einer neueren Monographie wird diese Stelle von Hans Walther so interpretiert: "Kafka glaubt hier also, allerdings nur mit dem "Rest eines Glaubens", daß ein göttlicher Vater da ist, der den Menschen nach dem Tode gnädig wieder bei sich aufnimmt, wie der Hausvater den verlorenen Sohn in der berühmten Parabel aus dem Neuen Testament.")

Und am 21. Okt.1921 schreibt Kafka: "Es war ihm unmöglich gewesen, in das Haus einzutreten, denn er hatte eine Stimme gehört, welche ihm sagte: Warte, bis ich dich führen werde. Und so lag er immer noch im Staub vor dem Haus, obgleich schon alles aussichtslos war".

5. Jesus das wahre Ebenbild Gottes (Luk 19, 1-10)

5.1 Vergleicht man die Begegnung Jesu mit Zächäus von Luk 15, 1.2 her mit dem Gleichnis vom verlorenen Sohn, so tauchen drei Entsprechungen auf, die für das Verständnis Jesu als "Antwort" entscheidend sind.

Verlorender Sohn	Daheimgebliebener Sohn	Vater
↓	↓	↓
"Sünder"	"Gerechter"	"Gott"
↓	↓	↓
Zöllner (Zachäus)	Pharisäer und Schriftgelehrte	Jesus

Jesus "entspricht" bzw. "gleicht" dem Vater in der Parabel vom verlorenen Sohn. Da dieser wiederum Gott entspricht, ergibt sich, daß Jesus Gott entspricht, ihm gleicht. Jesus ist das "Spiegelbild" Gottes, er ist "der Gott entsprechende Mensch" (Jüngel).. Aus dem Vergleich von Lk 15, 11-32 mit Lk 19, 1-10 wird deutlich, was in Röm 8,29; 2. Kor 4,4 und Kol 1,15 von Jesus ausgesagt wird "Dieser ist das Bild Gottes!" Jesus ist das wahre Ebenbild Gottes. Er "spiegelt" in seiner Beziehung zu seinen Mitmenschen und zu seiner Umwelt das Handeln und die Beziehung Gottes.
Das Sein Jesu ist "analog" dem Sein Gottes. Wer Jesus begegnet, begegnet Gott. "Jesus ist deshalb der neue, der Gott entsprechende Mensch, weil er sich auf menschliche Weise so verhielt, daß man eine Ahnung und mehr als eine Ahnung davon bekommen konnte, wer Gott ist" (Jüngel). Von hier aus kann verständlich werden, was die christliche Tradition von Jesus sagt: er ist "wahrer Mensch und wahrer Gott". *Wahrer Mensch* - da in ihm die Bestimmung des Menschen zum Ebenbild Gottes zum vollkommenen Ausdruck kommt und damit wahres Menschsein. *Wahrer Gott* - da in ihm der wahre Gott sich offenbart und sich selbst in ihm zum Bild für alle Menschen macht. Jesus ist der Mensch, in dessen Existenz sich Gott selbst "definiert", er ist die Antwort Gottes auf die Frage des Menschen nach dem Gelingen des Lebens.
Was kennzeichnet aber nun das Menschsein Jesu?

5.2 Kennzeichen des Menschseins Jesu

(1) Hingabe und Offenheit
Jesus lebt nicht aus sich selbst, sondern in Entsprechung zu Gott dem Vater. Er lebt in der Hinwendung und der Offenheit für den, der er selbst nicht ist. Was er ist, läßt er sich geben. Er empfängt sich selbst aus den Händen Gottes und stellt sein Leben ganz Gott anheim. Er weist in dem, was er tut, auf Gott hin.

(2) Frei davon, sein Leben zu suchen.
Jesu Menschsein gründet in der bedingungslosen Zuwendung und Liebe Gottes, in seiner Treue und "Gerechtigkeit", die auch durch die "Ungerechtigkeit" des Menschen nicht aufgehoben wird. Er empfängt sich aus den Händen Gottes als unendlich Geliebter und schrankenlos Angenommener. Er ist sich der Teilhabe an dem kommenden Freudenmahl gewiß. Dies macht ihn frei davon, sich die Teilhabe erst verdienen zu müssen und befreit ihn davon, sein Leben zu suchen.

(3) Dasein für andere
Jesus behält die Liebe Gottes nicht für sich. Er teilt sie mit anderen. Frei von der Sorge um sich selbst hat er Zeit für andere, ist für sie da und stiftet Gemeinschaft. Indem er Kranke heilt, Hungrige sättigt, Veränstigste froh macht, mit Schuldiggewordenen das Brot bricht und Wein trinkt, gibt er diesen Anteil an der Liebe Gottes und macht seinen Mitmenschen Mut, sich auf sie einzulassen. Sein ganzes Leben ist eine einzige solche Einladung. Er ist die Einladung Gottes in Person. Er ist das Wort und die Liebe Gottes.

(4) Solidarität
Jesus wendet sich ganz besonders jenen zu, die nach allgemeiner Auffassung die Gemeinschaft verloren haben, kein Recht mehr auf Zuwendung haben und oft selbst die

Liebe aufgegeben haben. Indem er Armen und Trauernden, Kranken und Weinenden, Schuldiggewordenen und Hungrigen, Elenden und Leidenden zum Bruder wird, ihre Sache zu der Seinen macht, tritt er solidarisch an ihre Seite. Indem er aber gerade ihr Schicksal teilt, teilt er ihnen die frohe Botschaft mit, daß auch ihnen die Einladung zum Reiche Gottes gilt. Auch sie haben Anlaß zur Freude (vgl. Lk 6,20ff.). In der Begegnung mit Jesus kommt zur Erfahrung, daß die Hoffnung auf ein heiles Leben keine Illusion, sondern eine lebensverändernde, schöpferische Macht ist, die das, was ist, nicht so läßt wie es ist.

(5) Freigiebigkeit
Die Zuwendung Jesu schafft Vertrauen, sie lädt ein umzukehren und neu anzufangen. Dies geschieht jedoch ohne Zwang. Seine Zuwendung macht keine Angst, ohne jedoch an Verbindlichkeit zu verlieren. Jesus stellt den anderen in die Freiheit seiner eigenen Entscheidung. Da sie ihn nicht zwingt, sich selbst behaupten zu müssen, eröffnet er wahre Freiheit.

(6) Freiheit von sich selbst
Jesus ist frei von dem Zwang, sich selbst behaupten zu müssen (vgl. Mt 4,1-11). Dies macht ihn fähig, dem Nächsten als Bruder zu begegnen. Dies macht ihn aber auch kritisch gegen die Versuche, sein eigenes Menschsein durch Anhäufung von Besitz, durch starre Pflichterfüllung oder einem selbstgerechten Moralismus gewinnen und sich selbst durch eigene Taten verwirklichen zu können.

(7) Versöhnte Endlichkeit
Die Zusage der unbedingten Liebe Gottes machen Jesus fähig, Angst und Verzweiflung, Leiden und Scheitern anzunehmen und offen damit umzugehen. Die Verheißung der Zukunft mit Gott versöhnt ihn mit seiner eigenen Endlichkeit. Trotz Angst, Verzweiflung und Schmerz kann er letztlich seinen eigenen Tod akzeptieren und Abschied nehmen.

Literatur

Eberhard Jüngel, Der Gott entsprechende Mensch, a.a.O.
ders., Der Gott entsprechende Mensch, in: E. Jüngel, Gott ganz für den Menschen, Theologische Meditationen 39, 1975, 35-45
Jürgen Moltmann, Mensch, a.a.O., 30-37, 152-169

6. Das Vater Unser

6.1 Ursprungsituation: Jesus lehrt die Jünger beten.

Literatur:

Günter Bornkamm, Jesus von Nazareth, 1956, 126

6.2 Fragen und Probleme

(1) Wer ist Gott? Was habe ich von ihm zu erwarten? Was kann ich erhoffen? Worauf kann ich mich verlassen?

(2) Wer bin ich? Wo stehe ich? Wo komme ich her? Wo gehe ich hin? Was brauche ich? Wie bin ich wirklich?

(3) Wann führe ich ein rechtes Leben?

6.3 Die Antwort: Das Vater Unser

VATER UNSER IM HIMMEL

Die Bezeichnung Gottes als "Vater" ist im AT recht ungewöhnlich, wo sie gebraucht wird, meint sie Gott als Schöpfer und Erlöser, dessen Liebe trotz der Verfehlungen des Volkes beständigt bleibt und geschichtlich neu erlebt wird. Die Vater-Anrede impliziert das Vertrauen auf das Erbarmen und die Vergebungsbereitschaft Gottes. Die Güte und die Vergebung des Vater-Gottes sind für Jesus das heilschaffende, zuvorkommende Angebot, sich von sich selbst abzuwenden und sich vertrauensvoll Gott zuzuwenden (vgl. Lk 15,20.21.31.32.;20,15; 7, 42-47). Ein Angebot, das er in seiner Person vergegenwärtigt.
Die Güte und das Erbarmen Gottes schaffen ein Vertrauensverhältnis, das Jesus mit der schlichten Anrede "Abba" zum Ausdruck brachte.
"Im Himmel" kennzeichnet die Überlegenheit, Nicht-Erkennbarkeit, ja die Andersartigkeit Gottes; er ist mit dem, was "auf der Erde" ist, schlechterdings nicht zu erfassen.

DER MENSCH, DER DAS VATER UNSER BETET

hat ein Gegenüber, mit dem er sprechen kann, er hat ein Du; er hat "etwas zu sagen" und hat jemanden, der sich von ihm etwas sagen läßt; er hat jemanden, dem er sich verantwortlich weiß;
er weiß, daß er in einem Zusammenhang lebt, den er letztlich nicht durchschauen kann und im Grunde auch nicht"begreifen" kann. Er weiß sich geschaffen und versorgt von einem gütigen Vater, der ihn voraussetzungslos annimmt; er weiß sich getragen und geliebt, er schaut voller Vertrauen auf das, was noch kommt, aber noch verborgen ist. Er weiß sich mit seinen Mitmenschen verbunden als "Söhne" des Vaters, der alle zu Brüder macht; er sieht sie als geliebte und liebenswerte Geschöpfe, die dazu bestimmt sind, Ich und Du zu sein;
er setzt sich ein für Versöhnung und Brüderlichkeit.

2. GEHEILIGT WERDE DEIN NAME

Nach antiker Vorstellung ist der "Name" nicht Schall und Rauch, sondern enthält eine Aussage über das Wesen des Trägers. Indem Gott sich in seinem Namen offenbart, tritt er aus seiner Verborgenheit hervor und erschließt sich denen, die ihn anrufen. Wenn Gott sich in Ex 3 als der "Ich bin, der ich sein werde" (Jahwe) vorstellt, so will er "für uns" dasein: Er will mit uns Gemeinschaft haben, gehen und uns beistehen.
"Heiligen" meint hier so viel wie bewahren, verherrlichen, ehren, loben, sichtbar machen. Dabei sind zwei Formen der Heiligung zu unterscheiden:
(a) Die Heiligung durch Gott selbst. Gott verschafft danach seinem Namen die Ehre (Ez 36, 20ff.), er macht sich selbst offenbar. Nach Jesus verherrlicht sich Gott dadurch, daß er seine väterliche Liebe offenbart.
(b) Die Heiligung des Namens Gottes durch die, die an ihn glauben. Dies geschieht im Lobpreis Gottes und im Leben nach dem Willen Gottes. Jesus heiligt den Namen Gottes, indem er sich der vergebenden Liebe anvertraut und anderen davon "Mitteilung" macht.

DER MENSCH, DER DAS VATERUNSER BETET

bedarf der steten Vergewisserung, daß Gott beisteht und mitgeht, er weiß um die Gefährdung und daher die Notwendigkeit der Bitte;
er sucht sich nicht selbst einen Namen zu machen, sondern weist in seiner Existenz auf den hin, dem er sich verdankt;
er sucht daher sein Leben nicht im Vertrauen auf sich selbst, sondern im Vertrauen auf Gott zu leben; er stellt sein Leben unter den Willen Gottes;
er bittet um die Herrschaft Gottes, bittet darum, daß sich Zuneigung und Gemeinschaft durchsetzen; er vertraut darauf, daß Gottes Liebe sich durchsetzt und somit nicht alles beim alten bleibt.

3. DEIN REICH KOMME

Im "Reich Gottes" herrscht Gott als König. Hier bestimmt seine Gerechtigkeit das Geschehen; Chaos und Unterdrückung haben ein Ende. Es herrschen Frieden und Heil, Freiheit und Freude. Für das Judentum wie auch für Jesus herrscht Gott seit Beginn der Welt, doch wird dies nur von denen anerkannt, die an ihn glauben. Das Kommen des Reiches meint, daß die Herrschaft Gottes für alle sichtbar sein wird und alle "Gegenkräfte" verstummt sein werden.
Jesus verkündet, daß "das Reich Gottes nahe herbei gekommen ist". Es bringt eine Umkehrung der bestehenden Verhältnisse, denn die Armen und Sanftmütigen, die Hungernden, Trauernden und Friedenstiftenden werden es erben (Mt 5, 3-12). Im Unterschied zu den Zeloten und Pharisäern erwartet Jesus aber die Zukunft Gottes ausschließlich und allein vom souveränen Handeln Gottes. Weder Gewalt noch eine Erfüllung des göttlichen Gesetzes können es herbeizwingen.
Das Kommen des Reiches kann in der Gegenwart schon erfahren werden:
Wo das Böse überwunden wird, Kranke geheilt, Trauernde getröstet, Hungernde gesättigt werden; wo Schuldigen vergeben und Tischgemeinschaft erfahren wird.

DER MENSCH, DER DAS VATERUNSER BETET

hofft auf ein "ganzes" Leben, hofft auf die Zukunft Gottes, gegen Leid und Tod, Sinnlosigkeit und Ungerechtigkeit; er setzt darauf, daß die Welt nicht bleibt wie sie ist und sehnt sich nach Heil und Vollendung; er erwartet allein von dem Handeln Gottes vollkommene Gerechtigkeit und vollkommenen Frieden; er ist überzeugt, daß Vollkommenheit durch menschliches Planen und Handeln nicht herbeigeführt werden kann; er weiß um die Grenzen seiner Macht und kann daher seine Ohnmacht akzeptieren; er kann gelassen und zuversichtlich warten; er orientiert sein Handeln an dem kommenden Reich Gottes; er setzt sich ein für Gerechtigkeit und Frieden, Freiheit und Liebe, Vertrauen und Gemeinschaft; er gibt durch sein Handeln der Hoffnung auf das Reich Gottes Ausdruck und weiß sich "verantwortlich" für die Zusagen Gottes.

4. DEIN WILLE GESCHEHE IM HIMMEL WIE AUF ERDEN

"Gottes Wille" meint im Alten Testament das, was Gott wohlgefällt. Der Ausdruck meint einmal das, was Gott in seiner Freiheit plant und geschichtlich verwirklicht, dann aber auch den Gott wohlgefälligen Lebenswandel des Menschen.
Die Bitte, daß "Gottes Wille geschehe" richtet sich zunächst einmal darauf, daß Gott den Gang der Geschichte so ordnet, wie es ihm wohlgefällt und es bereits im Himmel geschieht. Sie richtet sich dann aber auch auf die rechte Lebensführung des Menschen, die dem Willen Gottes entspricht.
Ein rechtes, Gott wohlgefälliges Leben ist dann das Leben, das zu Gottes Gefallen gelebt wird und seine Gebote als Wegweiser und Angebote zu einem solchen Leben wahrnimmt. Jesus lebte ein solches Leben

DER MENSCH, DER DAS VATERUNSER BETET

Vertraut auf Gottes Führung, vertraut darauf, daß die Wirklichkeit letztlich sinnvoll und durch Liebe bestimmt ist; er ist frei von dem Zwang, Sinn herzustellen, vertraut auf Sinn, wo Sinnlosigkeit herrscht, hofft gegen Ausweglosigkeit.
Er weiß, daß er die Geschichte nicht in der Hand hat, weiß, daß er sie nicht vollends begreifen kann; er ist frei davon, für alles und jedes verantwortlich zu sein und alles begreifen und in der Hand haben zu müssen.
Er weiß um die Grenzen seines Wissens, seiner Macht; er kann Grenzen und Scheitern, Versagen und Vergänglichkeit und Hinfälligkeit annehmen, muß sie nicht verdrängen. Er kann sich aus der Hand geben, hingeben loslassen, sich öffnen; er lebt nicht für sich

das nicht sich selbst, sondern Gott sucht, auch dann, wenn es "eng" wird und Angst den Menschen zu verschließen droht. Bzeichnend ist die Gethsemane-Szene (Mk 14, 36 parr. "Aber nicht wie ich will, sondern wie Du willst").
Nach Jesus ist Gottes Wille grundlegend bestimmt durch eine voraussetzunglose Liebe und Güte. Daher gilt, daß das ganze Gesetz im Liebesgebot zusammengefaßt ist (Röm 13,9).

selbst, sondern "für andere".
Er orientiert sein Leben an Gottes Willen, sucht in seinem Alltag Gott zu entsprechen; er bleibt hier, flieht nicht, bleibt der Erde treu, schaut nicht auf seinen Vorteil, sondern auf das, was Gott gefällt und für alle gut ist. Er weiß um seine Gefährdung, Angst und Verzweiflung, bedarf der steten Vergewisserung, daß Gott Wille (noch) am Werk ist, bedarf der Zuwendung und Stärkung.
Er weiß, daß Gottes Willen zu tun, nicht selbstverständlich ist; er weiß, daß die Übereinstimmung mit Gott nicht einfach vorausgesetzt werden kann, sondern immer wieder erbeten und geschenkt werden muß; er hat Gottes Wille nicht im Besitz, ist frei von Selbstgerechtigkeit, ist dankbar, wenn Gottes Wille geschieht und kann sich beschenken lassen.

5. UNSER TÄGLICHES BROT GIB UNS HEUTE

Mit der 4. Bitte beginnt der zweite Teil des Vaterunser. Nicht mehr die Sache Gottes, sondern die Not des Menschen wird Gott anvertraut.
Die "Brotbitte" steht in engem Zusammenhang mit der Mannageschichte von Ex 16, sie zieht gleichsam die Konsequenz aus ihr. "Zwischen der rückwärtsorientierenden Sehnsucht zu den Fleischtöpfen Ägyptens und der nach vornehin gewandten Angst und Sorge um die gänzlich ausweglose Zukunft vollzieht sich Gottes täglich erneuerte Spende dessen, was zu 'Leibes Nahrung und Notdurft' notwendig ist" (Thimme).
Das "tägliche Brot" meint dann das, was jeder für sein tägliches Auskommen an Lebens-Mitteln braucht, wobei durchaus unterschiedliche Bedürfnisse unterstellt sind. In der Bemessung der Nahrung ist an das gedacht, was man Tag für Tag, genauer: für *einen* Tag braucht.
Die 4. Bitte wird von Jesus in der Bergpredigt durch die Aufforderung kommentiert, sich nicht zu sorgen (Mt 6. 19-34) und sich ganz auf das zu konzentrieren, was letztlich wichtig ist, nämlich die kommende Gottesherrschaft (Mt 6, 33). Dabei wird darauf hingewiesen, daß das Leben mehr ist als Kleidung und Nahrung (Mt 6, 25.28). "Der Mensch lebt nicht vom Brot allein", ein indirekter Hinweis auf die geistliche Dimension des Lebens.

DER MENSCH, DER DAS VATERUNSER BETET

hat leibliche Bedürfnisse, die gestillt werden müssen; er weiß um die Bedürftigkeit des Menschen, er beachtet sie; er weiß um die Notwendigkeit materieller Versorgung und Lebenssicherung, doch weiß er auch um die geistliche Seite des Lebens, die der Mensch braucht, um leben zu können; er weiß, daß ein erfülltes Leben Zeit für Gott braucht, Zeit um sich auf das zu besinnen, was dem Leben, Grund, Halt und Ziel gibt.
Er geht nicht auf in den Sorgen dieser Welt und kann zwischen wichtig und unwichtig unterscheiden.
Er vertraut darauf, versorgt zu werden, er vertraut auf die Fürsorge und Führung Gottes; er ist dankbar für das "tägliche Brot".
Er weiß um das, was wirklich notwendig ist, er kann sich begnügen und ist maßvoll.
Er ist frei von dem Zwang, sein Leben und sein Auskommen ständig sichern und seine Habe ausweiten zu müssen.
Er ist frei von dem Zwang, seine Zukunft in Griff nehmen zu müssen, er ist aber auch frei von dem Zwang, ständig Vergangenes zu wiederholen oder festhalten zu wollen.
Er lebt in der Gegenwart, weiß um Vergangenheit und Zukunft und kann daher auf die Gegenwart eingehen; er braucht ihr nicht zu entfliehen, er lebt gelassen im Hier und Jetzt; er ist "realistisch";
er ist frei von dem Zwang, alles in den Griff bekommen und alles selber machen

Im Gleichnis vom reichen Kornbauern (Lk 12, 13-21) erfährt die Brotbitte eine Auslegung von der negativen Seite her. Das Gleichnis wendet sich gegen Überfluß, Völlerei und Mehrhabenwollen sowie ein Planungs- und Versorgungsdenken, das in dem Streben nach "Haben" die Möglichkeiten eines erfüllten "Sein" verpaßt.
Das"Brot" als Lebensmittel macht deutlich, daß in der Befriedigung menschlicher Bedürfnisse göttliche Vorgaben, göttlicher Segen und menschliche Arbeit miteinander verknüpft sind. Erst das Zusammenwirken dieser Elemente schafft das Auskommen zum Leben.

zu wollen; er ist frei von dem Zwang, alles zu verplanen und zu kontrollieren.
Er arbeitet mit an der Versorgung der Menschen, setzt sich ein für die Versorgung aller; er strebt danach, daß alle ihren Bedürfnissen gemäß leben können.

6. UND VERGIB UNS UNSERE SCHULD, WIE AUCH WIR VERGEBEN UNSEREN SCHULDIGERN

Die Zuordnung der Vergebung Gottes zu unserer Vergebung durch das "wie" (bei Lk "denn") darf nicht so verstanden werden, als sei unsere Vergebung Voraussetzung für Gottes Vergebung. Beides steht in engem Zusammenhang, und auch gewiß zieht unser Nicht-Vergeben auch Gottes Nicht-Vergeben nach sich. Doch unser Vergeben gründet in Gottes Vergeben, dieses steht an erster Stelle. Deshalb bietet sich als Übersetzung an:
Vergib uns unsere Schuld, *entsprechend* dazu werden auch wir unseren Schuldigern vergeben.
Vor allem das Gleichnis vom Schalksknecht (Mt 18, 23-25), aber auch vom ungerechten Haushalter (Lk 16, 1-13), vom Verlorenen (Lk 15, 3ff.), von den Arbeitern im Weinberg (Mt 20, 1-16) sowie die Geschichte von der Sünderin (Lk 7, 36-50) sind verdeutlichende Auslegungen der fünften Vaterunserbitte. Gott ist danach barmherzig und gnädig, er vergibt allen Sündern unabhängig davon, ob sie es verdienen oder nicht. Dieses übergroße Erbarmen verändert den Menschen und schafft Raum für ein gelingendes Leben.
Wer aber Gottes Barmherzigkeit mißachtet und anderen gegenüber auf Gerechtigkeit besteht, wird selbst von Gott nach dem Maß der strafenden Gerechtigkeit behandelt.
Zur Vergebung gehört auch, daß wir unseren Nächsten nicht richten und selbstherrlich über ihn das Urteil des Enggerichts im voraus fällen. Dieses Urteil steht allein Gott zu (Gleichnis vom Unkraut im Weizen Mt 13, 24-30). Und:

DER MENSCH, DER DAS VATERUNSER BETET

weiß um seine eigenen Mängel und seine eigene Schuld; er steht zu ihr und nimmt sie an, er weiß um die Fehlbarkeit des Menschen.
Er weiß um die Notwendigkeit, Vergebung zu erhalten, er weiß um die Notwendigkeit und schöpferische Macht voraussetzungsloser Liebe.
Er ist frei von der Angst, schuldig zu werden und ist frei von der Angst, Schuld als Schuld zu benennen.
Er hofft darauf, daß Versagen und Schuldigwerden das Leben nicht festhalten, hofft darauf, daß es einen neuen Anfang gibt; er ist offen für neue Erfahrungen mit sich selbst und anderen; er vertraut darauf, daß Zuwendung und Verständnis Menschen verändern können; er rechnet Vergangenes nicht auf, er kann loslassen und neu anfangen, er ist barmherzig.
Er ist frei von dem Zwang, besser als andere zu sein und andere schlecht zu machen, er ist frei von dem Zwang, eigene Verfehlungen und Schuld zu verdrängen.
Er ist frei von dem Drang, alles perfekt zu machen und andere daran zu messen.
Er sucht nach Versöhnung und Gemeinschaft, er setzt sich ein für Verständigung und Frieden.

wir können dem Mitmenschen ja nicht ins Herz sehen und übersehen doch so oft unseren eigenen Mangel. Im Kommentar zur 5. Bitte hält Jesus fest: Richtet nicht, daß ihr nicht gerichtet werdet! (Mt 7,1-7).

7. UND FÜHRE UNS NICHT IN VERSUCHUNG, SONDERN ERLÖSE UNS VON DEM BÖSEN

"Versuchungen" sind im Alten wie auch im Neuen Testament Situationen, in denen die Treue zu Gott herausgefordert wird, der Abfall von ihm droht und die Freiheit des Glaubens zur Bewährung ansteht. Zu diesen Situationen gehören: Krankheit, Unglück, Schmerzen, Leiden, Unrecht, Verrat, Einsamkeit, Verfolgung. Jesus gerät in drei Versuchungen, die drei Wünsche wecken: Der Wunsch, frei von Hunger und Entbehrung zu sein, den Wunsch, frei von Lebenseinbußen und Tod zu sein sowie den Wunsch, ein Reich des Friedens zu erwerben und besitzen zu wollen (Mt 4,1-11).
Die 6. Vaterunserbitte setzt wohl nicht voraus, daß Gott es ist, der versucht. Sie denkt aber daran, daß Gott es zuläßt, daß Menschen in Situationen geraten, in denen sie der Versuchung ausgesetzt sind. Nach jüdischer Auffassung gelten Versuchungen als "Auszeichnungen" Gottes, denn in ihnen kann der Fromme sich bewähren und seinen Glauben unter Beweis stellen. Jesus geht davon nicht aus. Die Jünger sollen nicht die Versuchung herausfordern, sondern darum bitten, daß Gott ihnen die Bewährungsprobe erspart.
Die Versuchungen werden, wie die Versuchung Jesu zeigt, herbeigeführt durch das Böse, so daß verständlich wird, warum die sechste und die siebte Bitte im Vaterunser so eng zusammengerückt sind.
Das "Böse" wird hier verstanden als eine überindividuelle Macht, die den Menschen verführen und gefangennehmen kann. In ganz verschiedenen Gestalten kann sie auftreten und den Menschen dazu verführen, von Gott abzulassen, sich von ihm zu trennen und allmächtig das Leben selbst in die Hand zu nehmen, so als wäre er selbst Gott und nicht sein Geschöpf.

DER MENSCH, DER DAS VATERUNSER BETET

weiß um die Anfechtungen, Zweifel, Unsicherheiten und Krisen des Lebens, kennt Täler und Höhen, er sieht sich als zutiefst ungesichertes Wesen; er weiß, daß er sich selbst nicht in der Hand hat und Herr seiner selbst ist; er sieht das Leben als Herausforderung.

Er weiß, daß Entbehrung und Mühe, Krankheit und Tod, Unfrieden und Ungerechtigkeit zum Leben gehören und daß er kein vollkommenes Leben erschaffen kann.
Er weiß um die Beschränktheit des "guten" Willens, weiß, daß auch die besten Vorsätze "böse" Folgen haben können und weiß, daß der Mensch sich verfehlen kann.
Er rechnet mit dem Bösen, rechnet mit Mächten, die ein erfülltes Leben bedrohen und zerstören können, resigniert aber nicht oder ist fatalistisch, er kapituliert nicht, sondern hofft gegen den Augenschein auf Erlösung und Errettung, auf neues Leben.
Er vertraut darauf, daß auch in Bosheit und Zerstörung der Mensch nicht aufhört, Mensch zu sein, denn ihm gilt Gottes Zuwendung.
Er hofft darauf, daß Gottes Zuwendung und Zuneigung Zerstörung und Bosheit überwinden und Wunden heilen; er hofft auf eine endgültige Befreiung, auf ein Leben, in dem das Böse nicht mehr sein wird.

Er setzt sich ein für Hilfe und Befreiung, kämpft gegen das Böse, bestreitet dessen Anspruch, letztgültige Macht zu sein.

8. DENN DEIN IST DAS REICH UND DIE KRAFT UND DIE HERRLICHKEIT IN EWIGKEIT AMEN

Die sog. "Doxologie" mit dem abschließenden "Amen" erscheint erst in späteren Handschriften. Sie rahmt jedoch das Vaterunser und faßt sein zentrales Anliegen noch einmal zusammen.
Das "Reich" bezeichnet die königliche Herrschaft Gottes, "Kraft" seine schöpferische und erhaltende Willensmacht, "Herrlichkeit" das wärmende, alles erhellende. Dunkles verzehrendes Licht seiner majestätischen Gegenwart. Die Doxologie richtet noch einmal den Blick auf das kommende Reich Gottes.

DER MENSCH, DER DAS VATERUNSER BETET

hofft und vertraut auf einen Ort und eine Zeit, in der alle Widersprüche, Schwierigkeiten, Zweifel, Bosheiten und Katastrophen endgültig überwunden sind.
Er nimmt seine Gegenwart als Vor-Letztes wahr, das zwar nicht unwichtig ist, aber "relativ", d.h. "in Relation" steht zu dem, was noch auf uns zukommt und uns allen verheißen ist.
Er blickt nach vorne, begreift die Gegenwart von der Zukunft her.

9. IHR SOLLT SO BETEN

Bei Mt wie auch Lk ist das Vaterunser das Gebet Jesu, das er selbst betet, das er aber seinen Jüngern weitergibt und mit ihnen teilt.
Es geht auf ihn zurück, es hängt mit seiner Person zusammen, ohne ihn könnten wir so nicht beten. Er ist derjenige, der uns das richtige Verhältnis zu Gott vermittelt. Er ist der "Mittler" Gottes.
Jesus pflegte in die Stille und in die Einsamkeit zu gehen, um zu beten, er floh in die Öffentlichkeit und suchte die Einsamkeit vor Gott.

DER MENSCH, DER DAS VATERUNSER BETET

sieht in Jesus den Mittler Gottes, er vertraut auf sein Wort und folgt ihm nach.
Er sieht in ihm Grund und Modell "gelingenden Lebens". *Grund:* Jesus ist für ihn Anlaß und Begründung, *Modell:* Jesus ist für ihn Vorbild und Leitbild, dem er nachfolgt.
Er weiß um die Notwendigkeit von Ruhe, Stille und Alleinsein für das Gespräch mit Gott.
Er kann beten, d.h. er kann sich auf ein Wort hin loslassen ohne die Angst, sich zu verlieren; er läßt sich ganz von dem ganz Anderen bestimmen, gibt sich aus der Hand, hört auf, sein Leben zu suchen, vertraut darauf, gefunden zu werden und heil zurückzukommen, er verzichtet darauf, sein Leben vollkommen zu begreifen, läßt sich fallen, ohne die Angst, verloren zu gehen.

Literatur:

Wilhelm Stählin, Der Mensch, der das Vater Unser betet, in: ders., Symbolon, 2. Folge, Erkenntnisse und Beobachtungen, 1963, 259ff.
Günter Bornkamm, Jesus von Nazareth, 1956, 119-126
Otto Betz, Das Vater Unser, Arbeitsheft zur 42. Bibelwoche 1979/80, 1979

6.4 Ernst Barlach, Der Gläubige

Ernst Barlach wurde am 2. Januar 1870 in Wedel (Holstein) geboren. Sein künstlerisches Schaffen erreichte erst 1926 in einer Gesamtausstellung die breite Öffentlichkeit. In der Folge nahm B. zunehmend Partei für die Ausgestoßenen und Leidenden, zu denen er nach 1933 schließlich selbst gehörte, denn er wurde von den Nationalsozialisten als "entarteter Künstler" verfemt. B. starb am 24. Oktober 1938 in Rostock, verfolgt und geschmäht.
Eine "religiöse Provokation" nennt Heinz Beckmann das Werk Barlachs und wendet sich damit gegen alle Versuche, B. feierlich fromm zu vereinnahmen, aber auch gegen

alle Versuche, ihn als unchristlich einzustufen. In seinen Plastiken und Dramen wendet sich B. gegen ein Christentum, das glaubt einen Gott zu haben, einen Gott nach ihrem eigenen "Schick", den sie verstehen und der ihnen auch nicht zumutet, was sie nicht verstehen. Aber ein Gott, den man haben kann, ist "für B. allenfalls eine ferne Abschattung Gottes, den man niemals haben kann und der einem fast immer Dinge zumutet, die man nun gerade nicht versteht, der einen überfällt, der einem Winke gibt mit dem Erfolg, daß man sein ganzes bisheriges Leben von sich abstreift und ein Narr Gottes wird". "Ich habe keinen Gott, aber Gott hat mich", das ist das letzte Wort B. in der Frage nach dem Glauben. "Der Gläubige" eine von acht Gestalten aus dem "Fries der Lauschenden" bringt diesen Glauben zum Ausdruck als wartendes und lauschendes Stehen, sich verlassendes Wegschauen, vertrauendes Hinschauen und stummes Bitten, offen zum Empfang, bereit zum Aufbruch aus dem Haben und Besitzen. Doch worauf wartet der Gläubige? Inmitten der Lauschenden steht ein blinder Bettler, für B. Wahrzeichen für die menschliche Situation in ihrer Blöße zwischen Himmel und Hölle, eingedenk des Luther-Wortes "Wir sind Bettler, das ist wahr" (ein Wort, das Pastor Schwartzkopf am Grab von B. zitiert). Der Bettler bringt zeichenhaft die Inkarnation Gottes zum Ausdruck. "Und das Wort ward Fleisch und wohnte unter uns". Gottes Wort ergeht nicht aus den Höhen, sondern aus den Niederungen indem des Alltags. Es tritt dem Lauschenden entgegen in den Bedürftigen und in dem leidenden Nächsten, es stellt ihn an seine Seite und behaftet den Menschen bei seinen irdischen Bindungen.

Literatur:

Heinz Beckmann, Ich habe keinen Gott, Kaiser Traktate 10, 1974

7. Die Leiden Apostel-Paulus

7.1 Ursprungsituation: Auseinandersetzungen um das Apostolat in Korinth

Literatur:

Günter Bornkamm, Paulus, 1969, 85-94

7.2 Fragen und Probleme

Als mögliche Fragen und Probleme, die Paulus zu seinem Schreiben herausfordert sehen wir

(1) Was kennzeichnet einen echten "Diener Christi"?
Wer hat tatsächlich Anteil am Geist Jesu Christi?

(2) Welchen Stellenwert haben Leiden, Entbehrung, Not und Tod im Leben eines Menschen? Was bedeutet Kreuz und Auferstehung Jesu Christi für das eigene Leben?

(3) Wann ist der Mensch frei? Was macht ihn frei von den Bindungen und Abhängigkeiten, in denen er steht?
Was heißt Freiheit für einen Christen?

7.3 Die Antwort: Die Leiden des Apostels

Um die Gegner und ihre Angriffe zu widerlegen, wählte Paulus den gleichen "Gegenstand" zur Darstellung seiner Haltung wie die Gegner: seine eigene Existenz mit ihren Schwächen und Leiden.
Diese besitzt aber hier exemplarischen Wert: Sie sagt beispielhaft aus, was christliches Dasein bedeutet.
Nach Paulus erschließt das "Wort vom Kreuz" (1. Kor. 1,18) alle Wirklichkeit des Menschen. Von hier aus kommt in den Blick, was das Dasein des Menschen bestimmt und was das Leben dessen kennzeichnet, der Jesus Christus nachfolgt und in seinem eigenen Leben Kunde gibt von der vergebenden Liebe Gottes.
Dem "Wort vom Kreuz" entspricht ein Menschsein mit den folgenden Kennzeichen:

(1) Zerbrechlicher Tonkrug
Der Mensch ist in seiner ganzen Existenz zerbrechlich, hinfällig und ohnmächtig (2. Kor. 4,7). Gerade auch der Mensch, der in der Nachfolge Christi steht und die Liebe Gottes verkündigt, erfährt, daß das Leben gekennzeichnet ist durch Zweifel, Not, Angst, Schmerz, Leid und Tod. Der Mensch erfährt immer wieder, daß menschliche Erwartungen und Hoffnungen, Pläne und Sicherheiten keinen Bestand haben und ständig "durchkreuzt" werden. Versagen, Angst, Leid und Tod lassen erfahren, daß das Leben unverfügbar und nicht in den "Griff" zu bekommen ist und jeder Versuch, im Leben auf die eigene Kraft und Leistungsfähigkeit zu bauen, zum Scheitern verurteilt ist.

(2) Wir tragen den Tod Jesu an unserem Leib umher
Das "Wort vom Kreuz" zeigt die Konvergenz dieser Erfahrungen mit dem Leiden und Sterben Jesu. Unsere Ohnmacht, Verzweiflung, Einsamkeit, Begrenztheit und Endlichkeit entsprechen der Passion Jesu. Die Erfahrungen der Sinnlosigkeit, Ohnmacht und Leere machen deutlich, daß das Leben vom Kreuz bestimmt ist: wir alle tragen das Kreuz Jesu an unserem Leib umher (2. Kor. 4, 10a). Wie Jesus, so machen auch wir die Erfahrung, daß das Leben ungesichert und bedroht ist.

(3) In Christus
Da Gott Jesus nicht in seinem Tod gelassen hat, sondern ihm beigestanden ist, seine Sache zu seiner eigenen Sache gemacht hat, sein Scheitern und sein Leid zu einem eigenen Scheitern und seinem Leid gemacht hat, bekommt sein Kreuz und mit ihm unser Kreuz einen neuen Horizont. Da der Gekreuzigte auch der Auferstandene ist und an dem Geschick Jesu Gottes neuschaffende Kraft sieghaft durchbricht, bekommt das Leiden und Sterben eines jeden Menschen einen neuen Stellenwert. Durch die Auferweckung und das "Leben Jesu" ist es gleichsam mit einem neuen Vorzeichen versehen worden. Es steht nun unter der Verheißung künftiger Auferstehung und ist bestimmt durch die jetzt noch unsichtbare, zukünftige Herrlichkeit Gottes (2. Kor. 4, 17.18). Christliches Dasein ist deshalb "Sein in Christus". Es weiß sich hineingenommen in das Geschehen von Kreuz und Auferstehung und gewinnt von daher sein Selbst- und Weltverständnis. Christliche Existenz weiß sich unauflöslich verbunden mit dem Geschick Christi (2. Kor. 11, 2).

(4) Freiheit im Leid
Mit der Auferstehung Jesu, hat Gott dem Tod die Macht genommen (1. Kor. 15, 55) und alles Leid vorläufig gemacht. Das "Leben Jesu" ist der Grund und das Zeichen für den Sieg der schöpferischen Liebe Gottes (1. Kor. 15, 54), die das Trennende und Zerstörende negiert, überwindet und aufhebt.
Der Glaube an das "Leben Jesu" gibt Anteil an diesem Sieg und begründet die Hoffnung, daß alle Menschen auferweckt werden (2. Kor. 4, 14): Das Leben endet nicht in Ausweg- und Sinnlosigkeit, sondern bringt letztlich "Herrlichkeit in überschwenglichem Ausmaß" (2. Kor. 4, 17). Diese Hoffnung macht frei von der Herrschaft des Todes und schafft eine kritische Distanz gegen alle Mächte, die zerstören und trennen. Diese Freiheit (vgl. Gal 5,1 Zur Freiheit hat uns Christus befreit) entfaltet ihre Kraft aber gerade im Leid, gerade dort also, wo die Abhängigkeit und Begrenztheit des Menschen am größten und seine Unfreiheit am deutlichsten erfahren wird. Diese Freiheit unterscheidet sich aber ganz wesentlich von der des stoischen Weisen. Jener sieht seine Freiheit gerade darin, daß ihn Schicksalsschläge und Nöte in seinem Innersten gar nicht berühren. Er erweist seine Freiheit darin, daß er Leid und Unglück nicht an sich herankommen läßt, sie einfach ignoriert und sich dadurch die Herrschaft über sich selbst nicht nehmen läßt.
Anders verhält es sich mit der durch Jesus Christus eröffneten Freiheit. Sie zeigt sich gerade darin, daß der Mensch "um Jesu willen" (2. Kor. 4, 10) die Illusion der "Selbst-Herrlichkeit" aufgibt und sich auf das Leid einläßt. Es ist keine Freiheit *vom* Leid, sondern eine Freiheit *im* Leid. Die im Glauben an Jesus Christus zugeeigneten Freiheit von der Herrschaft des Todes erweist sich als Freiheit zum (Mit-) Leiden.
In dieser Freiheit wird der Mensch das Leid weder suchen noch wird er ihm ausweichen. Er wird es weder ignorieren noch wird er vor ihm davonlaufen, er wird sich

vielmehr darauf einlassen und das Leid als Teil seines Lebens akzeptieren (vgl. W. Sternstein). Er kann dies tun, weil er weiß, daß es ihn von einem erfüllten Leben nicht abschneiden kann.

(5) Wir tragen das Leben Jesu an unserem Leib umher
Wer aber um Jesu willen aufgibt, Herr seiner selbst sein zu wollen und sich auf Gott einläßt (2. Kor. 4, 7), der erfährt, daß in Not und Bedrängnis noch eine andere Kraft am Werk ist, die nicht zerstört und nicht vernichtet, sondern erhält und bewahrt, beschützt und begleitet (2. Kor. 4, 8.9). Er erfährt an seinem eigenen Leibe das "Leben Jesu" (1. Kor. 4,lob). Er erfährt die gegenwärtige Existenz nicht mehr als auswegloses und sinnloses Dasein, sondern als Ineinander von Verzweiflung *und* Trost, Nichtmehrkönnen *und* Durchhalten, Leid *und* Freude, Leere *und* Erfüllung, Sinnlosigkeit *und* Sinn, Tod *und* Leben. Unter der Perspektive kommender Erfüllung kommt zur Erfahrung, daß die Gegenwart schon von der schöpferischen und erhaltenden Macht Gottes ergriffen ist (2. Kor. 4, 16), die den Menschen Tag für Tag erneuert. Wer daher im Vertrauen auf die Liebe Gottes sich Schmerz, Leid, Schwäche und Sorge aussetzt und somit den "Tod Jesu" an seinem Leib herumträgt, der hat die Verheißung, daß auch das Leben Jesu an seinem Leib offenbar wird und er für alle erkennbar das Leben Jesu an seinem Leib herumträgt. So wird gerade der, der schwach ist, zum Zeichen für die Stärke Gottes,und es wird deutlich, daß das Leben des Menschen in seiner Tiefe getragen und gehalten ist von der schöpferischen und erhaltenen Liebe Gottes.

(6) Schon und Noch nicht
Durch das Wort vom Kreuz gewinnt das christliche Dasein eine spannungsvolle Gestalt. Es ist durch das Geschick Christi hineingestellt zwischen Kreuz und Auferstehung. Auf der einen Seite ist es immer noch verbunden mit der leidvollen, lebenszerstörenden Gegenwart des "alten Äon" (Röm 8, 18), die ihn immer wieder von Gott zu trennen sucht und ihn zum "alten Menschen" machen will.
Auf der anderen Seite ist es aber auch verbunden mit der heilvollen, lebensschaffenden Zukunft des "neuen Äon", die ihn immer wieder erneuert und bewahrt und ihn zu einem "neuen Menschen" führen will, der ganz bei Gott ist und ein erfülltes und vollkommenes Leben lebt.
Die Erfahrung des Kreuzes machen dem Menschen jedoch deutlich, daß er

(a) *noch nicht* in einer erlösten Welt lebt

(b) aber *schon* an der künftigen Vollendung Anteil hat.

Die Spannung von "schon und noch nicht" prägt daher die christliche Existenz. In den Leiden der Zeit erfährt der Christ, daß er noch nicht "zuhause" ist, aber in der Bewahrung erfährt er, daß der Weg dorthin frei gemacht ist.

(7) Leiden - Ort der Hoffnung
Im Leiden als dem Ort des Zusammenbruchs aller menschlichen Hoffnungen und Erwartungen kommt zum Ausdruck, daß die Welt noch nicht vollendet ist und auf eine lebensschaffende Zukunft angewiesen ist. An und in den Leiden kann aber erfahren werden, daß der Mensch zwar noch dem Trennenden und Zerstörenden des alten Äon ausgesetzt ist, daß aber gleichzeitig eine schöpferische Macht am Werk ist, die das Leben erhält und der Trennung und Zerstörung widerspricht. In den Leidenserfahrungen stoßen alter und neuer Äon zusammen. Als Ort der Verzweiflung sind sie aber zugleich Ort der Hoffnung. Gerade an dem Ort, wo die Verlassenheit und Verzweiflung des Menschen am größten ist und jeder Versuch, sein Leben selbst zu sichern, zu Ende ist, wird die Schöpfungsmacht Gottes als "creatio ex nihilo" erfahren.
Wo der Mensch an sein Ende kommt, da erfährt er, wie Gott anfängt.

7.4 Intentionen

(1) Kritik des Selbstruhms der Gegner, Kritik des Versuches, sein Leben aus eigener Kraft und im Vertrauen auf die eigene Leistung und Stärke zu gewinnen.

(2) Kritik des Bemühens, Schwächen, Fehler, Krankheit, Leid und Tod zu ignorieren und sich aus den Niederungen des Alltags herauszuhalten.

(3) Ermutigung das Leid, die Schwäche und die Unvollkommenheit anzunehmen und sich auf die Endlichkeit des Menschen versöhnt einzulassen.

(4) Einstiften des Vertrauens auf Gottes schöpferische Macht und Stärke.

(5) Kritik jeden Versuchs, sich selbst darzustellen und sich selbst zu verherrlichen. Kritik des Versuchs, das Christsein zu glorifizieren.

Literatur:

Wolfgang Schrage, Leid, Kreuz und Eschaton. Die Peristasenkataloge als Merkmale paulinischer theologia crucis und Eschatologie, in: EvTheol. 2, 1974, 141ff.
Hans Küng, Christsein, 1974, 562ff.
Günter Bornkamm, Paulus, 1969, 172ff.
Ernst Käsemann, Der Ruf der Freiheit, 1968, 82-113

8. Von Freiheit eines Christenmenschen

8.1 Ursprungssituation: Herausforderung Luthers durch die Bannandrohungsbulle "Exsurge Domine" (15. Juni 1520) und Beilage zu dem "Sendbrieflein an Leo X" (November 1520).

Literatur:

Heinrich Fausel, D. Martin Luther, Leben und Werk 1483-1521, GTB 411, bes. 181ff.
Bernd Moeller, Deutschland im Zeitalter der Reformation VR 1432, 1977

8.2 Fragen und Probleme

In der Auseinandersetzung zwischen Luther und dem Papst ging es um Fragen und Probleme, die ganz zentral mit dem Leben Luthers zusammenhängen und in die Grundlagen einer biblisch-theologischen Anthropologie einführen. Zu diesen Fragen und Problemen gehören:

(1) Kann ein Mensch einem "Christenmenschen" vorschreiben, was er glauben und nicht glauben darf? Haben menschliche Autoritäten das Recht und die Macht, über den Glauben zu urteilen?

(2) Ist der Mensch in Bezug auf Gott auf eine Vermittlung angewiesen? Wird die Beziehung von Mensch und Gott durch menschliche Regeln und Vorschriften geregelt?

(3) Ist wahres Menschsein an einen bestimmten Stand gebunden? Entscheidet die Zugehörigkeit zu einem bestimmten Stand und die Ausführung bestimmter Tätigkeiten darüber, ob das Leben Gott gefällt? Ist Gottes Gnade und Wohlgefallen davon abhängig, was der Mensch "tut"?

(4) Steht Luthers Theologie auf dem Boden des Evangeliums oder will er den Papst aus persönlichen Interessen angreifen?

(5) Wer ist der Mensch? Wo steht er? Was bewegt und trägt ihn? Was kennzeichnet und bestimmt das menschliche Dasein? Wann ist er wirklich Mensch?

8.3 Die Antwort: Luthers Schrift "Von der Freiheit eines Christenmenschen".

8.3.1 Interpretation der Doppelthese

Die Interpretation der Doppelthese, die Luthers Schrift "Von der Freiheit eines Christenmenschen" vorausgestellt ist, wird deutlicher und einfacher, wenn man sich klar vor Augen hält, von welchem Freiheitsverständnis sich Luther dabei absetzt. In einem Vortrag machte W. Huber darauf aufmerksam: "Gegenüber dem Freiheitsverständnis der europäischen Tradition liegt im christlichen Freiheitsdenken ein wichtiger , ja grundlegender Perspektivenwechsel. Seit der Zeit der Griechen ist der Freiheitsbegriff durch die soziale Erfahrung bestimmt, daß die einen die Herren sind, die anderen aber Knechte. Aus dem Gegenüber von Herrschaft und Knechtschaft bestimmt sich das Wesen der Freiheit. Frei ist, wer Herrschaft ausüben, wer verfügen kann. Das gilt in der dreifachen Beziehung des Menschen zu sich selbst, zu anderen Menschen und zur Natur. Freiheit wird als Herrschaft über sich selbst gedacht: Frei ist derjenige, in dem die höheren Seelenvermögen zur Herrschaft über die niederen gelangt sind. Freiheit wird als Herrschaft über andere gedacht: Frei ist derjenige, der nicht der Verfügungsgewalt anderer ausgesetzt ist, wohl aber selbst über andere verfügen kann. Und Freiheit wird schließlich als Herrschaft über die Natur gedacht: Frei ist der Mensch, der über die Natur zu verfügen versteht, der Meister und Besitzer der Natur (R. Descartes)".
Vor diesem Hintergrund wird das Besondere der Doppelthese deutlich. Im folgenden soll versucht werden die Doppelthese zunächst einmal aus sich selbst heraus zu verstehen und zu interpretieren. Dabei sind folgende Fragen hilfreich:

(1) Was besagt der erste Satz über den Christenmenschen?

(2) Was besagt der zweite Satz über den Christenmenschen?

(3) Was besagt der Zusammenhang der beiden Sätze über den Christenmenschen?

(4) Wie begrenzt der erste Satz den zweiten?

(5) Wie begrenzt der zweite Satz den ersten?

(6) Was besagen beide Sätze über das Zusammenleben der Christenmenschen?

(7) Was besagen beide Sätze über die Identität des Christenmenschen?

(8) Was besagt der Ausdruck "Christenmensch"?

Interpretation der Doppelthese

1. Ein Christenmensch ist zunächst einmal und vor allem anderen frei. Nichts kann ihn in seiner Freiheit einschränken. Niemand kann ihn zum Knecht machen. Die Freiheit des Christenmenschen ist unverfügbar; weder er selbst, noch ein anderer, noch irgendeine andere Macht kann über ihn verfügen und seine Freiheit aufheben. Diese Freiheit ist keine Forderung und daher bloße Möglichkeit, sondern eine Wirklichkeit. Da sie keine Aufgabe ist, kann sie auch nicht aufgegeben werden. Sie ist unverfügbar und unverlierbar, sie liegt vor aller Leistung. Freiheit kann deshalb nicht erarbeitet, sie kann nur angenommen werden. Sie ist eine Vorgabe.
Vor allem Tätigsein ist Christsein ein Annehmen, ein Empfangen.

2. Der Christenmensch ist sodann an andere verwiesen, er existiert nicht jenseits der Dinge. Er hat eine Welt, er kann nicht für sich leben und sich in eine Innerlichkeit zurückziehen. Er ist darin Christenmensch, daß er tätig wird und anderen dient, daß er Für-Sorge betreibt und sein Leben mit anderen teilt. Ein Christenmensch ist darin er selbst, daß er sich allen Dingen fürsorglich hinwendet und darin tätig wird. Es ist ein Dasein, das von sich selbst weggewendet ist, ein Dasein "für andere". Er ist aber nicht bei sich selbst, wenn er über andere verfügt und sie zu beherrschen sucht, sondern nur, wenn er anderen dient.

3. Die Freiheit des Christenmenschen findet ihren Ausdruck nicht in der "Herrschaft", sondern in der "Knechtschaft". Sie findet ihren Ausdruck in der Dienstbarkeit, in der Fürsorge. Freiheit zeigt sich nicht in unbegrenzter Verfügung (ich kann tun und lassen, was ich will), sondern in der dienenden Hinwendung zur Welt. Diese Für-Sorge und Dienstbarkeit ist jedoch freiwillig, sie gründet in der vorgängigen Freiheit. Sie kann daher nicht erzwungen und unter Ge- und Verbote gestellt werden.

4. Die Dienstbarkeit macht aber nicht frei, kein Dienst kann Freiheit bewirken. Die Hinwendung zu allen Dingen, der Umgang mit ihnen schafft keine Freiheit. Sie ist und bleibt unverfügbar und unverlierbar. Allerdings verwirklicht sie sich im Umgang mit allen Dingen und mit jedermann. Sie kennt deshalb keine Einschränkungen: Die Dienstbarkeit gilt jedermann und allen Dingen.

5. Indem Freiheit und Dienstbarkeit zusammengenommen werden, wird deutlich, daß Freiheit nur im fürsorglichen Miteinander realisiert werden kann. Freiheit artikuliert sich im Miteinandersein, im Gemeinschaft-Haben. Freiheit ist kommunikativ und offen, sie gibt und nimmt Anteil, sie ist "mitteilend".

6. Wo Christenmenschen zusammenleben, gibt es keine Trennung von Herren und Knechten, von Oben und Unten. Da jeder Herr *und* Knecht ist, sind alle gleich. Es gibt keine Herrschaft, die aus Herrschenden Herren und Beherrschten Knechte machte. Jedem wird seine unveräußerliche Freiheit zugestanden. Dies begründet eine unverstellte Teilhabe und Selbstdarstellung (jeder kann für sich reden), sowie eine unantastbare Würde, die jenseits dessen liegt, was einer leistet. Da aber jeder dem anderen dienstbar ist, ist die Gemeinschaft gekennzeichnet durch gegenseitige Hinwendung und wechselseitige Offenheit. Es herrscht fürsorgliche Teilhabe und damit "Brüderlichkeit". Jeder erfährt stellvertretende Teilhabe. In der Gemeinschaft von Christen ist der andere wichtig, weil ich frei bin - von mir selbst und anderen. Also nicht, weil "er mir etwas bringt", sondern weil er *ist*. Seine Existenz ist nicht Schranke meiner Freiheit, sondern ihre Bewährung.

7. Die innere Einheit des Christenmenschen ist widersprüchlich und spannungsvoll. Sie ist kein ruhender Kern. Diese Einheit kann nur in Gegensätzen ausgesagt werden: frei *und* untertan, Herr *und* Knecht. Diese widersprüchliche Einheit gründet in dem Sachverhalt, daß der Christenmensch nur dann bei sich selbst ist, wenn er ganz außer sich ist. Er ist dann ganz frei, wenn er frei von sich selbst und nicht mit sich selbst beschäftigt, sondern mit einem anderen beschäftigt ist. Der Mensch kommt demnach nur zu sich selbst, wenn er offen und bereit wird, sich hinzugeben und zu empfangen. Die innere Einheit wird also nicht durch eine Tat oder eine Leistung ermöglicht, sondern durch Hingabe und Sich-Verlassen.

8. Ein Christen-Mensch ist schließlich ein Mensch, der den Namen Christi trägt und im Namen Christi lebt und deshalb zu ihm gehört und von ihm her und zu ihm hin sich versteht. Der Christenmensch verwirklicht daher nicht sich selbst, sondern Jesus Christus. In seiner Existenz gewinnt die Existenz Jesu Christi Gestalt. Christenmenschen sind daher "Bilder" Christi. Wo sie auftreten, werden sie anderen ein Christus.

8.3.2 Die christologische Sicht des Menschen

Luther betrachtet in dieser Schrift den Menschen ganz exklusiv unter der Perspektive, daß Gott in Jesus Christus geredet und sich in ihm den Menschen zugewendet hat. Nur von dem vergebenden und tröstenden Wort Gottes her kommt die Wirklichkeit des Menschen angemessen in den Blick und wird von ihm entschlüsselt. Außerhalb und vor der Offenbarung Gottes in Jesus Christus kann von dem Menschen nicht zureichend geredet werden. Anthropologie ist deshalb wesenhaft Christologie.

8.3.3 Grundstrukturen des Menschsein

Unter der Voraussetzung der Selbstoffenbarung Gottes in Jesus Christus erscheint der Mensch unter zwei grundlegenden Bezügen

(1) in der Beziehung zu Gott bzw. Gottes Wort

(2) in der Beziehung zum irdischen Leben bzw. der Welt

Erst beide Beziehungen konstituieren das Menschsein. Der Mensch vor Gott

(coram deo) ist immer auch der Mensch in der Welt (coram mundo).
Diese beiden Beziehungen werden in Anknüpfung an antike und mittelalterliche Traditionen durch die (Relations-) Begriffe "Seele" und "Leib" bezeichnet.
Sie begründen die "geistliche" und die "leibliche" Natur des Menschen und führen zu zwei Menschen im Menschen: dem inneren Menschen und dem äußeren Menschen, die in einer widersprüchlichen Spannung stehen.
Diese beiden Bezüge bestehen "bis zum Jüngsten Tag", solange die Welt besteht.
Von dem ganzen Menschen ist demnach nur so zu reden, daß gleichzeitig von zwei Menschen geredet wird. Seine Ganzheit ist letztlich nur als spannungsvolle und widersprüchliche Einheit auszusagen.
Die zwei Naturen definieren den Menschen in zweierlei Hinsicht

(1) Der Mensch ist zunächst und vor allem anderen Hörer, Empfangender und demgemäß Antwortender, Reagierender. Unter der Perspektive der redenden Zuwendung Gottes erscheint der Mensch als Angeredeter, als jemand, dem Begegnung widerfährt, und der durch diese Begegnung herausgefordert wird zu antworten. Der Mensch wird also zunächst einmal passivisch definiert als ein Wesen, das vorgängig auf etwas angewiesen ist. Damit erscheint aber der Mensch als ein Wesen, das prinzipiell offen ist für Begegnung, für die Begegnung mit Gott, als der Instanz, von der Sinn und Orientierung empfangen wird. Der Mensch ist dazu bestimmt, nach dem zu suchen und auf das zu hören, was dem Leben "Grund, Halt und Ziel" gibt.
Die Rede vom "inneren Menschen" ist Ausdruck des Sachverhalts, daß das Leben eines Menschen immer auf grundlegenden Sinnorientierungen beruht, die zu verstehen sind als Antwort auf die Herausforderung durch das Unbedingte, nämlich Gott. Die Unterscheidung vom inneren und äußeren Menschen soll deutlich machen, daß diese grundlegenden Orientierungen das Verhältnis zu sich selbst und zu den anderen begründen, aber nicht mit diesen identisch ist.

(2) Erst in zweiter Linie erscheint der Mensch als (Werk-) Tätiger, als Handelnder. Die Abfolge der Betrachtung zeigt, daß jedes Handeln nur in der Annahme vorgängiger Gaben möglich ist. Jedes Tun ist angewiesen auf ein Tun-Können sowie auf die Bestimmung eines Wohin und Wozu, das das Tun "innerlich" ausrichtet. Möglichkeit und Absicht der Werke sind demnach Ausdruck einer vorgängigen Beziehung zu dem "woran unser Herze hängt".

Die beiden Menschen bilden demnach keine voneinander getrennte Shären, die nichts miteinander zu tun haben, als ob das Innen ohne das Außen und das Außen ohne das Innen sein könnte. Gegen den Vorwurf einer "reinen Innerlichkeit" (Scheler, Marcuse) ist festzuhalten, daß sich das Innen notwendig im Außen äußert.
Der Weltbezug des menschlichen Daseins ist bestimmt durch den Sachverhalt, daß der Mensch einen "Leib" hat und er unter anderen Menschen lebt, mit denen er zu reden und zu schaffen hat.
Die"Werke" d.h. der tätige Weltbezug des Menschen wird daher nach zwei Richtungen ausdifferenziert:

(1) sie bestehen einmal im Umgang mit sich selbst, seinen Trieben, Leidenschaften, Bedürfnissen, Fähigkeiten und Anlagen sowie aber auch Krankheiten, Schwächen, Leiden und schließlich dem eigenen Tod.

(2) sie bestehen zum anderen in dem Umgang mit den Mitmenschen; in der Antwort auf deren Erwartungen und Bedürfnisse sowie der Gestaltung eines gemeinsamen Lebens. Durch diese Unterscheidung wird ganz besondere Schwierigkeit menschlichen Handelns deutlich hervorgehoben: es steht unter der Anforderung in recht unterschiedlichen Beziehungen, immer wieder eine Einheit herzustellen.

Zusammenfassend kann gesagt werden, daß menschliche Existenz nur verstanden werden kann

(1) als ständiges Miteinander von Empfangen und Tun, von Passivität und Aktivität und zwar in dieser unumkehrbaren Reihenfolge.

(2) als Einheit von Gottesbezug und Weltbezug, wobei der Weltbezug den Bezug zu Gott, als dem, was uns unbedingt angeht, spiegelt.

8.3.4 Kennzeichen wahren Menschseins

Für Luther ist es eindeutig und klar, daß nur das Hören auf das Wort Gottes ein wahres Menschsein eröffnet und den Menschen mit sich selbst als Geschöpf Gottes vereint. Wahres Menschsein ist "Antwort" auf das Wort Gottes. Die Explikation dessen, was Glaube bedeutet, erschließt daher die Strukturen und Kennzeichen wahren Menschseins bzw. gelingenden Lebens. Allerdings wird daran auch deutlich, was es heißt, von sich selbst entfremdet zu sein und ein falsches Menschsein zu leben.

(1) Ergriffen von dem Wort Gottes
Wahres Menschsein ist zunächst einmal ein Menschsein, das ergriffen ist von dem Wort Gottes, diesem zustimmt und sich von dorther bestimmen läßt. Es ist dadurch ein Menschsein, das sich als Gegenüber zu Gott versteht und weiß, daß es auf eine unbedingte, letztgültige Wirklichkeit angewiesen ist.

(2) Gegründet in dem Wort Gottes
Wahres Menschsein hat daher seinen Grund außerhalb von sich selbst. Es ist gegründet in dem Wort Gottes. Es hat seinen Grund, seinen Halt und sein Ziel nicht in sich selbst, sondern in Gott und seinem Wort. Der Mensch ist daher erst dann bei sich selbst, wenn er nicht bei sich selbst ist, sondern bei dem ist, was er nicht ist und ganz anders ist als er selbst, bei Gott. Wahres Menschsein ist deshalb ein Menschsein, das frei ist von sich selbst, das von sich selbst losgekommen ist und auf ein Wort hin sich losläßt. Ohne das Licht sicheren Wissens ist es ein Sprung ins Dunkle und Ungewisse, das nur einen Anlaß hat, nämlich das Wort Gottes, das in Jesus Christus konkrete Gestalt geworden ist. Wahres Menschsein ist ein Wagnis "um Christi willen".

(3) Vertrauensvolle Hingabe
Wahres Menschsein ist dann dadurch gekennzeichnet, daß es sich sagen läßt und sich sagen lassen kann, daß "all dein Leben und Werk nichts sind vor Gott, daß du vielmehr mit alldem, was in dir ist ewiglich verderben mußt" und "du sollst dich ihm (dem Wort Gottes, Jesus Christus) in festem Glauben ergeben und frisch auf vertrauen". Wahres Menschsein beginnt also mit der Erkenntnis, daß der Mensch sein Leben nicht besitzt, es durch sein Handeln nicht sichern kann und durch seine Anstrengung und Taten nicht zum Guten wenden kann. Es weiß, daß es "im Grunde" auf Zuwendung, gnädige Gaben und Vergebung angewiesen ist. Das Leben mit dieser Erkenntnis gründet aber in dem Vertrauen in die unendliche Liebe Gottes und die Gewißheit grenzenloser Anerkennung, unabhängig von dem, was der Mensch leistet. Wahres Menschsein ist deshalb gekennzeichnet durch vertrauensvolle Hingabe.

(4) Frei davon, sein Leben zu erleisten
Die Gewißheit, unendlich wichtig zu sein, unabhängig davon, was einer leistet, beschert aber die Freiheit von dem Zwang, sein Leben durch eigene Leistung zu sichern und verdienen zu müssen. Es macht frei von dem Zwang, Frieden, Rechtschaffenheit, Freiheit, Gerechtigkeit, Gemeinschaft und Zuneigung durch eigene Anstrengung und eigene Leistung erwirtschaften zu müssen. Wahres Menschsein ist deshalb frei von dem illusionären Anspruch, gottgleich über sich selbst und sein Leben uneingeschränkt verfügen zu können. Es ist frei von dem selbstzerstörerischen Traum, alles selbst in den Händen zu haben und ein erfülltes Leben selbst herstellen zu können.

(5) Kritischer Realismus
Der Mensch, der sich etwas schenken lassen kann, der weiß, daß sein Leben auf den gnädigen Zugaben Gottes beruht, kann die eigenen Möglichkeiten und Grenzen dankbar annehmen. Er kann -versöhnt mit seinen Grenzen- Unverfügbares akzeptieren und ist frei von dem Zwang, Vollkommenes erstellen zu müssen. Er weiß, daß die Verwirklichung selbstgesetzter Ziele letztlich nicht in der eigenen Verfügung liegt und die "Nähe Gottes" (Symbol erfüllten Lebens, in dem Liebe, Freiheit, Frieden und Gerechtigkeit herrschen) nicht Produkt eigenen Handelns, sondern letztlich Tat Gottes ist. Wahres Menschsein ist deshalb gekennzeichnet durch einen "kritischen Realismus", der

Augen hat für das Menschenmögliche und Verständnis für das, was unmöglich ist(vgl. das Gebet von Oetinger).

(6) Mit Jesus Christus gleichförmig
Wahres Menschsein gründet in dem Vertrauen auf das Wort Gottes. Dieses Vertrauen "vereinigt die Seele mit Christus", es macht den Menschen mit dem Wort Gottes, d.h. mit Jesus Christus, "gleichförmig". Es gibt dem Menschen Anteil an den Ämtern und Tugenden Jesu Christi. Der Mensch, der im Vertrauen auf das Wort Gottes von sich selbst losgekommen ist, findet sich in Jesus Christus wieder und "entspricht" dem Worte Gottes. Wahres Menschsein ist Entsprechung zu Jesus Christus.

(7) Königliche Freiheit
Durch das Gleichförmigwerden mit Jesus Christus bekommt der Mensch Anteil an einer königlichen Herrschaft gegenüber allen Dingen des irdischen Lebens. Er wird sich gewiß, daß seine Ehre und Würde nicht in seinem Umgang mit den irdischen Dingen begründet ist, sondern in der geschenkten Teilhabe an dem Geschick und der Person Jesu Christi. Diese Freiheit und Vollmacht ist aber "geistlicher", nicht "leiblicher" Natur. Sie schließt nicht aus, daß wir dem Leibe nach sterben müssen und wir vielen anderen Dingen unterworfen sind. Aber es begründet eine neue, veränderte Sicht und Umgangsweise des Menschen mit sich selbst und der übrigen Welt.

(8) Priesterliche Würde
Durch Jesus Christus bekommt der Mensch aber auch Anteil an dessen priesterlicher Würde, die sich in dem unmittelbaren Bezug zu Gott zeigt sowie dem Recht, für andere zu bitten. Zwischen Mensch und Gott haben keine andere Mächte Platz."Das was mich unbedingt angeht" verträgt keine Vermittlung. So wird das persönliche Gebet zu einem Grundzug wahren Menschseins, das sich selbst verläßt in dem Vertrauen, bei Gott gefunden und aufgehoben zu sein. Der Mensch kann und darf offen mit Gott reden und erfährt gerade darin das Geschenk der Freiheit von sich selbst. Das heißt dann aber auch, daß der Mensch in der Erkenntnis der Wahrheit und dessen, was gut und böse ist, keinen weltlichen Vorschriften unterworfen ist. Die Erkenntnis der Wahrheit konstituiert sich erst in der freien ungezwungenen Begegnung des Menschen mit Gottes Wort. Das "Priestertum" des Menschen verweist ihn aber notwendig an den Nächsten und stellt ihn in den Dienst am anderen. "So hat es uns Christus erworben, daß wir geistlich füreinander eintreten und bitten können, wie ein Priester leiblich für das Volk eintritt und bittet."

(8) Eschatologisch ausgestreckt
Die dem wahren Menschsein eigentümliche Entsprechung zu Jesus Christus ist aber noch nicht vollendet. Solange die Erde besteht, ist diese Entsprechung immer nur ein "Anfangen und Zunehmen". Sie wird erst am Jüngsten Tage mit der Auferstehung vollkommen sein. Wahres Menschsein ist deshalb eschatologisches Menschsein. Es ist gekennzeichnet durch die Hoffnung auf die künftige Vollendung der Entsprechung mit Jesus Christus, der als erster auferstanden ist. Wahres Menschsein ist deshalb erst im Werden begriffen, es ist ausgestreckt auf die künftige Vollendung durch Gott. Wahres Menschsein ist deshalb ein Auf-dem-Weg-sein, ein Noch-nicht-fertig-sein, ein stetes Aufbrechen und Anfangen.

(9) In-der-Welt-Sein
Zu diesem wahren Menschsein gehört daher auch das In-der-Welt-Sein. Die Entsprechung zu Jesus Christus äußert sich im Umgang mit dem eigenen "Leib" und mit den "Leuten". Der Mensch steht in allen Lebensbezügen unter Gottes Wort, kein Bereich ist davon ausgenommen. In allen Lebenslagen geht es um "Gottes-Dienst". Die Entsprechung zu Jesus Christus findet hier ihre notwendige Fortführung und führt zu zwei wesentlichen Konsequenzen, an denen sich wahres Menschsein erweist (s. 10.u.11).

(10) Produktiver Umgang mit Trieben, Ängsten und Bedürfnissen
Der Christenmensch steht immer wieder vor der Notwendigkeit und der Aufgabe, seinen "Leib" dazu anzuhalten und einzuüben, mit dem innerlichen Menschen "durch Fasten,

Wachen, Arbeiten und durch alle maßhaltende Zucht" gleichförmig zu werden und gegerade so Gott zu lieben und zu loben.
Die Entsprechung zu Jesus Cristus (christliche Identität) ist niemals fester Besitz, sie wird ständig angefochten durch Triebe, Wünsche, Erwartungen und Ängste, die aus natürlichen und lebensgeschichtlichen Bezügen des Menschen stammen und ihn dazu bringen wollen, sich selbst festzuhalten; nicht etwa zu wagen und sich zu öffnen, sondern sich zurückzuziehen und sich zu verschließen. Wahres Menschsein realisiert sich aber dann nicht jenseits von widerständigen Bedürfnissen, Leidenschaften, Trieben, Bedürfnissen und biographischen Erfahrungen, sondern gerade im tätigen, produktiven Umgang mit diesen. Dieses Tätigsein geschieht nun aber nicht in der Absicht, sich selbst zu verwirklichen, sondern vollzieht sich im Dank für die Vorgängige Annahme und Anerkennung. Das Tätigsein wird nun nicht mehr beherrscht durch den Zwang, sein Leben "perfekt" machen zu müssen, es ist vielmehr freier Dienst "um Gottes Willen", im dankbaren Gebrauch geschenkter Gaben.

(11) Dienst am Nächsten
Der Mensch, der sich selbst in Jesus Christus gefunden weiß, sucht im Umgang mit anderen Menschen nicht das Seine, sondern das, was andere materiell und geistlich nötig haben. "Was jenen *not, nützlich* und *seliglich* sei", Frei von dem Zwang, sich selbst beweisen und sein eigenes Leben suchen zu müssen, sieht er die Bedürftigkeit des anderen und beginnt, anderen zu dienen und nützlich zu sein. So entspricht der Mensch dem Sein und dem Handeln Jesu Christi und wird im Dienst am Nächsten "dem anderen zum Christus".

(12) Spannungsvolle Einheit
Der Mensch, der seine Identität in Jesus Christus gefunden hat und sich in ihm aufgehoben weiß, ist schließlich gekennzeichnet durch die Einheit sehr widersprüchlicher, in Spannung stehender Bezüge: zu Gott, zu sich selbst und zu anderen. Diese Einheit wird ermöglicht durch die im Glauben zugeeignete Teilhabe an der Person und dem Werk Jesu Christi. Diese macht den inneren Menschen gleichförmig mit Gott und den äußeren Menschen, gleichförmig mit dem inneren. Sie bringt damit Empfangen und Tun, Glaube und Werke, Freiheit und Dienstbarkeit, Passivität und Aktivität in einen inneren, Widersprüchlichen Zusammenhang, der die Eigenheit der verschiedenen Bezüge wahrt und herausstellt. Als Gabe des Glaubens ist diese Einheit aber kein Produkt menschlichen Handelns, sondern ein Geschenk.
Wo der Mensch von sich selbst loskommt und sich auf Wort Gottes verläßt, da wächst er gleichsam zusammen und gewinnt eine innere Einheit. Wer die Sorge um sein eigenes Leben Gott anheimstellt, erfährt Gegensätze und Widersprüche in seinem Leben nicht mehr als Bedrohung, sondern als Anlaß, sich Gott anzuvertrauen. (Vgl. dazu das Gedicht von Bonhoeffer, Wer bin ich?).

An dieser Stelle wird die Unterscheidung vom inneren und äußeren Menschen verständlich: Sie bringt zu unterscheidende, widersprüchliche Aspekte des menschlichen Daseins in einen inneren Zusammenhang, ohne deren jeweilige Eigenart zu unterschlagen. Sie ist letztlich Ausdruck der Einheit und Ganzheit der ganz unterschiedlichen Bezüge des Menschen.

Literatur:

Gerhard Ebeling, Einführung in sein Denken, 1964.
Eberhard Jüngel, Zur Freiheit eines Christenmenschen, Kaiser Traktate 30, 1978.
Albrecht Peters, Der Mensch, Handbuch Systematischer Theologie, Bd. 8, 1979, 25ff.
Christofer Frey, Arbeitsbuch Anthropologie, 1979, 241-243
Wolfgang Huber, Die Kirche als Raum und als Anwalt der Freiheit, Deutsches Pfarrerblatt, 1978, 781-786

9. Im Bauch des Fisches

9.1 Ursprungssituation

Hintergrund für diese Meditation unseres Ortes in der Schöpfung ist die weltweite ökologische Krise, die im Jahre 1978 in dem verzweifelten Kampf der Franzosen gegen das Öl des geborstenen Tankers Amoco Cadic ihren sichtbaren und dramatischen Ausdruck fand. In Anbetracht der weltweiten ökologischen Krise gleicht unsere Welt nach Charles Birch "einer Titanic auf Kollisionskurs".

Literatur:

Charles Birch, Schöpfung, Technik und Überleben der Menschheit: ...und füllet die Erde, in: Beiheft Nr. 30 zu Ökumenische Rundschau, S. 95-111 (vgl. auch Kursbuch 9/10, 206-208).

Die ökologische Krise reicht in ihren Wirkungen jedoch bis in unser persönliches Leben. Dies belegen die Verknappung der Grundwassermenge, die zunehmende Verschmutzung der Luft, das Eindringen giftiger Pflanzenschutzmittel in die Nahrungsmittel und den menschlichen Körper sowie das Ansteigen der Müllawine. Hier wird deutlich, daß die ökologische Krise mitten in unser eigenes Leben hineinreicht und schon als Lebensverkürzung erfahren wird. Die Erhöhung der Krebsgefahr belegt diesen Sachverhalt.
Doch der in der ökologischen Krise manifest werdende zerstörerische Umgang mit der Natur bleibt nicht auf die außermenschliche Natur beschränkt, sondern zeigt sich auch im Umgang mit der "inneren" Natur des Menschen, seinem eigenen Körper, wie z.B. die tödlichen Folgen des Rauchens zeigen.
Dem hemmungslosen Umgang mit der inneren und äußeren Natur entspricht schließlich ein willkürlicher Umgang mit den Gefühlen und Bedürfnissen anderer. Neben dem Einzwängen des Menschen in das Korsett aus Stahl, Beton und Glas seiner Städte wird man in dem täglichen Umgang der Menschen miteinander (z.B. am Arbeitsplatz) eine Ursache für die Zunahme neurotischer Erkrankungen sehen müssen.

Literatur:

Heinz Eduard Tödt, Das Angebot des Lebens, GTB 254, 1978, 87-110
Günter Altner, Leidenschaft für das Ganze, 1980, 115ff.

9.2 Fragen und Probleme

Die Problematik der weltweiten ökologischen Krise stellt sich auf drei vielfach miteinander verflochtenen Ebenen dar, nämlich

- auf der naturwissenschaftlich-technischen Ebene
- auf der politisch-gesellschaftlich-ökologischen Ebene
- und der Ebene des kollektiven Bewußtseins.

Eine Lösung des Problems auf einer Ebene wird nicht gelingen. Verschiedene Lösungsversuche müssen zusammenwirken.
Eine theologische Meditation oder Predigt kann ihren Lösungsbeitrag zunächst einmal nur auf der dritten Ebene suchen. Hier kommt es vornehmlich an, eine Bewußtseinsänderung in unserem Verhältnis zur Natur vorzubereiten. Dabei spielt die Sicht des Menschen in der Schöpfung eine zentrale Rolle. In diesem Zusammenhang ergeben sich folgende Fragen:

(1) Wie ist das Verhältnis von Mensch und Natur heute zu sehen? Welche Motive und Faktoren treten dabei zusammen?

(2) Was kennzeichnet nach der biblisch-christlichen Tradition das Verhältnis von Mensch und Natur? Worauf kann der Mensch sich verlassen?

(3) Welche Konsequenzen ergeben sich daraus für den Menschen? Was kann und soll er tun?

9.3 Die Antwort: Der moderne Mensch im Bauch des Fisches.

Die Situation des heutigen Menschen läßt sich durch folgende Kennzeichen beschreiben:

- Überzeugt, Herr und Besitzer der Natur zu sein
- Im Versuch, die Weltangst durch aggresive Kontrolle und Herrschaft zu bewältigen.
- "Eingeklemmt im Bauch des Fisches": Dieser Versuch führt in die Klemme.
- Unter der Verheißung von Bewahrung und Rettung (Gen 8,22; Jes 65,17).
- Befreiung von Angst ist möglich: Der Blick auf die kommende Rettung macht frei von Angst.
- Aus der Befreiung der Angst folgt: Der Befreite wird zum Zeichen der Hoffnung für die gesamte Schöpfung (Röm 8,19ff.).

9.4 Intentionen

(1) Aufdecken der heutigen Situation des Menschen und die Ermutigung, diese Situation anzunehmen.

(2) Hinweis auf das Wort Gottes und Wahrnehmung der Gegenwart vom Wort Gottes her.

(3) Einladen, sich auf das Wort Gottes einzulassen und sich seinen Zusagen anzuvertrauen.

(4) Nachdenken über die Bestimmung des Menschen und Ermutigung, seine Bestimmung anzunehmen.

(5) Bestimmung und Angebot lebensförderlicher Handlungsperspektiven.

Literatur:

Gerhard Liedke, Im Bauch des Fisches, 1979

10. <u>Die Wirklichkeit des Menschen im Horizont des biblischen Schöpfungsglaubens</u> (auf dem Hintergrund der Auseinandersetzung mit der Wahrnehmung des Menschen in den Sozialwissenschaften)

Die Welt (-Wirklichkeit) ist	Das Menschsein ist	Der Mensch kann und soll	Die Folgen sind ....
1. aspekthaft und von Brüchen durchzogen, doch verborgen umfaßt, getragen und bewegt von Gott (Gottes Wirklichkeit), die so mächtig ist, die Brüche zu versöhnen und zur Vollendung zu bringen.	obwohl bruchstückhaft und widersprüchlich, umfaßt, getragen und bewegt von Gott; der Mensch ist nicht allein und sich selbst überlassen	bereit sein, der Endlichkeit des eigenen Erkennens standzuhalten	Befreiung des Menschen von der Illusion, als sei er von sich aus die Mitte, auf die alles zuläuft. Der Mensch sieht sich gewürdigt als ein Gegenüber Gottes und kann zum tätigen Mit-Subjekt innerhalb des Wirkens Gottes werden.

2. qualifiziert durch das Kommen und die Auferstehung Jesu Christi und die Zusage der Zukunft Gottes 3. begrenzt und endlich, aber bestimmt durch das kommende Reich Gottes	beschenkt durch die verlorene Freiheit und gleichzeitig begrenzt und endlich, aber bestimmt zur Teilhabe am Reich Gottes	in der heutigen Weltsituation die geschenkte Freiheit recht verstehen und leben und dabei akzeptieren, daß unserem Leben unausweichlich und zugleich gnädig eine Grenze gesetzt ist	Absage an die Forderung nach einem passiven, bloß gehorchenden Menschen, die Geschichte als Verhängnis über sich ergehen läßt. Freiheit von der Flucht in die Zukunftsvision einer grenzenlosen Herrschaft des Menschen; Freiheit von der Flucht in einen Zustand, wo der Mensch Herr aller Krankheiten und sogar des biologischen Alters geworden ist und sich Quasi-Ewigkeit verschafft hat
4. ein endliches Biosystem, in dem alle Teile miteinander verflochten und voneinander abhängig sind	abhängig von natürlichen Vorgaben und hineingeflochten in die Naturgeschichte des Biosystems Erde	seine Mitverantwortung für die Erhaltung der natürlichen Lebensbedingungen unserer menschlichen Lebenswelt übernehmen und dafür sorgen, daß die menschliche Geschichte nicht in Selbstzerstörung endet	erneuerter Umgang mit Wissenschaft und Technik. Sie sind nicht Mittel der anthropozentrischen Herrschaft über die Natur, sondern ein Mittel, um ein gutes Einvernehmen, ein gutes Gleichgewicht mit Umwelt zu erstreben und so wahrzunehmen, daß Natur nicht länger purer Stoff und auszubeutende Materie ist, sondern eine eigene Stimme hat, auf die man achten muß.
5. nicht als Schöpfung erkennbar, denn sie ist von abgründigen Konflikten und Leiden durchzogen, in dem Leben anderes Leben verdrängt und vernichtet, dennoch wirkt in ihr verborgen Gottes Schöpfungswerk (sowohl in der Natur als auch in dem, was der Mensch hervorbringt).	bestimmt und getragen durch Gottes kontinuierliches Schöpfungshandeln und daher berufen zur cooperation, zur bewußten Mitarbeit an Gottes weiterwirkendem Schöpfungshandeln	im Rahmen seiner Grenzen und seiner Endlichkeit verantwortlich mitarbeiten	Verantwortliches "Wuchern" mit den "Talenten" Wissenschaft und Technik. Der Mensch braucht nicht zu resignieren, wenn er sieht, daß niemand, der die Welt nach bestem Wissen und Gewissen zu gestatten bemüht, sein Ziel erreicht.

6. aufgrund von Wissenschaft und Technik immer komplizierter und unüberschaubarer geworden; Probleme, auf die mit bisherigen Erfahrungen keine Antwort zu finden sind, werden immer zahlreicher	nicht festgelegt und offen, es ist arm an "Instinkten", durch die über Möglichkeiten vorentschieden wird; es kann Ziele setzen, Normen geben und Orientierungskriterien finden, die es erlauben, lebensförderliche Entscheidungen zu treffen	nach Kriterien suchen, die dem gerecht werden und auf das antworten, was die ganze Wirklichkeit angeht, begründet, hält und trägt und dadurch Mitverantwortung für Wissenschaft und Technik tragen; sich dafür einsetzen, daß sie dem Leben zuträglicher werden	Ende einer anthropozentrischen Orientierung, die nicht (eigentlich) damit rechnet, sich vor etwas zu verantworten, was die ganze Wirklichkeit angeht- und dadurch Wissenschaft und Technik in eine Vielzahl konkurrierender Entwürfe zersplittert; Einigung konkurrierender Entwürfe
7. kein sinnloses, kaltes Universum, sondern Gottes gute Schöpfung, die unser Vertrauen verdient und unseren Einsatz lohnt. Sie ist so, daß sie zu Gleichnissen für die Herrschaft Gottes werden können	das von Gott direkt und indirekt angerufene, zur Antwort herausgeforderte Sein	darauf hoffen und danach trachten, daß das, was mit seiner Hilfe geschieht zum Gleichnis für die Güte des Schöpfers werden kann und deutlich wird, daß die Wirklichkeit letztlich gut und sinnvoll ist.	erfahrbare Gleichnisse der Herrschaft Gottes, die selbst wieder zum Anruf werden und zur Verantwortung herausfordern
8. umfangen und getragen von der Wirklichkeit dessen, der uns anruft	dem Ruf Gottes in all seinen Lebensbezügen verantwortlich	sich der Welt hinwenden und in seinem Leben aus eigener Spontanität der doppelten Anrede Gottes entsprechen, in der Hoffnung, daß unsere Wirklichkeit zum Gleichnis für Herrlichkeit Gottes wird	Entschlüsselung und Wahrnehmung von Wissenschaft und Technik in einem umfassenden Wirklichkeitshorizont; Ende der Konkurrenz zwischen der Erkenntnis und dem Wollen des Glaubens auf der einen Seite und der wissenschaftlichen Erkenntnis sowie technischer Gestaltung auf der anderen Seite

Literatur:

Heinz Eduard Tödt, Verwissenschaftliche und verantwortete Wirklichkeit, in: ders., Der Spielraum des Menschen, GTB 337, 1979, 14-30

11. Die Verantwortung des Christen für die Würde und die Rechte des Menschen

11.1 Ursprungssituation: Die weltweiten Menschenrechtsverletzungen in den letzten Jahrzehnten

Literatur:

Heinz Eduard Tödt, Menschenrechte - ihre theologische Bedeutung und das christliche Engagement für sie, GTB 337, 1979, 81-120

11.2 Fragen und Probleme

(1) Worin liegen Eigenart und Inhalt der Menschenrechte?

(2) Wie sind die Menschenrechte von dem christlichen Glauben her zu sehen? Wo gibt es Konvergenzen zwischen dem Verständnis des Menschen im Menschenrechtsdenken und dem christlichen Glauben?

(3) Soll und kann sich der Christ als Christ für die Verwirklichung der Menschenrechte einsetzen?

(4) Was kennzeichnet ein christliches Engagement in der Menschenrechtsbewegung?

11.3 Die Antwort

11.3.1 Die Eigenart und der Inhalt der Menschenrechte

Nach Tödt besteht die Eigenart der Menschenrechte in

- dem Schutz der Menschenwürde
- dem Gegensatz zum neuzeitlichen-souveränen Staat, der das Gesetz- und Verantwortungsmonopol an sich gebracht hat
- dem Zusammenwirken sehr unterschiedlicher Traditionen (Neu Stoizismus, metaphysischer Rationalismus, humanistischer Individualismus, Naturrechtsdenken, protestantischer Glaubens- und Gewissensbegriff)
- der Konvergenz mit der ökonomisch-politischen Ideologie des Bürgertums in seinem Aufstiegskampf gegen eine feudale Stände- und Privilegiengesellschaft
- der kritischen, prinzipiellen Differenz gegen die vom Staat gewährten Bürger- und Grundrechte
- der Beziehung auf die drei Sachmomente, Freiheit, Gleichheit, Teilhabe.

10.3.2 Die Menschenrechte in theologischer Interpretation

Eine theologische Interpretation der Menschenrechte sucht zunächst die Bedeutung der Menschenrechte im Horizont der christlichen Glaubens zu entschlüsseln. Dabei werden"Analogien" und "Differenzen" zwischen dem Menschrechtsdenken und dem christlichen Glauben deutlich, die - und das ist in unserem Zusammenhang besonders interessant - Konvergenzen und Divergenzen der jeweiligen Anthropologie hervorheben. So wird im Gegenüber zu dem Verständnis des Menschen in den Menschenrechten das christliche Verständnis des Menschen in seinen Voraussetzungen, Elementen und Folgen erkennbar.

Analogien zwischen

MENSCHENRECHTSGEDANKEN	CHRISTLICHER GLAUBE
1. *Freiheit*	1. *Freiheit*
Jeder Mensch besitzt einen unverletzlichen und unverfügbaren Personenkern, die Personalität. Diese(r) ist Quelle wertvoller menschlicher Impulse. Der Mensch ist nur wirklich Mensch, wenn er von willkürlichen Zugriffen staatlicher und gesellschaftlicher Gewalt geschützt ist und einen Raum selbstverantwortlicher Spontanität hat.	Durch Jesus Christus sind alle Menschen "in geistlicher Weise Herr über alle Dinge". Sie sind frei von den Dingen und Werken als Mittel, die Seligkeit zu gewinnen. Diese Freiheit ist unveräußerlich und unverletzlich, sie kann durch menschliche Taten nicht eingeschränkt oder aufgehoben werden. Diese Freiheit ist Grund und Quelle wesentlicher, lebensförderlicher Verhaltensweisen des Menschen, (die zusammen die Nächstenliebe ausmachen).
2. *Gleichheit*	2. *Gleichheit*
Allem was Menschenantlitz trägt, gebührt der gleiche Rang. Demgegenüber sind individuelle Unterschiede zweitrangig. Der Mensch ist nur Mensch, wenn es keine Unterpriviligierung gibt und die Gleichbehandlung aller vor dem Gesetz sowie Chancengleichheit hergestellt ist.	Taufe, Glaube und Geist begründen die Gleichheit aller, denn sie geben vorbehaltlos und voraussetzungslos Anteil an der Gnade Gottes. Sie geben allen Anteil an dem Haupt Jesus Christus und machen sie zu seinem Leib. Im Hinblick auf die Zuwendung Gottes sind alle Menschen gleich, sind alle "geistlichen Standes".
3. *Teilhabe*	3. *Teilhabe*
Der Mensch ist ein Weltwesen und hat daher sein Sein weder aus sich selbst noch bloß für sich. Der einzelne muß sein Menschsein in Verhältnissen in der Welt, in mitmenschlichen Beziehungen, in der Gesellschaft realisieren. Der Mensch ist wirklich Mensch, wenn er zu allen Bereichen des gesellschaftlichen Lebens Zugang hat.	Das Priestertum aller Gläubigen ist begründet in der Gleichheit aller vor Gott. Unterschiede zwischen den Menschen sind allein in den unterschiedlichen Aufgaben für die menschliche Gemeinschaft begründet, denn: "Ein jeder soll mit seinem Amt oder Werk den anderen nützlich und dienstlich sein, daß so die vielerlei Werke alle auf eine Gemeinschaft gerichtet sind, um Leib und Seele zu fördern, gleichwie die Gliedmaßen des Körpers alle einander dienen"(Luther, An den christlichen Adel). Das Priestertum aller Gläubigen führt jeden in die Teilhabe am Geschehen in der Gemeinde.
4. *Menschenwürde*	4. *Menschenwürde*
Freiheit, Gleichheit, Teilhabe setzen die Unverfügbarkeit der Person voraus. Der Mensch ist "Zweck in sich selbst", wie sehr er auch durch Einflüsse seiner Lebenswelt konditioniert und definiert wird. Der Mensch besitzt eine unantastbare Menschenwürde, er darf nicht zum "Mittel" werden. Diese Menschenwürde kann jedoch nur in mitmenschlichen und mitweltlichen Bezügen entfaltet werden. Der Mensch ist daher grundlegend auf seine Mitmenschen	Gott erkennt den Menschen, der in den Zusammenhang der Sünde eingebunden ist ohne Vorbedingung als sein Kind an und spricht ihn von aller Bindung los. Der Mensch hat vor Gott einen besonderen Wert und eine besondere Würde, die nicht in seiner Leistung, sondern in dem freien Geschenk der Gnade begründet ist. Diese Zuwendung Gottes zum Menschen ist schlechterdings unverfügbar, sie beruht allein auf der freien Liebe Gottes. Diese Zuwendung macht frei von sich selbst und

und seine Mitwelt bezogen.	öffnet den Menschen für den anderen. Die Zuwendung Gottes findet in der Zuwendung des Menschen zum Menschen ihre Entsprechung.

Differenzen zwischen

MENSCHENRECHTSGEDANKEN	CHRISTLICHER GLAUBE
1. *Freiheit* Sie kann sich auch in einer kühlen Distanzierung der Menschen voneinander erfüllen. Wahres Menschsein kann schon ein distanziertes Nebeneinander bedeuten.	1. *Freiheit* Sie findet erst in der Zuwendung zum Nächsten ihre Erfüllung. Wahres Menschsein wird sich dort ereignen, wo Menschen in Freiheit einander dienen.
2. *Gleichheit* Sie kann sich schon in der strikt formalen Gleichstellung aller vor dem Gesetz erfüllen und Individien so einander zuordnen, daß sie sich auf der Basis von Rechtsansprüchen begegnen, um Benachteiligungen zu wehren. Wahres Menschsein kann schon in der Sicherung von Rechtsansprüchen bestehen.	2. *Gleichheit* Sie findet erst in der geschwisterlichen Gleichheit ihre Erfüllung, die durch die Einheit und Gemeinsamkeit des Geistes eröffnet wird. Wahres Menschsein wird sich erst dort ereignen, wo Menschen einander als Brüder und Schwestern begegnen und darin Einheit und Gemeinsamkeit finden.
3. *Teilhabe* Sie kann sich auch in dem Mitmachen an einem Leben erfüllen, das nach den Regeln eines rücksichtslosen Konkurrenz- und Machtkampfes geführt wird. Wahres Menschsein kann auch in einem Konkurrenz- und Machtkampf bestehen.	3. *Teilhabe* Sie findet ihre Erfüllung, wo sie Anlaß zum gemeinsamen Dank wird. Wahres Menschsein wird sich erst dort ereignen, wo Menschen in ihrem Zusammenleben Anlaß zum gemeinsamen Dank finden.

Literatur:

Heinz Eduard Tödt, a.a.O.
Martin Honecker, Das Recht des Menschen, GTB 290, 1978

12. Die "Tätigkeiten" einer theologischen Anthropologie

12.1 Die Tätigkeiten

Schaut man darauf was biblisch-christliche Aussagen vom Menschen in ihrem jeweiligen Lebenszusammenhang tun, dann kann man sagen:

(1) Sie weisen den Menschen hin auf Gottes Wort und bitten ihn von sich selbst abzulassen, auf Gottes Wort zu hören, von dort her sich zu verstehen und diesem zu antworten.

(2) Sie weisen daraufhin, daß der Mensch nicht allein ist und auf sich selbst gestellt ist, sondern trotz Brüchen und Widersprüchen umfaßt, getragen und bewegt ist von Gottes verborgener Wirklichkeit.

(3) Sie stellen dem Menschen gegen alle Vernunft eine Zukunft in Aussicht, die Versöhnung und Vollendung verspricht. Sie erzählen weiter, daß auch das Zufällige und

Ziellose dereinst nicht ohne Sinn sein wird.

(4) Sie geben weiter, daß Sinnlosigkeit, Scheitern und Tod nicht das Letzte sind, was Menschen zu erleben haben. Sie machen Mut das "Alte" hinter sich zulassen und auf neue Möglichkeiten geduldig zu warten.

(5) Sie versprechen, daß jeder Mensch für Gott unendlich wichtig ist, denn er ist von ihm angenommen und geliebt unabhängig von seinen Leistungen, seiner Schuld und seinem Versagen, seinen Möglichkeiten und Grenzen, seinen Fehlern und Stärken.

(6) Sie kritisieren alle Versuche des Menschen, allmächtig alles begreifen, kontrollieren und sichern zu können.

(7) Sie laden ein, auf Gottes Handeln zu vertrauen und machen Mut, trotz der Angst um sich selbst sich loszulassen und somit frei von sich selbst zu werden.

(8) Sie bitten den Menschen sich mit seiner schöpfungsgemäßen Begrenztheit und Unendlichkeit versöhnen zu lassen und sich auf Gottes neuschaffendes Handeln einzulassen.

(9) Sie fordern den Menschen heraus, Gott in dem ganzen Dasein Antwort zu geben und ihm zu entsprechen. Sie rufen in die "Verantwortung", in die Nachfolge.

Biblisch-christliche Aussagen über den Menschen weisen aber letztendlich auf ein Menschsein hin, das

- von sich selbst ablassen kann, auf Gottes Wort hört und sich von dort her versteht und diesem antwortet
- darauf vertraut, daß es nicht allein und auf sich selbst gestellt ist und trotz Brüchen, Widersprüchen und Scheitern umfaßt, getragen und bewegt weiß von Gottes verborgender Wirklichkeit
- gegen alle Vernunft auf eine Zukunft hofft, die Versöhnung und Vollendung verspricht und der auch das Zufällige und Ziellose nicht ohne Sinn sein wird
- darauf vertraut, daß Scheitern und Tod nicht das Letzte sind und den Mut hat, das Alte hinter sich zu lassen und auf neue Möglichkeiten geduldig zu warten
- sich gewiß ist, daß jeder Mensch für Gott unendlich wichtig ist unabhängig davon, was er leistet
- frei ist von der Illusion, allmächtig alles begreifen und kontrollieren zu können
- auf Gottes Handlung vertraut und im Blick auf Gott mit seinen Ängsten zu leben weiß
- versöhnt ist mit seiner schöpfungsgemäßen Endlichkeit, weil es auf Gottes neuschaffendes Handeln vertraut
- in seinem ganzen Dasein Gott entspricht und sich im verantwortlich weiß.

Biblisch-christliche Aussagen zum Menschen weisen auf ein Menschsein hin, das offen ist für die Zukunft Gottes, das die Fraglichkeit und die Rätselhaftigkeit des Menschen nicht auflöst, sondern mit ihr lebt, sie aushält und trägt. Dieses Menschsein ist jedoch kein bloßes Ideal oder bloße Hoffnung. Sie ist konkrete Erfahrung, es ist das Menschsein Jesu. Jesus ist "der Gott entsprechende Mensch", er ist der Mensch, wie Gott ihn will, Er ist der "neue Mensch". Deshalb bekennt ihn das Neue Testament als das wahre Ebenbild Gottes (Kol 1,15; 2. Kor. 4,4). Das Menschsein Jesu ist die Antwort Gottes auf die Frage des Menschen nach dem wahren Menschsein. Deshalb bekennt der christliche Glaube Jesus als den Christen, als den Sohn Gottes. Das ist auch die Begründung für die Überschrift "Antwort Gottes". Der wahre Mensch, der Gott entspricht, ist die Antwort, die Gott selbst auf die Frage des Menschen nach dem wahren Menschsein gibt. Da aber dieses Menschsein sich gerade dadurch auszeichnet, daß es die Fraglichkeit des Menschen aushält und alle Versuche des Menschen, den Menschen ein für allemal festlegen zu wollen, kritisiert und infragestellt, ist das Menschsein Jesu Christi zugleich Frage und Antwort.

12.2 Christofer Frey: Kriterien gelingenden Lebens

Christofer Frey hat einmal versucht "wahres Menschsein" bzw. das "Mensch-sein Jesu" durch "Kriterien gelingenden Lebens" näher zu bezeichnen. Frey entwickelte diese Kriterien in Auseinandersetzung mit den "Kriterien der Umarbeitung des Selbstbezuges des Menschen", die der Freud-Schüler Heinz Kohut aufgrund seiner Narzismus-Studien erarbeitet hat. Frey hat nun versucht diese Kriterien "im Licht der Perspektiven biblischer Ansichten vom Menschsein" umzuformulieren. Er kam dabei zu folgendem Ergebnis:

1. *Ein gelingendes Leben verarbeitet auf der einen Seite Trennung und Tod, gewinnt auf der anderen Seite Geborgenheit und fundamentales Vertrauen. Aus dem Neuen Testament wissen wir, daß der Christ zwar mit dem Tode Jesu zusammengewachsen ist, aber auf die Auferstehung mit ihm erst hofft (Röm 5, 6ff.). Obwohl er den realen Tod vor sich hat, ist dem Tod doch der Stachel genommen; andererseits ist er in Gedanken nicht über diese endliche Welt hinweg. Sonst würde Vertrauen durch Gewissen und Geborgenheit durch Sicherheit ersetzt.*

2. *Ein gelingendes Leben bringt Selbstannahme, (als Folge verarbeiteter und verendlichter Selbstliebe) und Einfühlungsvermögen, (als Folge reifer Liebe zu anderen) in ein Gleichgewicht. Wir wissen, daß das Liebesgebot nicht einen radikalen Altruismus meint, der heimlich den anderen Menschen noch beherrscht. Sondern das "wie dich selbst" des Liebesgebotes sagt: Nimm den anderen als eine Person ernst, der seine Ansichten, sein Recht auf ein anders sein und seine Bedürfnisse hat, genauso wie du es an dir selbst spürst.*

2.1 *Wer sich selbst anzunehmen weiß (weil er im Glauben sich angenommen findet), wird lernen, mit der eigenen Angst offen umzugehen. Damit gewinnt er die Kraft, die auch für Christen so große Versuchung, die Welt und die Menschen von der eigenen Gruppe her zu sehen (Ethnozentrismus), zu bewältigen.*

3. *Weil im Glauben nicht nur Glück auf Glück gehäuft wird, sondern auch Leiden und Endlichkeit positiv in das Leben hineingestaltet werden sollen, sollte der Christ besser von "gelingendem" als von "gutem" Leben reden. Ein gelingendes Leben versöhnt sich mit der eigenen Endlichkeit und nimmt damit Gedanken der Weisheit auf. Im Abstand von Allmachtsphantasien und leeren Idealen, die ein gutes Leben vorspiegeln und über Menschen hinweggehen, richtet sich ein gelingendes Leben auf ein Ganzes aus, das jetzt noch in Leiden, Sinnlosigkeit und Endlichkeit verhüllt ist. Jesu predigt vom Reiche Gottes und die christliche Hoffnung auf eine Zukunft, die nicht die Vergangenheit des Menschlichen verlängert, ist Hoffnung gegen die jetzt bestehenden Umstände, nicht aber Sicherheit des Wissens.*

3.1 *Ein gelingendes Leben arbeitet die eigene Lebenszeit, arbeitet Ertrag, aber auch Mißglücken der einzelnen Phasen des Lebens so ein, daß Vergangenes nach Möglichkeit nicht in den Schatten des Unbewußten und des Verdrängten abtreten muß. So nimmt es die Ängste des Lebens an; denn der Glaube unterdrückt nicht Ängste, sondern arbeitet sich an Ängsten ab.*

4. *In einem gelingenden Leben herrscht kein innerer Über-Ich-Tyrann, etwa durch das Gewissen. Sondern es geht um ein flexibles Ich-Ideal, das zu erreichbaren Lebenszielen treibt. Nur ein Ich, das sich seiner Schwäche bewußt ist, ist auch stark. Es erträgt seine Grenzen zwischen Triebleben und Über-Ich-Einstellungen mit Humor.*

4.1 *Deswegen muß ein Christ, der die Freiheit seines Glaubens in der Welt und am* eigenen Leben bewähren will sich gerade die unfreiwilligen, aber doch deutlichen und ihn prägenden Folgen christlicher Sozialisation vor Augen haben. Nicht immer fördert sie gelingendes Leben; oft ist sie eine Last.

4.2 Deswegen muß der Religionsunterricht besonders darauf achten, daß nicht Werte oder Standards, die aus bestimmten Erziehungsprozessen kommen, aus bestimmten Schichten oder Klassen, zu den eigentlich christlichen Werten und Ansprüchen erklärt werden.

4.3 Wenn gelingendes Leben auch das Scheitern einarbeitet, wird es sich nicht in Projektionen (z.B. des Bösen auf andere Personen, auf andere Gruppen oder Institutionen) freien Lauf lassen.

5. Ein gelingendes Leben bewährt seine Freiheit, in dem es auch die Lasten des eigenen Lebens annimmt (etwa die Lasten, die die eigene Sozialisation mit sich gebracht hat).

6. In einem gelingenden Leben integrieren sich Gefühl und Einsicht, Affekt und intellektuelles Urteil; sie wollen mit dem Ertrag der verschiedenen Lebensphasen zusammen die Reife des Lebens erreichen.

7. In einem gelingenden Leben herrscht keine abstrakte Grundorientierung vor. Sondern die langfristigen Ziele des Lebens, die Ich-Ideale und die Rollen, entschlüsseln sich in konkrete Einstellungen, vor allem in der Begegnung mit dem anderen Menschen. Das ergibt sich auch aus der Einsicht, daß biblische Perspektiven für Lebensformen und Menschenbilder, ebenso, wie 'Vertrauen, Gerechtigkeit, Liebe, Freiheit nicht allgemeine Ideen sind, sondern immer wieder konkret werden müssen. Wenn die Philosophie Allgemeinbegriffe Universalien nennt und ihnen den Einzelfall unterordnet, so wäre hier von konkreten Universalien zu reden, die nicht abstrakt und jenseits des Einzelfalls existieren können, sondern jeweils in ihm zur Geltung kommen.

12.3 Lebensregeln für jüngere Menschen in ihrem Verhältnis zu den älteren.

(1) Du hast ein Recht, deinen eigenen Weg zu suchen und zu gehen, aber du sollst den Älteren ein gleiches Recht zugestehen und sie nicht auf deinen Weg zwingen wollen.

(2) Du hast die Pflicht, kritisch zu prüfen, was die Älteren dir als Erbe anbieten, aber du sollst es verantwortlich prüfen: nicht du bist der Maßstab, nicht dein Wollen und Streben richtet über Gut und Böse, Richtig und Falsch, sondern Gott, der in Christus begegnet.

(3) Du sollst unruhig sein und nach der Wahrheit suchen, aber du sollst es in Demut tun, daß du ein Mensch bist und irren kannst; du sollst offen bleiben für das bessere Wort und die bessere Einsicht.

(4) Du sollst unbequem sein und in Offenheit die geistige Auseinandersetzung suchen, aber du sollst es in Liebe tun und nicht vergessen, daß die Älteren von der gleichen Verantwortung für die Welt und der gleichen Liebe zu den Menschen bewegt sein können.

(5) Vergiß nicht, daß die Älteren unter anderen Bedingungen und Normen erzogen sind, daß ihr Weltverständnis anders ausgerüstet ist als deines, und respektiere in Wort und Tat, was du für dich beanspruchst: das Recht auf den eigenen Weg.

(6) Suche nicht nach dem Neuen aus Lust an der Zerstörung, aus Freude an der Aggression, aus der Eitelkeit des besseren Wissens. Lerne verantwortlich reden und handeln: bedenke, was du dem anderen nimmst und was du ihm zu geben hast. Rede und handle vor den Älteren in mitmenschlicher Verantwortung. Erst dann redest und handelst du so, daß du menschlich bestehten kannst; erst dann löst du dein Recht auf deinen Weg verantwortlich ein.

(7) Du hast die Pflicht, die Welt zu prüfen, ob sie eine gute Welt ist, und sie zu verändern, wo sie schlecht ist. Aber verliere das eine Ziel nicht aus den Augen, um das es geht: wir fragen nach Gott, um zu begreifen, was wir wollen, und Christus antwortet; sein Gebot heißt Liebe. Mach aus der Welt die Welt Christi, eine Welt der Liebe. Verletze nicht und zerstöre nicht, sondern breite aus die Liebe, die in Christus geboten ist: die Liebe als Dasein für andere. Nur diese Liebe gibt dir das Recht, gegen Altes Neues zu gestalten.

(8) Vergiß nicht: die Älteren, die dir als Vater und Mutter, Lehrer und Meister begegnen, haben in ihrer Sorge für dich das Liebesgebot erfüllt. Erfülle du es auf deine Weise an ihnen. Und wo sie irren oder fehlten, da begegne ihnen mit der Liebe der Nachsicht und Vergebung, wie du sie in Christus erfährst.

(9) Vergiß nicht, wir sind, ob du heute Jugend oder morgen der Ältere bist, alle zusammen nur unterwegs zur Wahrheit. Dein Wissen und dein Können bleiben beschränkt. Du wirst morgen mehr als heute wissen, die Wahrheit ist das Ganze, wir sind nur Teil. Sprich deine Gedanken in der Bereitschaft zum Irrtum aus, dann ist durch dich ein Stück christlicher Liebe Wirklichkeit in der Welt geworden.

(10) Und vergiß nie: nach dir wird eine andere Jugend kommen, und du wirst der Ältere sein, und die Jugend wird Neues wissen und nach Neuem suchen. Dann bleibe du offen für die Jugend, erstarre nicht in Unsicherheit, Hartnäckigkeit und Rechthaberei. Lebe du ihnen durch deine Offenheit Liebe vor und nimm sie durch dein Beispiel in Pflicht zur Liebe gegen andere. (H. Jendreieck).

12.4 Dietrich Bonhoeffer, Das Bild Christi

In Jesus Christus ist Gottes Ebenbild in der Gestalt unseres verlorenen menschlichen Lebens unter uns getreten, in der Gleichgestalt des Fleisches der Sünde. In seiner Lehre und seinen Taten, seinem Leben und seinem Sterben wird sein Bild offenbar. In ihm hat Gott sein Ebenbild auf Erden neu geschaffen. Menschwerdung, Wort und Tat Jesu und sein Tod am Kreuz gehören unveräußerlich zu diesem Bild. Es ist ein anderes Bild als das Adams in der ersten Herrlichkeit des Paradieses. Es ist das Bild dessen, der sich mitten in die Welt der Sünde und des Todes hineinstellt, der die Not des menschlichen Fleisches auf sich nimmt, der sich dem Zorn und Gericht Gottes über die Sünder demütig unterwirft, der Gottes Willen gehorsam bleibt im Tode und im Leiden; der in Armut Geborene, der Zöllner und Sünder Freund und Tischgenosse, der am Kreuz von Gott und Menschen Verworfene und Verlassene - das ist Gott in Menschengestalt, das ist der Mensch als das neue Ebenbild Gottes!

Wohl wissen wir, daß die Zeichen des Leidens, die Wundmale des Kreuzes jetzt die Gnadenzeichen am Leibe des auferstandenen und verklärten Jesus sind, daß das Bild des Gekreuzigten hinfort lebt in der Herrlichkeit des ewigen Hohenpriesters, der im Himmel vor Gott für uns betet. Aus der Knechtsgestalt Jesu erstand am Ostermorgen ein neuer Leib in himmlischer Gestalt und Klarheit. Aber wer nach Gottes Verheißung teilgewinnen will an der Klarheit und Herrlichkeit Jesu, der muß vorher gleichgeworden sein dem Bilde des gehorsamen, leidenden Knechtes Gottes am Kreuz. Wer das verklärte Bild Jesu tragen will, der muß das in der Welt geschändete Bild des Gekreuzigten getragen haben. Niemand findet das verlorene Ebenbild Gottes wieder, es sei denn, daß er teilgewinnt an der Gestalt des menschgewordenen und gekreuzigten Jesus Christus. Allein auf diesem Bilde ruht Gottes Wohlgefallen...

Der Gestalt Jesu Christi gleichzuwerden, ist nicht ein uns aufgegebenes Ideal der Verwirklichung irgendeiner Christusähnlichkeit. Nicht wir machen uns zum Ebenbilde, sondern es ist das Ebenbild Gottes selbst, es ist die Gestalt Christi selbst, die in uns Gestalt gewinnen will (Gal 4,19)...Christus ruht nicht mit seiner Arbeit an uns, bis er uns zur Christusgestalt gebracht hat. Es ist die ganze Gestalt des Menschgewordenen, des Gekreuzigten und des Verklärten, der wir gleich werden wollen. Christus hat diese Menschengestalt angenommen. Er wurde Mensch wie wir. In seiner Menschheit und seiner Niedrigkeit erkennen wir unsere eigene Gestalt wieder. Er ist den Menschen gleich geworden, damit sie ihm gleich seien. In der Menschwerdung Christi empfängt die ganze Menschheit die Würde der Gottebenbildlichkeit zurück. Wer sich jetzt am geringsten Menschen vergreift, vergreift sich an Christus, der Menschengestalt angenommen hat und in sich das Ebenbild Gottes für alles, was Menschen-

antlitz trägt, wiederhergestellt hat. In der Gemeinschaft des Menschgewordenen wird uns unser eigentliches Menschsein wiedergeschenkt.
Wer in der Gemeinschaft des Menschgewordenen und Gekreuzigten steht, in wem er Gestalt gewonnen hat, der wird auch dem Verklärten und Auferstandenen gleich werden... Wie das Bild des Gekreuzigten, so wird auch das Bild des Auferstandenen die umgestalten, die es sehen. Wer Christus schaut, der wird in sein Bild hineingezogen, seiner Gestalt gleichgemacht, ja er wird zum Spiegel des göttlichen Bildes. Schon auf dieser Erde wird sich in uns die Herrlichkeit Jesu Christi wiederspiegeln... Das Leben JesuChristi ist auf dieser Erde noch nicht zu Ende gebracht. Christus lebt es weiter in dem Leben seiner Nachfolger. Nicht von unserem christlichen Leben, sondern von dem wahrhaften Leben Jesu Christi in uns ist nun zu reden. "Nun aber lebe nicht ich, sondern Christus lebt in mir" (Gal 2,20). Der Menschgewordene, der Gekreuzigte, der Verklärte ist in mich eingegangen und lebt mein Leben. "Christus ist mein Leben" (Phil 1,21)...

aus: Dietrich Bonhoeffer, Nachfolge, 1937, 275-282 (in Auszügen)

Bonhoeffer schloß das Manuskript zu der "Nachfolge" nach fast zweijähriger Arbeit im Sommer 1937 ab, wenige Wochen bevor das Predigerseminar Finkenwalde geschlossen wurde (28.9.37). Das Buch ist das Ergebnis ntl. Vorlesungen in dem Predigerseminar und entstand als theologische Antwort auf den zunehmenden Druck des NS-Staates auf die Bekennende Kirche sowie auf die weiter um sich greifenden Verhaftungen gerade auch ehemaliger Finkenwalder. Eines der ersten Exemplare schickte Boenhoeffer dem inhaftierten Martin Niemöller.

D. THEOLOGIE- UND HUMANWISSENSCHAFTEN IM DIALOG

1. Form und Kennzeichen des Dialogs

1.1 Selbstverständlichkeit des Dialogs

Der Dialog mit den Humanwissenschaften sollte für die Theologie selbstverständlich sein, denn theologische Anthropologie gibt es nur im Gespräch, nur in Auseinandersetzungen mit bestimmten Selbstansichten des Menschen ihrer Zeit.

1.2 Die Grundvoraussetzungen des Dialogs

Einen Dialog kann man nur dann ersthaft führen, wenn man anerkennt, daß alle Beteiligten kompetente Sprecher sind. Das gilt für den Dialog von Theologie und Humanwissenschaften in besonderer Weise. Immerhin geht es ja beiden um den Menschen! Darüber hinaus sollten beide sich ein- und zugestehen, daß sie sich an der Suche nach dem wahren Menschsein beteiligen und bereit sind, für die Menschlichkeit des Menschen Verantwortung zu tragen. Beide sollten wissen: "Jeder Mensch ist von der Frage nach seiner Identität bewegt, also von der Frage, wer er eigentlich ist oder sein will" (Tödt).
Allen Beteiligten an diesem Dialog sollte darüber hinaus aber bewußt sein, daß Wahrheit kein Besitz sein kann. Humanwissenschaftler wissen dies, denn sie verstehen ihre Aussagen nicht als Abbildung der Wirklichkeit, sondern nur als Annäherungen, die Wahrscheinlichkeiten für sich beanspruchen können aber nicht die Wahrheit selber. Auch Theologen sollten wissen, daß Menschen Gott keine Grenzen setzen können und er in menschlichen Aussagen nicht aufgehen kann. Beiden sollte überdies bewußt sein, daß die Wirklichkeit des Menschen nicht auf einem Wege erkannt werden kann, sondern erst im dialogischen Zusammenspiel verschiedener Zugriffe. Gerade auch Theologen ist hier zu sagen, daß auch nicht-theologischen Aussagen vom Menschen Wahrheit zuzutrauen ist.

1.3 Zum Verständnis humanwissenschaftlicher Aussagen

Um humanwissenschaftliche Aussagen verstehen zu können, ist es u.E. sinnvoll danach zu fragen, was ein Humanwissenschaftler tut, wenn er Aussagen über den Menschen macht.
(1) Humanwissenschaftler *sprechen zunächst einmal über den Menschen* und betrachten ihn unter einer ganz bestimmten Fragestellung. Sie beschränken sich dabei auf einen bestimmten Aspekt des Menschen, der jeweils die Disziplin begründet.
Sie suchen dann diesen Aspekt mithilfe von Modellen zu beschreiben. Modelle nehmen nicht für sich in Anspruch, den ganzen Menschen zu beschreiben. Sie thematisieren vielmehr einen Problembereich und wollen unbekannte Realzusammenhänge mit dem Bilde von schon bekannten Zusammenhängenauffassen. So versucht z.B. Darwin die Vorgänge in der organischen Natur mit Hilfe des Modelles des "Kampfes um das Dasein" zu begreifen, daß er dem Wirtschaftsliberalismus seiner Zeit mit seinem Prinzip der freien Konkurrenz der Unternehmer entnommen hat. Die Humangenetik aber auch die Humanmedizin sucht den Menschen mit Hilfe des Modelles eines "Computer" zu verstehen und beschreibt den Menschen als ein System von rückkoppelnden Regelkreisen. Aber auch die Psychologie hat Modelle. So legt Tobias Brocher seiner Beschreibung des Menschen das Modell der Stufen zugrunde und Fritz Riemann verwendet einmal das Modell des Planetensystems, um die Anforderungen verständlich zu machen unter denen der Mensch steht.
Die Problematik des Modelles entsteht aber immer dort, wo seine Grenzen, damit die Grenzen der Erkenntnis nicht beachtet werden und das Erklärungsmodell mit dem Erkenntnisinhalt vermischt wird. Die Erkenntnis aber ist nur vollständig, wenn sie ihre Aussagegrenzen mit bedenkt und klarhält, was das Modell nicht erklären kann. So hielt z.B. Darwin die Übertragung seines Modells auf die menschliche Geschichte für nicht möglich. Auch erlaubt es seiner Ansicht nach nicht zu erklären, wie größere Evolutionsschritte (transspezifische Evolution) zustande kommen. Sein Modell dient nur der Erklärung der Rassen-und Artwandlung (intraspezifische Evolution).

Wir sehen gerade in dem Hinweis auf die Grenzen menschlicher Erkenntnis eine eminent theologische Aufgabe, geht es doch hier darum, daß Menschen mit der Endlichkeit ihres Wissens versöhnt werden.

(2) Humanwissenschaftliche Aussagen sprechen jedoch nicht bloß über etwas, sondern sie sind *Teil der menschlichen Kommunikation und* wollen darin etwas erreichen. Sie *tun* also etwas. Wissenschaftstheoretiker werden dies bestätigen und darauf hinweisen, daß sie vorhersagen (Wirkungen benennen). Betrachtet man jedoch humanwissenschaftliche Aussagen über den Menschen noch einmal genau, dann zeigt sich, daß sie mehr tun. So will z.B. Riemann nicht bloß erklären, sondern er will Eltern und Erzieher instandsetzen mit den Ängsten der Kinder besser umzugehen oder Brocher will den Menschen befähigen, seine Lebensaufgaben zu erkennen und zu meistern. Humanwissenschaftliche Aussagen können auch Führungs- und Unterordnungsverhältnisse rechtfertigen, sie können ermutigen, aus einer Gesellschaft auszusteigen, sie können warnen vor einem solchen Ausstieg, sie können dazu auffordern, die Natur umzuschaffen und zu vermenschlichen aber auch auszubeuten und zu unterdrücken. Schaut man darauf, was humanwissenschaftliche Aussagen in ihrem Lebenszusammenhang tun, dann wird deutlich, daß hinter humanwissenschaftlichen Aussagen immer bestimmte Motive und Interessen stehen, die eng mit bestimmten Lebenswelten und ihren Anforderungen, ihren Fragen und Problemen verbunden sind.

(3) Humanwissenschaftliche Aussagen wollen etwas bewirken und sie bewirken auch etwas. *Humanwissenschaftliche Aussagen haben Folgen,* allerdings nicht immer die, die der Humanwissenschaftler wollte, denn ihre Folgen sind abhängig von dem Hörer und seinem Lebenszusammenhang. Ein klassisches Beispiel ist der Abwurf der Atombombe über Hiroshima. Ein weiteres Beispiel ist der Sozialdawinismus, der als Folge von Darwins Selektionstheorie zumindest auch zu verstehen ist. Die Entdeckung und die Rekonstruktion genetischer Prozesse hat zur Folge die zunehmende Möglichkeit der Manipulation menschlichen Erbgutes.
Der Hinweis auf die Folge wissenschaftlichen Sprechens weist auf die Verantwortung des Wissenschaftlers und der Wissenschaft. Daß die Folgen oft anders ausfallen als es ursprünglich beabsichtigt war, mahnt zur Vorsicht im Umgang mit wissenschaftlichen Aussagen und verschärft die Notwendigkeit einer persönlichen und öffentlichen Verantwortung für wissenschaftliche Erkenntnis. Gleichzeitig kommt die Schuldfrage ins Spiel sowie die Zukunftsoffenheit und die Nichtdefinierbarkeit, die Wirklichkeit. In dem Hinweis und dem Gespräch über die Folgen wissenschaftlichen Sprechens ist Theologie wieder unmittelbar bei dem, was sie selber angeht, denn sie will den Menschen darauf hinweisen in seinem ganzen Dasein Antwort zu geben und Gottes Anruf zu entsprechen.

(4) Schließlich deuten und definieren humanwissenschaftliche Aussagen die Lebenswirklichkeit des Menschen und vermitteln unterschwellig Grundansichten vom Menschen und einem wahren und guten Leben. Diese normative Implikate zeigen sich in

- der Auswahl des Untersuchungsgegenstandes und der Bestimmung der Fragestellung. Wenn z.B. Tobias Brocher danach fragt, welche Aufgaben der Mensch auf jeder Lebensstufe zu lösen hat, dann deuten sich hier schon bestimmte Grundansichten vom Menschsein in einem guten und wahren Leben ab.

- der Verwendung bestimmter Forschungstechniken. Wer z.B. Experimente an Menschen macht, bringt schon zum Ausdruck, was er vom Menschen hält. Wer wie in dem sogenannten "Abraham Experiment" Menschen in einer Situation bringt, in der sie nur noch agressiv zu reagieren vermögen, gibt gleichzeitig einen Hinweis auf sein Verständnis des Menschen und ein gutes Menschsein.

- der Verwendung bestimmter Modelle. So impliziert z.B. die Verwendung des Modelles "Kampf ums Dasein" ein individualistisches Bild des Menschen oder die Verwendung des Modeslles "Computer" impliziert ein mechanistisch-monistisches Menschbild

- der Einordnung und Beurteilung der eigenen Aussagen im Unterschied zu anderen Wissenschaften. Wer anderen Wissenschaften z.B. der Psychosomatik beschränkte oder gar keine Einsichten über den Menschen zutraut und dafür nur in seiner eigenen Disziplin (Humanmedizin) wahre Erkenntnisse zutraut, der gibt darin Ausdruck von einem bestimmten Vorurteil.

- dem Anspruch mit der die Aussagen formuliert werden. Wer seinen Aussagen absolute Richtigkeit und unumständliche Autorität zuspricht, hat ganz gewiß ein anderes Bild vom Menschen und einem guten Leben vor Augen als derjenige, der seine Aussagen als Hypothesen versteht
- den beabsichtigten und faktischen Folgen und Aussagen sowie den Verhaltensvorschriften, die die Ausführungen einschließen.

1.4 Notwendigkeit und Begründung des Dialogs für die Theologie. Eingedenk dessen, daß

- Theologie nicht im Besitz der Wahrheit ist,
- Gott größer ist als alle Worte und Menschen ihm keine Grenzen setzen können (so daß die Theologen ihn aus humanwissenschaftlichen Aussagen ausschließen könnten),
- beide Humanwissenschaftler und Theologen nach dem Humanum fragen,
- der Mensch eine Einheit ist und nicht in eine Vielzahl von Aspekten zerfällt,
- auch Theologen in Lebensverhältnissen wurzeln und blind (ideologisch) sein können
- es Theologen und Theoligien oft an Lebensbezogenheit mangelt ist der Dialog notwendig und wichtig

1.5 Form des Dialogs

Der Theologie wird zunächst einmal versuchen, die Eigenart humanwissenschaftlicher Aussagen zu verstehen und versuchen die eigentliche Sprechhandlung zu rekonstruieren. Dies entspricht durchaus auch den Intentionen von Humanwissenschaftlern, denn sie verlangen nach Selbstreflexion, Selbstbegrenzung und Selbstkritik (Ideologiekritik). Die Rekonstruktion der Sprechhandlung wird sich an den o.g. Ausführungen zum Verständnis humanwissenschaftlicher Aussagen orientieren können.
Auf dem Hintergrund dieser Reflexion humanwissenschaftlicher Aussagen (die im Gespräch selber wohl schon eine Vielzahl von Rückfragen auslösen werden) bieten sich u.E. folgende Fragen an, die einen kritischen und solidarischen Dialog eröffnen können:

(1) Was fordert mich besonders heraus?
Diese Frage dient der Identifikation relevanter gemeinsamer lebenswichtiger Fragestellungen.

(2) Welche Aspekte meines alltäglichen Lebens werden mir dadurch verständlicher und welche nicht?
Diese Fragestellung dient der Rückkoppelung wissenschaftlicher (und theologischer) Aussagen an alltägliche Lebensvollzüge.

(3) Hilft das, daß Menschen wirklich Menschen werden und menschlich miteinander umgehen?
Diese Fragestellung dient dazu, Aussagen über den Menschen an den Ursprung menschlichen Redens von sich selbst, nämlich der Suche nach dem wahren Menschsein, rückzubinden.

(4) Welche Fragen sind beantwortet? Welche nicht bzw. treten neu auf?
Diese Fragestellung dient dazu, alle Versuche den Menschen ein für allemal festlegen zu wollen, zu kritisieren und das Menschsein des Menschen für neue Möglichkeiten offenzuhalten.

1.6 Der positive Beitrag der Theologie im Dialog

Theologie wird also zunächst einmal Humanwissenschaften kritisch fragend begleiten und engagiert zuhören. Sie wird darin zum Ausdruck bringen, daß sie

- um die Grenzen allen Wissens und die Grenzen aller Erkenntnis weiß und auf sie hinweisen will

- frei ist von dem Zwang, sich selbst behaupten zu müssen, denn in der Gewißheit angenommen zu sein, ist der Glaubende frei von dem Zwang, sich selbst zu finden und kann für Andere da sein
- der Glaubende frei ist von sich selbst und offen für andere und daher auch andere hören und auf sie eingehen kann

Theologie wird aber auch bereit sein etwas zu geben, nämlich das, was ihr aufgetragen ist: Die biblische Botschaft. Im Rückgriff und der Auseinandersetzung mit der biblisch-christlichen Tradition wird sie

- an den gemeinsamen Themen,
- Konvergenzen und Divergenzen mit der biblisch-christlichen Tradition aufzeigen und
- versuchen, verschüttete Erfahrungen des Menschen und neue Möglichkeiten des Menschen aufzuzeigen und schließlich
- auf das hinweisen, was das sich verändernde geschichtliche Menschsein konstituiert und den Menschen die Kraft geben kann mit der Unabgeschlossenheit und Nichtdefinierbarkeit zu leben: Die Wirklichkeit Gottes.

Literatur:

Christofer Frey, Arbeitsbuch Anthropologie, 1979, 95-109, 227ff.
ders., Dogmatik, Studienbücher Theologie, 1977, 14-35
Eike von Savigny, Die Philosophie der normalen Sprache, 1974, 127ff.

2. Tobias Brocher, Stufen des Lebens

2.1 Die Fragestellung

Als Psychoanalytiker und Sozialpsychologe beschäftigt sich Brocher mit den Ursachen, Abfolgen und Wirkungen der typischen Krisen, Wandlungen und Wendepunkte, die in allen Lebensläufen der Menschen einer bestimmten Kultur, wenn nicht gar aller Menschen wiederkehren und die Lebensgeschichte des einzelnen in überschaubare Stufen zerlegen.

2.2 Motive und Interessen

Die Motive und Interessen Brochers werden in dem Vorwort zu seinem Buch "Stufen des Lebens" deutlich, das programmatisch eine ganze "Bibliothek" einleitet. Die Ausführungen von Brocher sollen danach

- dazu beitragen, daß das, was die Psychoanalyse über seelische Beziehungen herausgefunden hat, wirklich verstanden wird,
- einem allzu unbedachten Umgang mit dem "psychoanalytischen Fachjargon" wehren,
- auch dem Laien "durch Einsicht in die Grundmuster seelischen Verhaltens praktische Hilfen zur Daseinsbewältigung geben",
- "dazu beitragen, daß der Mensch erwachsener, lebendiger und freier wird und sich nicht ausschließlich an Erfolg und Leistung orientiert".

2.3 Ansichten von einem "gelingenden Leben" und präspriptive Komponenten bei Brocher

Gelingendes Leben im Sinne von Brocher läßt sich auf der Lebensstufe des jungen Erwachsenen durch folgende Stichworte kennzeichnen: Annahme der im Beruf Älteren, Ablösung vom Elternhaus; Gruppen führen, Beziehungen zu anderen Gruppen aufnehmen, Gruppen wechseln können, Einmaligkeit und Selbstständigkeit herstellen, Fähigkeit, Entscheidungen treffen und Bindungen eingehen zu können; Beherrschung von Rivalität und Kooperation; Fähigkeit sich in einem anderen verlieren und sich wiederfinden zu können (Intimität); annehmen, daß die Zeit unumkehrbar ist; Verantwortung für sich selbst sowie die Zukunft der Gesellschaft übernehmen und Fähigkeit echte Wahlen zu

treffen.
Wir meinen, daraus bestimmte Ratschläge zu hören, die Brocher den jungen Erwachsenen geben will. Um sie einmal deutlich zu machen, sollen sie ganz überspitzt als Aufforderungen formuliert werden: Akzeptiere die Lehrer! Nimm an verschiedenen Gruppen teil! Bleibe nicht in einer Gruppe! Entscheide dich für einen Ehepartner! Entscheide dich für eine bestimmte, überschaubare und akzeptable berufliche Entwicklung! Heirate nicht zu früh! Probiere ruhig einmal verschiedene Partner aus! Laß dir Zeit! Nable dich von deinen Eltern ab! Lege Wert auf deine Einmaligkeit und Selbständigkeit! Nimm dein Leben selbst in die Hand! Sei für dich selbst verantwortlich! Übernimm Verantwortung! Gehe auf andere ein, sieh in ihnen nicht nur Feinde!
Hinter diesen Ansichten von einem gelingenden Leben und den Ratschlägen, wie der junge Erwachsene leben könne, stehen u.E. bestimmte Grundüberzeugungen, die Brochers Ausführungen geprägt haben. Zu diesen Grundüberzeugungen gehört der "Glaube" an die

- Einmaligkeit und Besonderheit eines jeden Menschen, die von allen Menschen zu respektieren ist,
- konstitutive Bedeutung der Vergangenheit für die Gegenwart und Zukunft eines Menschen,
- begrenzte Korrigierbarkeit menschlichen Lebens,
- Notwendigkeit eines Gleichgewichtes und eines Ausgleiches zwischen Innen und Außen, Selbst und Außenwelt für ein gelingendes Leben,
- Bedeutung der Integration in bestimmte gesellschaftliche Institutionen wie Ehe, Familie, Beruf, Gruppe und Schule für das Menschsein,
- prinzipielle Gleichberechtigung von Mann und Frau,
- Notwendigkeit, sich zu entscheiden und sich festzulegen,
- Notwendigkeit, die Aufgaben und Pflichten einer jeden Lebensphase verantwortlich zu bewältigen.

Gerade die letzte Überzeugung scheint für Brocher kennzeichnend zu sein: Jede Lebensstufe stellt nach seiner Auffassung den Menschen vor immer neue, sie kennzeichnende Aufgaben und Pflichten, die drei Dimensionen haben:

1. Bewältigung der äußeren Wirklichkeit
2. Meisterung der inneren Wirklichkeit des Selbst
3. Entwicklung der Fähigkeit, sowohl die äußeren wie die inneren Bedingungen der gegebenen Wirklichkeit meistern zu können.

2.4 Anfragen und Rückfragen

(1) Viele Verhaltensweisen Jugendlicher werden aus diesen Ausführungen verständlicher. Allerdings muß man heute feststellen, daß die Schwierigkeit sich zu entscheiden wohl nicht dem jungen Erwachsenen anzulasten ist. Numerus Clausus, eingeschränkte Berufsaussichten, Jugendarbeitslosigkeit, oft nur unzureichende Beratung, die Schwierigkeit bzw. Unmöglichkeit vieler Heranwachsender, einen Beruf zu finden, der ihren Interessen entspricht, die Schwierigkeit, die persönliche und berufliche Entwicklung bis zur Lebensmitte zu überschauen und schließlich die Verweigerung der Möglichkeit, sich zu erproben, erschweren heute in ganz entscheidendem Maße die Entscheidungen der jungen Erwachsenen.

(2) Viele Aspekte, die Brocher aufgreift, sind wichtig und helfen dem jungen Menschen, aber auch Lehrern, menschlicher miteinander umzugehen. Angesichts aber einer Gesellschaft, die gegenüber dem Jugendlichen den Eindruck zu erwecken scheint, sie brauche ihn überhaupt nicht, schon gar nicht dort, wo er selbst seinen Platz finden möchte, werden diese Ausführungen problematisch. Verstärkt die Aufforderung, sich für einen bestimmten Beruf festzulegen, nicht die Angst vor einer ungewissen Zukunft? Was bewirkt eigentlich der Rat, "ein vernünftiges Gleichgewicht" zwischen Selbst und Außenwelt herzustellen, wenn die Interessen und Bedürfnisse des jungen Erwachsenen gar nicht gefragt sind, er arbeitslos ist oder "die Gesellschaft" in seinen Augen

sein Leben zu zerstören will (vgl. drop out)? Sind denn die Ehe, die Familie, für sich schon sinnvoll oder bedürfen sie näherer Kennzeichnung? Wie soll der junge Erwachsene seine Besonderheit und seine Einmaligkeit darstellen, wenn nur seine Arbeitskraft interessiert (vgl. Wallraff, Am Fließband)? Was gibt ihm eigentlich die Kraft, mit Scheitern, Fehlern und verpaßten Möglichkeiten fertig zu werden?

(3) Läßt Brocher nicht auch noch Fragen offen? Z.B.: Wie ist das Bild der Stufen zu verstehen; gehen diese aufwärts oder abwärts? Was kommt nach der letzten Stufe? Warum ist das Leben beschwerlich und von so vielen Konflikten durchzogen? Warum muß ich in meinem Leben immer wieder neue Aufgaben, neue Pflichten erfüllen und sie lösen?

2.5 Theologische Reflexion

(1) *Gemeinsame Themen* zwischen Brocher und der Theologie sind:

- Was ist das eigentlich - "Leben"?
- Was gibt dem Menschen eigentlich die Kraft zu leben?
  Was gibt mir die Kraft anzuerkennen, daß die Zeit unumkehrbar ist?
- Wie kann ich angesichts von Scheitern und Versagen weiterleben? Was gibt mir die Kraft, wieder neu anzufangen, wenn das Glück zerbrach oder aufgrund eigenen Versäumens mir versagt blieb?
- Wie sind Ehe, Familie, Beruf, Ältere, voreheliche Beziehungen, Gruppen und Gemeinschaften für das menschliche Leben zu beurteilen? Sind Ehe und Beruf lebensnotwendig und wann sind sie sinnvoll?
- Wie ist das Verhältnis von Mann und Frau zu sehen?
- Welche Rolle spielt meine Vergangenheit für meine Zukunft?
- Welche Rolle spielen Vergänglichkeit, Zeitlichkeit und Tod für das menschliche Leben?

(2) Brochers Ausführungen zeigen weitreichende *Konvergenzen* mit der Sicht des Menschen in der biblisch-christlichen Tradition.
Dazu gehören:

- Die Betonung der Einmaligkeit und Besonderheit des Menschen (Ebenbild Gottes)
- Die Begrenztheit und Endlichkeit des Menschen und die Bedeutung der Zeit für den Menschen (Geschöpf Gottes)
- Die Veränderlichkeit und die Wandelbarkeit des Lebens (vgl. Luthers Reden vom "Abnehmen und Zunehmen")
- Die besondere Bedeutung des Berufes und der Gemeinschaft für das Menschsein (vgl. Luthers Sicht der "Werke")
- Die Bedeutung der Intimität für den Menschen (vgl. die Erschafffung von Mann und Frau)
- Die Bedeutung von Scheitern, Versagen, Versäumen und Schuld für das menschliche Leben (vgl. die jahwistischen Erzählungen von Schuld und Strafe; Der verlorene Sohn)
- Die Betonung der Verantwortung des Menschen für sein Leben

(3) Im Vergleich mit der biblisch-christlichen Tradition zeigen sich aber auch *Divergenzen* zu Brocher.
Nach Brocher hat jede Stufe im Leben eines Menschen ihre besondere Lektion, die der Mensch zu lernen und zu lösen hat. Löst er sie, dann kann sein Leben gelingen. Löst er sie nicht, dann bleibt er gleichsam "sitzen". Es entstehen "Hänger", die einen "Nachhol- und Korrekturbedarf" zur Folge haben: das Leben mißlingt.
Das Leben ist also eine stete Abfolge von Aufgaben, die der Mensch lösen muß. Löst er sie, dann kann er schließlich auch den eigenen Tod annehmen (immerhin hat er sein

Leben ja gemeistert).

Nach Lukas 15, 11-32 sieht Jesus das anders. Beide Söhne haben ja offensichtlich ihre "Aufgaben" nicht gelöst. Trotzdem kommt ihnen der Vater entgegen und lädt sie ein zu dem großen Fest. Er schaut nicht darauf, ob sie ihre "Aufgaben gemeistert" haben, sie sind ihm wichtig, einfach weil sie da sind. Obwohl sie ihre Lektionen nicht gelernt haben, sind sie liebenswert. Sie sind wichtig, auch wenn sie ihr "Lebenshaus" nicht fertig gebaut haben und es nicht vorzeigbar ist.
Im Blick auf die Aufgaben und die Pflichten des Lebens und *vor* aller Betonung von Verantwortung wird daher die christliche Theologie darauf hinweisen, daß der Mensch einen bedingungslosen Selbstwert hat: "Mein Wert liegt darin, daß ich vor Gott bin" (Brakelmann). Der Mensch ist angenommen, auch und gerade, wenn er die Aufgaben, von denen Brocher spricht, nicht erfüllt. "Ich bin schon Mensch, bevor ich es bewähre". Mein Menschsein ist nicht identisch mit meiner Leistungsfähigkeit. Ich bin Mensch vor meinen Leistungen, nicht werde ich es durch meine Leistungen (Brakelmann). Um die Einmaligkeit und die Besonderheit eines jeden Menschen braucht nicht gekämpft zu werden. Diesen Kampf hat uns Gott abgenommen. Wäre das nicht dem jungen Erwachsenen mitzuteilen, der "vor der Entscheidung" steht?
Nach Brocher haben frühere Lebensstufen eine konstutitive Bedeutung für den Menschen. Ihr Gelingen oder Mißlingen bestimmen den Ichfindungsprozeß auf späteren Lebensstufen. Wer der Mensch ist, wird in ganz entscheidender Weise von seiner Vergangenheit bestimmt. Auch Paulus (2. Kor. 4,7ff) lebt von dem, was war nämlich von Kreuz, Tod und Auferstehung Jesu. Doch das, was war, richtet ihn aus nach dem, was kommt. Paulus lebt deshalb nicht aus der Vergangenheit, sondern er lebt von der Zukunft her. Er gewinnt seine Identität von dem, was auf ihn zukommt. Brocher repräsentiert -vergröbert gesagt- eine rückwärtsgerichtete Sicht des Menschen, Paulus dagegen eine nach vorne gerichtete. Wird aber nicht das, was ist und das, was war, erst richtig verstanden im Blick auf das, was kommt? Lebt der Mensch im Grunde nicht aus dem, was auf ihn zukommt? Brocher wird dies wohl in der Form zugestehen, daß der Tod die letzte qualifizierende Macht des Lebens ist. Doch ist der Tod ein Punkt oder Doppelpunkt, letztes Ende oder Anfang von Neuem? Paulus zeigt, daß das, was kommt letztlich erst dem Menschen Identität gibt.

2.6 Der Ertrag für die Theologie

Im Dialog mit psychoanalytisch begründeten Phasenlehren können Theologen viel lernen. Dazu gehört z.B., daß

- Partnerbeziehungen nicht sofort als ewige Bindungen verstanden werden dürfen,
- Kooperation und Gemeinschaft auch Konkurrenz vertragen,
- die Weitergabe überlieferter Erfahrungen, die Menschen kränken und erst bei entsprechenden Fragen fruchtbar weitergegeben werden können,
- Zuhörbereitschaft und Verständnis oft schon eine wichtige Entwicklungshilfe sind,
- Menschen Zeit für die eigene Entwicklung brauchen,
- jede Lebensphase eigene Probleme und eigene Fragen hat und deshalb eine eigene Antwort braucht.

Literatur:

Tobias Brocher, Stufen des Lebens, 1977
Erik H. Erikson, Identität und Lebenszyklus, 1970

3. Fritz Riemann: Grundformen der Angst

3.1 Perspektiven auf den Menschen

Fritz Riemann war ein Psychoanalytiker der Freudschule. Er starb am 24. August 1979 in München. In seinen Ausführungen beschäftigt er sich mit den tiefliegenden, meist unbewußten Bedingungen- und Entwicklungsprozessen der menschlichen Persönlichkeit und deren Zusammenhang mit konkreten Verhaltensweisen.

3.2 Motive und Interessen

Riemann will mit seinen Ausführungen:

- die Ängste bewußt machen, "die wir alle kennen und durchmachen müssen, weil sie zu unserem Menschsein, zu unserer Befindlichkeit in der Welt gehören"
- Mut machen, die Angst als Grundbefindlichkeit des Menschen zu bejahen, denn "ein Leben ohne Angst gibt es nicht im Bereich des Menschlichen"
- Mut machen, die Angst als Reifungsimpuls anzunehmen, denn "der Mut etwas neu zu wagen, sich der Angst zu stellen, läßt uns neue Erfahrungen mit uns selbst und mit der Welt machen und gibt uns die Chance unsere Kindheitsängste zu überwinden"
- Eltern und Erzieher darüber informieren, "was für das Kind in den ersten Lebensjahren unbedingt notwendig ist, welches Verhalten, welche Unterlassungen oder Einschränkungen bei ihm Ängste setzen, die vermeidbar sind"
- somit dazu beitragen, daß der Mensch die Kraft gewinnt, "mit den Ängsten seines Daseins fertig zu werden", denn "schon das Wissen, daß große Ängste, die in keinem Verhältnis zur wirklichen Situation stehen, mit Sicherheit aus der Kindheit stammen, kann eine Hilfe bedeuten"
- den Glauben vermitteln, daß man mit der Angst fertig werden kann
- schließlich Irrationalitäten und Unverständlichkeiten des menschlichen Lebens verstehbar machen und damit zumindest kleine Siege über das Unbewußte ermöglichen, die uns stärker machen.

3.3 Die Verfassung des Menschen

(1) Nach Riemann wird das menschliche Leben durch vier Impulse "angetrieben". Diese gehören grundlegend zum Menschsein und ergeben sich aus der "Befindlichkeit" des Menschen in der Welt. Um diese Impulse deutlich zu machen, wählt Riemann einmal ein Gleichnis:

So wie die Erde sich um die Sonne bewegt und in das Planetensystem als ein größeres Ganzes eingeordnet ist, so trägt das menschliche Leben den Impuls in sich, der Welt, dem Leben und dem Mitmenschen gegenüber, sich zu öffnen und sich einzulassen auf das, was außer ihm ist.
So wie die Erde sich aber auch um sich selbst dreht und eine Eigendrehung hat, so ist dem menschlichen Leben der Impuls eigen, trotz der Zugehörigkeit zu einer Gemeinschaft, ein einmaliges Individium zu werden sich von anderen abzugrenzen.
So wie die Erde der Schwerkraft ausgesetzt ist, die sie nach innen drängt und einem anziehenden, festhaltenden Sog aussetzt, so trägt das menschliche Leben in sich den Impuls nach Dauer und Beständigkeit. Wir sind darauf angewiesen, unser Leben zu gestalten und in die Zukunft zu planen.
Und schließlich: So wie Erde der Fliehkraft unterliegt, die nach außen in die Weite drängt, so ist dem menschlichen Leben der Impuls eigen, nach Vorwärts, zu Neuem zu streben. Wir sind darauf angewiesen, uns lebendig weiterzuentwickeln und uns nicht aufzuhalten.
Danach zeichnet sich das Leben durch folgende Sachverhalte aus:

a. Der Mensch lebt in einem größeren Ganzen. Er ist auf anderes und andere angewiesen.

b. Der Mensch ist von anderen getrennt, er ist etwas einzelnes, "Für-sich-Seiendes".

c. Der Mensch ist darauf angewiesen, die Welt in der Zeit "häuslich" einzurichten. Er muß planen und arbeiten, damit er leben kann.

d. Der Mensch ist dem Wandel der Zeit unterworfen. Er verändert und entwickelt sich. Er muß sich von Gewohntem trennen und Abschied nehmen.

Aus diesen Sachverhalten ergeben sich vier Grundforderungen des Lebens, die man am deutlichsten in Form von Aufforderungssätzen beschreiben kann:

1. Öffne dich der Welt, dem Leben und der Mitmenschen! Gibt dich dem Leben hin!
2. Werde für dich ein einmaliges Individium! Bewahre dein Eigendasein und grenze dich gegen andere ab!
3. Sichere deine Zukunft! Plane, sei zielstrebig, gibt deinem Leben Stabilität und Dauer!
4. Entwickle dich lebendig weiter! Sei bereit dich zu wandeln und Risiken einzugehen!

(2) Diese vier Forderungen sind jedoch antinomisch, d.h. sie bilden je zwei Gegensatzpaare, die sich ergänzen und widersprechen und somit das menschliche Leben äußerst prekär machen. Ein Zuviel auf der einen Seite erbringt ein Zuwenig auf der anderen. Es stehen sich gegenüber: das Streben nach Selbsthingabe und Zugehörigkeit gegen das Streben nach Selbstbewahrung und Absonderung; das Streben nach Dauer und Sicherung gegen das Streben nach Wandlung und Risiko.

(3) Diese Impulse lösen Ängste aus, Ängste, die je nach Anlage und Umweltbedingungen in ganz verschiedenen Formen auftreten können, aber nicht vermeidbar sind. Diese Ängste sind:

1. die Angst, sich zu verlieren
2. die Angst, alleine zu sein
3. die Angst, zu verfließen
4. die Angst, zu erstarren

Allen unseren Ängsten liegen diese vier Grundängste zu Grunde. Der antinomische Charakter der Lebensforderungen macht die Problematik dieser Ängste deutlich. Sie verstärken sich gegenseitig. Gleichzeitig zeigt der Zusammenhang der vier Anforderungen und der vier Grundängste, daß dies Ausdruck unseres"In-der-Welt-sein" ist. Angst ist etwas elementar Menschliches, in der Angst spüren wir unsere eigene Lebendigkeit und erfahren etwas von der "Unheimlichkeit" des menschlichen Daseins. Angst ist so das Zeichen einer letzten Unverfügbarkeit und Ohnmächtigkeit unseres Lebens.

(4) Diese Ängste sind zumeist unbewußt. Sie liegen unserem Leben und Erleben zugrunde und fordern uns heraus, auf sie zu antworten. Sie sind für den Einzelnen nur sehr schwer faßlich und daher irrational. Sie stehen oft in keinem Verhältnis zu dem Gegenstand der Angst, so daß der Mensch ihr stark ausgeliefert ist. Alle unsere Lebensäußerungen sind letztlich Antworten auf unsere Grundängste. Unverständliche Handlungsweisen und Reaktionen werden oft verständlich, wenn wir sie auf diese Grundängste beziehen.

(5) Mit der Geburt beginnt eine "Geschichte unserer Angst". Sie endet erst mit dem Tod. Jede Biographie kann daher als Geschichte mit der Angst gelesen werden. Biographische Verläufe sind daher Abfolgen von individuell einmaligen Antworten auf die vier Grundängste. Dabei sind die Ängste in der frühen Kindheit besonders wichtig für unsere Entwicklung, weil "unsere Angstbereitschaft und unsere Mittel zur Angstbewältigung weitgehend davon abhängen, welchem Ausmaß an Angst wir in unserer Frühzeit ausgesetzt waren".

Die Ängste werden durch Anlagen und Umweltbedingungen beeinflußt. Welche "Antwort" die Ängste finden, wird nicht zuletzt durch die körperliche und geistige Verfassung und Entwicklung des Menschen (z.B. laufen können, Geschlechtsentwicklung) sowie durch Umwelteinflüsse (z.B. Elternhaus, Schulklasse, Krieg, Naturkatastrophen usw.) bestimmt.

(6) Angst ist aber nicht bloß negativ. "Sie hat eine doppelte Funktion für uns: Sie ist einmal Signal und Warnung bei Gefahren und sie enthält gleichzeitig einen Aufforderungscharakter, nämlich den Antrieb, die Angst zu überwinden". Angst trägt zur Entwicklung und Reifung eines Menschen bei. Zugespitzt könnte man sagen: *Ohne Angst keine Reifung der menschlichen Persönlichkeit.*
Für die Persönlichkeitsbildung ist es nun aber ganz entscheidend, ob wir versuchen, der Angst zu entgehen und versuchen, ihr auszuweichen oder ob wir die Angst annehmen und versuchen, sie zu überwinden.
Im ersten Fall gewinnen die verdrängten Grundängste ein Übergewicht, und es treten neurotische Persönlichkeitsstrukturen auf, die in gewissen Bereichen durchaus noch als normal zu bezeichnen sind, aber dann doch in Krankhafte übergehen. Der zweite Fall tritt ein, wenn Gegenkräfte gefunden werden, die gegen die Grundängste schützen und helfen, sie auszuhalten.

3.4 Präskriptive Komponenten bei Riemann

Die impliziten Verhaltensvorschriften sind an den Grundforderungen des Lebens erkennbar.

3.5 Grundansichten vom Menschen

Welche Grundüberzeugungen vom Menschen sind bei Riemann eingeflossen? Woran "glaubt" Riemann? U.E. prägen Riemann zuminest drei "Vorurteile":

(1) Der Mensch kann mit der Angst weitgehend fertigwerden, wenn er bestimmte Einsichten beherzigt und bestimmte Fähigkeiten und Kräfte anwendet, die Menschen entwickelt haben. "Wir haben inzwischen Kräfte und Fähigkeiten entwickelt, die wir nur anzuwenden brauchen, um allmählich das Lähmende und Erdrückende zumindest aufzulösen und zu erleichtern".

(2) Der Mensch gewinnt die Kraft, Angst zu überwinden aus den Anfängen des Lebens. Die Möglichkeit, mit der Angst fertig zu werden, ist abhängig von dem, was *war* und von dem, was der Mensch *hat.*

(3) Wahres Menschsein erweist sich in der "lebendigen Ausgewogenheit" der vier Grundimpulse. Um glücklich zu werden, bedarf es des Ausgleiches der Gegensätze.

3.6 Anfragen und Rückfragen

(1) Riemann unterstellt, daß wir an all diesen Ängsten Anteil haben und wohl dem einen oder anderen neurotischen Strukturkreis zuneigen. Auf jeden Fall ist das ihm "vorschwebende" Bild wahren Menschseins noch nicht allseits erfüllt. Die Frage ist aber dann: Inwieweit und wie sind die Hilfen zu realisieren angesichts gesellschaftlicher Lebensverhältnisse, die weniger die Nähe mitmenschlicher Kontakte bereithalten, als unwirkliche Städte und Wohnblocks, vorprogrammierte Lebensvollzüge, ein kühles Dasein als "Zahnrad im Getriebe", Konkurrenzkampf um Noten, Punkte und Aufstiegschancen? (vgl. drop-out, Personalbeurteilungsbogen, Radrennfahrer).
Lassen sich diese Hilfen realisieren angesichts einer Gesellschaft, die weniger Wert auf Selbständigkeit, eigenständige Entwicklung und selbstverantwortliche Entscheidung legt als auf Mitdrehen (vgl. Wallraff, Am Fließband), die Erfüllung vorgegebener Betriebsziele (vgl. Personalbeurteilungsbogen), durch die keine glaubwürdigen und tragenden Lebensperspektiven vermittelt werden können? Wie lassen sich diese Hilfen realisieren angesichts einer Gesellschaft, die den Menschen bedrohlichen und annonymen Mächten unterwirft (vgl. Studienzulassung, Musterungsbehörden, Arbeitsämter) und nicht an der Besonderheit des Einzelnen, sondern an seinem vergleichbaren Nutzen interessiert ist? Sind diese Hilfen mit unserer gesellschaftlichen Realität vermittelt, die die Annahme von Notwendigkeiten und Gesetzmäßigkeiten dadurch

erschwert, daß sie immer wieder neue hervorbringt, deren Sinn oft gar nicht mehr einsichtig gemacht wird bzw. gar nicht mehr einsichtig gemacht werden kann?

(2) Die Ausführungen von Riemann sind ohne Zweifel erhellend. Sie machen u.E. auch eigene Verhaltensweisen durchsichtig und erlauben es, ganz verschiedene Eigenarten und Verhaltensformen einheitlich zu verstehen.
Sind damit aber alle Formen der Angst abgedeckt? Psychologen, Theologen, Mediziner und Philosophen konstatieren heute einen zunehmenden Sinnverlust des Menschen, das wachsende Gefühl, sich selbst nicht mehr zusammenbringen zu können und somit in eine Vielzahl von Aspekten zu zerfallen. Die Kernfrage des Lebens: Wozu lebe ich eigentlich? findet keine Antwort mehr. Das Fehlen einer solchen Antwort geht einher mit der Angst, ins Leere zu laufen, dem Nichts ausgesetzt zu sein und sich selbst zu verlieren. Diese "Angst vor der Leere" findet ihren sichtbaren Ausdruck in dem zunehmenden Konsum von Alkohol, Drogen und Psychopharmaka, in Arbeitssucht, Karrierestreben, Geltungssucht, Lustsuche, Konsumsucht und nicht zuletzt in der zunehmenden Zahl von Selbstmorden. In all dem scheint sich eine Verzweiflung auszusprechen, daß es nichts mehr gibt, woran man glauben kann, das einen trägt, worauf man hoffen und das man lieben kann. Global scheint sich diese Angst und Verzweiflung in der Selbstzerstörung durch nukleare Kräfte, die rücksichtslose Entwurzelung ganzer Völker und Volksgruppen sowie der Zerstörung der Natur und der Umwelt auszudrücken (vgl. Liedke). Die zeitgenössische Kunst scheint diese Erfahrungen und Ängste wiederzuspiegeln, wenn sie den Menschen heute sein zerstörtes Angesicht vor Augen hält, ihn als verhülltes und eingezwängtes, halbiertes Wesen darstellt (vgl. das Bild von Antes). Riemann wäre hier zu fragen, ob das Bild von der Erde im Planetensystem als Gleichnis für unser inneres Erleben nicht schon einen geordneten Rahmen und eindeutige Größen voraussetzt, die zumindest heute nicht mehr so erlebt werden. Ist hier nicht das heutige Weltbild des auseinandertreibenden Universums geeigneter zum Gleichnis? Das Gefühl keine tragende Mitte, keine eindeutige Lebensbahn mehr, keinen bestimmten zu mir gehörigen Nächsten zu haben, einem zufälligen, sinnlosen Durcheinander ohne Anfang und Ende ausgeliefert zu sein, dies findet doch wohl in diesem Weltbild eher seine Entsprechung. Muß auf diesem Hintergrund die Bedrohung des Lebens nicht noch ernster genommen werden als es Riemann tut, der doch ständig zu betonen scheint, ganz so schlimm sei es ja mit der Angst doch nicht. "Oft brauchen wir nur die Angst bewußt anzusehen, damit sich das Gefürchtete klar erkennen läßt, das durch das Wegblicken aus Angst vor der Angst uns viel bedrohlicher erscheint, als es meist ist".

(3) Wir meinen mit Riemann, daß das Eingeständnis unserer Angst befreit und menschlicheres Leben eröffnet. Wir meinen mit ihm, daß die Einsicht in die unbewußten Hintergründe unseres Verhaltens und ihrer Entstehung Erziehern und Eltern helfen kann, menschlicher mit ihren Kindern umzugehen. Ganz gewiß haben diese Einsichten auch ihre therapeutische Bedeutung, aber darüber können wir nicht befinden. Im Hinblick auf uns selbst wie auf die angesprochenen Erzieher und Eltern meinen wir aber, daß noch sehr viel deutlicher gezeigt werden müßte, wie sich angstmachende, gesellschaftliche Verhältnisse (etwa im Erziehungsbereich aber auch im Alltagsleben) durch die Beteiligten hindurch bestimmend machen.

(4) Darüber hinaus ist aber noch zu fragen:

- wie können wir mit den Ängsten unserer Kinder und unserer Nächsten umgehen?
- Bin ich als Erwachsener bei der Annahme der Angst auf mich selbst angewiesen, womöglich auf das, was mir als Kleinkind vermittelt wurde? Riemann schreibt: "Aber als Erwachsene haben wir im Vergleich mit dem Kinde, vielmehr Fähigkeiten zur Angstbewältigung und Angstüberwindung...". Werde ich mit meiner Angst alleine fertig? Bin ich auf das angewiesen, was ich schon habe?
- Was gibt eigentlich meinem Umgang mit der Angst Grund und Halt? Was gibt mir eigentlich die Kraft, die entgegengesetzten Anforderungen ins Gleichgewicht zu bringen? Was gibt mir den Mut, mit diesen Grundängsten zu leben? Was gibt mir dann auch die Kraft und den Mut, mit jener Angst der Leere und der Sinnlosigkeit zu leben, die sich heute immer weiter ausbreitet und lebenszerstörerische Folgen zeitigt?

- Machen die Verhaltensvorschriften von Riemann wirklich Mut? Ist das von ihm intendierte Gleichgewicht wirklich möglich? Falle ich nicht ständig aus diesem Gleichgewicht heraus? Wie kann ich mich als Mensch überhaupt darin halten?

- Ist das Gleichgewichtsmodell, das alle Gegensätze und Wiedersprüche ausgleicht, nicht allzu harmonisch? Wird hier nicht unterschwellig ein Menschsein intendiert, das Ausgewogenheit höher stellt als Parteinahme? Hier hören wir heute mehr als Riemann wohl noch sagen wollte!

3.7 Der theologische Beitrag

Angst ist zweifellos auch ein Thema der Theologie. Riemann selbst weist auf die unterschiedlichen Zugänge zu dem Phänomen der Angst hin, die er neben der Psychologie in Medizin, Philosophie und Theologie sieht.

(1) *Gemeinsame Themen* zwischen Tiefenpsychologie und Theologie deuten sich in den folgenden Fragen an:

- Was ist das eigentlich "Angst"? Was bedeutet sie für den Menschen?
- Woher kommt die Angst?
- Wie ist der Zusammenhang von Angst und Sünde?
- Wie kann ich mit der Angst leben? Gibt es glaubwürdige und tragfähige Leitbilder im Umgang mit der Angst?
- Was ist früher: Angst oder Geborgenheit?
- Wie wirkt die Angst und wohin führt sie?
- Welche Formen des Umgangs mit der Angst sind verfehlt?

(2) Die Ausführungen von Riemann zeigen weitreichende *Konvergenzen* mit der biblisch-christlichen Tradition. Auch die biblisch-christliche Tradition betont:

- Angst ist eine Grundbefindlichkeit des Menschen (vgl. Joh. 16,33). Das Thema Angst durchzieht die Bibel wie ein roter Faden. Sie spricht davon, wenn sie von Finsternis, Dunkelheit der Nacht, dem finsteren Tal, den dröhnenden Abgrund, oder hereinstürzenden Wasserfluten erzählt.

- Angst hängt mit der Ungeborgenheit des Menschen zusammen und ist Ausdruck seiner "Un-heimlich-keit". Nach Gen. 3 ist der Mensch nicht mehr im "Paradies", er lebt in einer Welt des gebrochenen Vertrauens, des Unfriedens, des Schmerzes, der Trennung, der Zerstörung und des Todes.

- Angst ist Ausdruck einer fundamentalen Abhängigkeit und Begrenztheit des Menschen. Angstüberwindung ist Annahme von Abhängigkeit und Grenzen. Die Abhängigkeiten und Grenzen des Menschen kommen zentral in der Geschöpflichkeit des Menschen zur Sprache. Der Mensch ist dann bei sich selbst, wenn er sich als Geschöpf versteht.

- Vertrauen, Hoffnung, Mut und Risikobereitschaft sind entscheidende Gegenkräfte gegen die Angst. Dies wird deutlich an Abraham (Gen. 12, 1-5; 15, 1-6), Mose (Ex. 3), aber auch vielen Psalmen (z.B. Psalm 18).

- Der Mensch ist ein geschichtliches immer wieder neu zur Antwort herausgefordertes Wesen. Das ist in der Sicht des Menschen als Ebenbild Gottes impliziert.

- Der Mensch ist stets gefährdet und bedroht, er steht immer wieder in Gefahr, sich zu verlieren (vgl. z.B. Röm 7).

- Ängste haben katastrophale Folgen. Die Erzählungen des Jahwisten von Schuld und Strafe (Gen. 2-11) machen dies in elementarer Weise deutlich.

(3) Der Vergleich mit der biblisch-christlichen Tradition macht aber jedoch nicht nur Analogien deutlich, sondern zeigt auch *Differenzen*.

Riemann sieht den Ursprung der Angst in der Befindlichkeit des Menschen. In der Angst wird sich der Mensch seines Daseins als ein "In-der-Welt-sein" gewahr, er bekommt sein äußerst problematisches und gefährdetes Dasein zu Gesicht. In der biblischen *Erzählung vom Sündenfall* (Gen. 3) geht aber die Angst und die Ungeborgenheit des Menschen auf die geschöpfliche Freiheit des Menschen zurück (vgl. die Gedanken von Meister Eckhardt). Dies läßt fragen: Wie hängen Angst und Freiheit zusammen? Spiegelt die Angst den Sachverhalt wieder, daß der Mensch nicht festgestellt und eindeutig bestimmt ist? Dann wäre aber Angst auch ein Hinweis auf die Nicht-Definierbarkeit des Menschen!

Die Ausführungen von Riemann scheinen damit zu rechnen, daß der Mensch Herr seiner Angst werden und sie doch weitgehend überwinden kann. Riemann schreibt: "Der schizoide Mensch... müßte wagen, aus der Kälte seiner Einsamkeit in die wärmende Nähe mitmenschlicher Kontakte zu kommen" und an einer anderen Stelle: " Wir haben inzwischen Kräfte und Fähigkeiten entwickelt, die wir nur anzuwenden brauchen, um allmählich das Lähmende und Erdrückende zumindest aufzulösen und zu erleichtern". Wird hier nicht der Eindruck erweckt, daß der Mensch die Angst "begreifen" und beherrschen kann?

Die *Gehtsemaneszene* (Mk 14, 32-42 parr.) macht deutlich, daß auch Jesus Angst hatte und mit ihr kämpfen mußte. Auch der Glaube bewahrt nicht vor Angst! Aber die Szene sagt noch mehr: Offenbar gibt es Stunden im Leben eines Menschen, in denen er nicht mehr Herr seiner Angst werden kann und er mit sich und seiner Angst alleine ist (die Jünger schlafen!). Die Angst Jesu zeigt, daß diese nicht immer in den Griff zu bekommen ist und sie sich die Beherrschung durch den Menschen entzieht. In der Angst macht der Mensch die Erfahrung, daß sich das Leben seinem Zugriff entzieht und selbst letzte Sicherheiten fraglich und brüchig werden.

Für Jesus ist aber diese Erfahrung letztlich eine Herausforderung Gottes und der Anlaß, die willentliche Verfügung über sich selbst aufzugeben und sich ganz dem Willen Gottes zu öffnen (nicht wie ich will, sondern wie du willst). Die Angst um sich selbst ist für ihn "im Grunde" Hinweis auf Gott. Jesus erlebt diese Angst also nicht als Anlaß zu verzweifeln und zu resignieren, sondern als Anlaß zum Gebet und damit zur Hinwendung zu dem väterlichen Gott, dessen Willen im Grunde alle Wirklichkeit bewegt. In der Hinwendung zu Gott (und damit der Abwendung von sich selbst) verliert die Angst aber ihren Schrecken und der Mensch bekommt die Kraft, mit seiner Angst zu leben und dem Tode entgegenzugehen. Die Angst wird erlebbar, wo der Mensch sich im Vertrauen auf Gott fallen lassen und sich selbst loslassen kann. Die Angst verliert ihre lähmende und bedrohliche Macht, wo geglaubt und erfahren wird, daß der Wille Gottes letztlich alle Wirklichkeit regiert und wir nicht aus der Hand Gottes herausfallen können.

Das Leben Jesu aber zeigt, daß selbst das Gebet und die Annahme des Willens Gottes keine letzten Sicherheiten bieten und die Angst nicht stumm machen kann. Der *laute Schrei am Kreuz* (Markus 15, 37) macht vollends deutlich, daß die Überwindung der Angst nicht in der Hand des Menschen liegt. Die Angst vor dem Tode "durchkreuzt" den letzten Versuch des Menschen, Herr seines Lebens zu sein. Jesus erfährt aber diesen letzten Widerspruch gegen den Versuch, Herr seines Lebens zu sein, als Herausforderung Gottes und als Anlaß, die Verfügung über sich selbst aufzugeben und sich ganz Gott zu überlassen. Er erfährt am Kreuz, in der Negation seiner letzten Sicherheiten, den Anspruch und die Macht des lebendigen Gottes, der neues Leben aus dem Nichts erschafft. Jesus erfährt so Angst als "Gericht" Gottes gegen die"Selbst-Herr-lichkeit" des Menschen und als Gegenwart des Gottes, der ganz anders ist. Damit wird aber die Angst letztendlich zum Zeichen des Lebens und der Hoffnung: Wer sich auf die Angst des Lebens einläßt und seine Endlichkeit akzeptiert, erfährt, daß er nicht auseinanderbricht und verzweifelt, sondern von dem Wahn, Herr seiner Selbst sein zu wollen befreit wird, in die Hände Gottes fällt und bewahrt wird. Wer das Kreuz auf sich nimmt erfährt, daß man in aller Not und Bedrängnis nicht erdrückt wird, in allem Zweifel nicht verzweifelt, in aller Einsamkeit nicht verlassen wird, in aller Trübnis nicht ohne Fröhlichkeit ist, in aller Niederlage nicht vernichtet wird, in aller Leere nicht ohne Erfüllung bleibt (2. Kor. 4,7ff). Paulus nimmt die angstmachenden Erfahrungen seines Lebens als Gegenwart des Kreuzes Jesu Christi wahr und erfährt in ihnen die schöpferische und bewahrende Macht Gottes. Diese Erfahrungen lassen ihn letztlich sprechen: "Ich bin gewiß, daß weder Tod noch Leben,

weder Engel noch Fürstentümer noch Gewalten weder Gegenwärtiges noch Zukünftiges, weder Hohes noch Tiefen noch keine Kreatur kann uns scheiden von der Liebe Gottes, die ihn Christus Jesus ist unserem Herrn (Röm 8, 38.39)".
Angesichts der heute immer stärker werdenden Angst vor Leere und Sinnlosigkeit wäre es *Aufgabe der Christen und der christlichen Kirche*, allen geängstigten Menschen Zeugnis zu geben von der bewahrenden und der neuschaffenden Liebe Gottes. Wie können sie dies tun? Wohl nur so, daß sie Jesus entsprechend sich auf die Ängste des Lebens einlassen, sich ihnen aussetzen und dadurch ernstnehmen, daß sie sie mit den Geängsteten teilen, in ihrem Leben geduldig und aufmerksam dabei sind, sowie mit ihnen und für sie die Ängste aussprechen. Christen haben keine Therapie zu bieten, sie wissen es auch nicht besser. Sie können nur eines bieten: Ihre Begleitung und ihre Teilhabe. Sie sind aber davon überzeugt: Wo Menschen ihre Angst miteinander teilen, sie miteinander und füreinander aussprechen, verliert die Angst ihren Schrecken und es entstehen angstfreiere Räume, in denen man Atem holen und Mut fassen kann.

3.8 Der Ertrag der Theologie

Christliche Theologie wird in dem Dialog mit Riemann Wesentliches lernen und erfahren können. Sie kann erkennen, daß auch Christen Angst haben und mit ihrer Angst nie fertig sind und nicht alle Ängste auf Schulderfahrungen beruhen.
Theologie kann lernen, daß Glauben durchaus auch in konkreten Lebensvollzügen seinen Niederschlag findet. Sie kann lernen, ihre theologische Aussagen auf die konkreten Lebensvollzüge hin zu präzisieren. Theologie kann merken, daß das Evangelium etwas mit Minderung der Angst zu tun hat und sie wird darauf hingewiesen, wo Theologie und Kirche Angst machen und verstärken. Theologie wird darüber hinaus darauf aufmerksam gemacht, wo die Ängste heute auftreten, wo sie am stärksten sind und somit Theologie und Kirche am meisten herausfordern.

Literatur:

Fritz Riemann, Grundformen der Angst, Eine tiefenpsychologische Studie, 1961
Wolfgang Böhme (Hg.), Nimmt die Angst zu? Herrenalber Texte 16, 1979

4. Darwins Entdeckung

4.1 Der Mensch in der Evolution

Fragt man nach den grundlegenden Erkenntnissen der Evolutionsforschung, die für die heutige Selbstdeutung des Menschen Geltung beanspruchen, so ergeben sich u.E. folgende Sachverhalte:

(1) Die Evolution muß verstanden werden als ein sich selbst steuernder, ungerichteter Prozeß der natürlichen Zuchtwahl. Biologische Forschung gibt keinen Hinweis auf Anordnungen oder Eingriffe eines außernatürlichen Schöpfers. Ein planender Geist (der gleich dem Züchter Zuchtwahl betreibt) läßt sich in dem Gang der Entwicklung nicht erkennen. Über die Richtung, das Ziel oder den Zweck der Evolution läßt sich aufgrund "vernünftiger" Erkenntnis nichts aussagen. Die Welt der Natur gleicht einer gigantischen Lotterie von Zufällen, an deren vorläufigem Ende der extremste Zufall, der Mensch, steht. Die Natur "experimentiert" und leistet sich Abwege, Umwege und Scheitern.

(2) Die Evolution geht weiter, der gegenwärtige Entwicklungsstand und der heutige Mensch können nicht als das Endziel der Entwicklung verstanden werden. Der Mensch ist noch nicht fertig, er ist noch in der Entwicklung begriffen. Er wird anders. Wie die künftige Entwicklung weitergeht, kann nur in Ansätzen vorausgesagt werden. Der Evolutionsprozeß ist nach vorne hin offen, er wird durch Vergangenes zwar bestimmt, doch nicht determiniert. Wer der Mensch ist, worin sein Wesen liegt, ist deshalb mit dem, was bisher von ihm in Erscheinung getreten ist noch nicht ausgemacht.

(3) Der Evolutionsprozeß zeichnet sich jedoch nicht durch eine Fortschrittsautomatik aus (wie man im 19. Jhdt. glaubte). Er ist aber geprägt durch einen Komplexitätszuwachs, in dem sich Neues ereignet. Es gibt in ihm Umschläge, Phasenübergänge, Diskontinuitäten, die Bisheriges zwar nicht auslöschen, wohl aber auf einer neuen, komplexeren Ebene weiterführen, ohne aus Früherem abgeleitet werden zu können. Der Blick in die Vergangenheit macht nicht deutlich, was kommt. Offen ist, ob man die Entwicklung "präformistisch" zu verstehen hat, einen gestaffelten Entfaltungsprozeß, in dem qualitativ nichts Neues geschieht und alles unter prinzipiell gleichen Bedingungen abläuft oder "epigenetisch", d.h. als einen Prozeß, in dem fortlaufend Neues geschieht.

(4) Der Hinweis auf Diskontinuitäten in Kontinuitäten, auf Neues im Alten, Unableitbares im Ableitbarem findet seine Konsequenz in der Betrachtung des Menschen. Von seiner Abstammung ist biologisch gesehen immer nur so zu reden, daß das Besondere und Einmalige des Menschen im Rahmen der Entwicklung denkbar und fortsetzbar bleibt.

(5) Der Mensch ist Produkt der Evolution. Sein Dasein ist das Ergebnis von Mutation und Selektion. Doch der Mensch geht darin nicht auf. Er ist ja gleichzeitig auch das Wesen, das die Evolution erforscht und sich die Gesetze der Evolution zunutze macht. Der Mensch kann geradezu "als zum Bewußtsein ihrer selbst gekommene Evolution" verstanden werden. Der Mensch kann die Evolution beschleunigen, teilweise korrigieren und verhindern. Er kann sich die Gesetze der Evolution zunutze machen oder gar ihre Wirkung aussetzen. Der Mensch ist "evolutionsaktiv" - aber damit auch in höchstem Maße verantwortlich für das, was mit der Erde, der Natur und dem Menschen wird.
Damit wird aber deutlich, daß neben dem Selektionsmechanismus ein weiterer Faktor zu berücksichtigen ist, der die Evolution steuert, nämlich das *Verhalten*. Dieses leistet "Schrittmacherdienste", läuft neuen Anpassungen und Organumbildungen voraus und löst Rückkoppelungsprozesse aus. Das hat aber für den Menschen eine ganz entscheidende Bedeutung: Sein Handeln fällt wieder auf ihn zurück, bestimmt und verändert ihn selber wieder. Wer er ist bestimmt er selbst in ganz entscheidendem Maße mit; er ist verantwortlich für sich selbst.

(6) Das menschliche Dasein ist also immer auch Produkt, Tat des Menschen. Es impliziert Notwendigkeit und Freiheit. Angesichts der offenen Zukunft ist der Mensch gezwungen, sich selbst zu verstehen und sich selbst zu bestimmen. Wer wir sind und wie wir leben wollen, ist deshalb durch den Gang der Evolution nocht nicht ausgemacht.

4.2 Anfragen und Rückfragen

Die Zusammenfassung grundlegender Einsichten der Evolutionsforschung zeigt, daß die Evolutionstheorie den Menschen nicht "im Griff" hat, sie läßt wichtige Fragen offen und stellt neue. Zu diesen Fragen gehören:

- Ist die Wirklichkeit entwicklungsoffen? Gibt es prinzipiell neue Möglichkeiten und damit qualitativ Neues? Oder zeichnet sich Wirklichkeit nur durch eine quantitative Entwicklung aus?
- Bedeutet die Einsicht, das menschliche Leben sei ein "zufälliges" Ergebnis eines ungeheuren Evolutionsspieles, daß wir verzweifeln müssen? Ist Hoffnung dadurch widerlegt?
- An welchem "Vorbild" orientieren wir unser Tun und Lassen angesichts dessen, daß wir die Natur zu korrigieren und die "Gesetze der Evolution" teilweise außer Kraft zu setzen vermögen? (Indem wir z.B. Kranke heilen oder Schwache unterstützen).
- Wie gehen wir verantwortlich mit unserer eigenen Lebenswirklichkeit um angesichts dessen, daß ihr weiterer Entwicklungsgang nur bedingt vorausgesagt werden kann? Wie gehen wir mit ihr um, ohne eine Katastrophe heraufzubeschwören?
- Wie können wir damit leben, daß die Wirklichkeit sich unserer Verfügung und Kontrolle immer auch entzieht und unser eigenes Dasein unvorhersehbaren Wand-

lungen und Veränderungen unterworfen ist? Wie können und sollen wir uns selbst verstehen angesichts dessen, daß wir (a) selber noch nicht fertig sind und Mutationen zu erwarten haben und (b) die Möglichkeit haben, die Evolution zu steuern?

4.3 Evolutionstheorie und christlicher Glaube

Die Frage ist, wie heute, angesichts der Ergebnisse der Evolutionsforschung, theologisch von der Welt als Schöpfung Gottes und von dem Menschen als Ebenbild Gottes gesprochen werden kann. Die folgenden Überlegungen sollen zeigen, daß Theologie und evolutionäres Denken nicht notwendig einen Gegensatz bilden müssen.

(1) Ganz sicherlich ist jenes Reden von Schöpfung nicht haltbar, das von einem supranaturalen Gott ausgeht. Doch zeigen gerade neuere exegetische Studien Konvergenzen der Evolutionstheorie mit dem biblischen Schöpfungsverständnis. Danach kann man sagen: "Gottes schöpferisches Handeln besteht dann nicht darin, daß er alles auf einmal schuf, sondern daß er die Welt 'am Anfang' so geschaffen hat, daß sie sich entwickeln kann. Er ist bei der Weiterentwicklung selbst mit dabei - er ist die Zukunft dieser Entwicklung. Er hat nicht 'von oben herab' in den Weltprozeß mitsamt seiner Lebensentfaltung eingegriffen und tut das auch heute nicht, er treibt diesen Prozeß vielmehr 'von innen' voran, durch die Kräfte, die er in die Natur hineingelegt hat, und er zieht die Entwicklung gewissermaßen 'von vorn' voran, als ihr Ziel und ihr Sinn" (Hübner).

(2) Theologie kann damit der Evolution eine bestimmte Deutung geben. Sie sieht in der sich entwickelnden Schöpfung Gott am Werk, der seine Schöpfung nicht allein läßt, ihr Zukunft verheißt und ihr ein Neues und Letztes in Aussicht stellt, in der Mensch und Welt zur Vollendung kommen: Das Reich Gottes. In der glaubenden Hoffnung erscheint die Schöpfung ausgerichtet auf die künftige Herrlichkeit Gottes und das "Zukommen" wahren Menschseins. Sie wird beherrscht durch die schöpferische Liebe Gottes, denn sie ist die "Kraft", die die Evolution treibt.

(3) Der Mensch ist Teil dieser Entwicklung. All das, was rückblickend von ihm in Erscheinung getreten ist, ist nur Anfang, Detail, Einzelschritt. Es kann demgemäß auch nicht als sein wahres Wesen ausgesagt werden. Der christliche Glaube sieht aber das "Wesen" des Menschen darin, daß er von Gott erschaffen, erwählt und geliebt ist und ihm schließlich eine kommende Erfüllung verheißen ist. Das Wesen des Menschen liegt darin, daß sich Gott in ihm sein Gegenüber geschaffen hat, mit dem er sprechen will und der ihm entsprechen kann. Der Mensch ist demgemäß bei sich selbst, wenn er Gottes Handeln "entspricht" und sich im verantwortet. Er ist bei sich, wenn er auf das hört, was allem Dasein Grund, Halt und Ziel gibt. Die Würde des Menschen liegt aber gerade darin, daß er immer wieder auf das wirkende Wort Gottes hören und ihm entsprechen kann.

(4) Der "Gott entsprechende Mensch", der sich zum Gegenüber Gottes berufen weiß, ist dann jener Mensch, der in der Entwicklung des Kosmos immer wieder auf die "Stimme Gottes" hört und sich von dort bestimmen läßt. Er ist der Mensch, der in der Evolution mit Gott rechnet und auf eine kommende Erfüllung hofft. Er weiß sich in allem Wandel und der Liebe Gottes getragen. Sein Selbst- und Weltverständnis gründet letztlich in der Gewißheit, "daß ihn nichts aus der Hand Gottes reißen kann, daß nichts, weder Tod noch Leben, weder Gegenwärtiges noch Zukünftiges, weder Hohes noch Tiefes, noch keine andere Kreatur ihn scheiden kann von der Liebe Gottes".

(5) In Jesus Christus ist die Liebe Gottes, die das Universum bewegt, offenbar geworden. Er ist der neue Mensch, das wahre Ebenbild Gottes, Grund und Modell gelingenden Lebens. Er gibt dem Menschsein die Ausrichtung, die dem Sinn des Ganzen entspricht und wahres Menschsein eröffnet.

(6) Der Schöpfungsauftrag konvergiert mit der Möglicheit des Menschen, Evolution zu beeinflussen. Er behaftet den Menschen in seinem Auftrag und seiner Verantwortung, an der Fortentwicklung der Menschheit und der Erde so mitzuarbeiten, daß er Gottes Schöpfungswerk bezeugt und darin mitwirkt. Im Glauben an das Schöpfungshandeln

Gottes weiß der Mensch um die Grenzen seiner Möglichkeiten. Im Vertrauen auf die schöpferische Liebe Gottes ist er davon befreit, Erfüllung und Heil allein von seinem Tun und seiner Anstrengung zu erwarten. Er kann zuversichtlich, geduldig und gelassen auf den immer neuen Aufbruch warten und seine Fähigkeiten dort einsetzen, wo sie tatsächlich gefordert sind.

(7) Der christliche Glaube könnte demgemäß dem menschlichen Handeln "Richtungskriterien" anbieten, die zur Weiterentwicklung und Vollendung der Evolution beitragen. Im hoffenden Blick auf das, was noch nicht ist, aber auf den Menschen und seine Welt zukommt, im Blick also auf das "neue Sein" und den "neuen Menschen" gewinnt menschliches Handeln jene Ausrichtung, die Gottes Willen entspricht.

Literatur:

Jügen Hübner, Biologie und christlicher Glaube, 1973, bes. 28ff., 118ff.
Günter Altner (Hg.) Kreatur Mensch, 1973, bes. die Aufsätze von Altner und Zmarzlik
ders., Die Ambivalenz des biotechnischen Fortschritts, in: Leidenschaft für das Ganze, 1980, 67ff.
Christofer Frey, Arbeitsbuch Anthropologie, 1979, 114ff.

5. Der Mensch ist der Affe, der spricht

5.1 Fragestellung

Ilse Schwidetzki sucht in ihrem Vortrag zum Menschenbild der Biologie, die besondere Stellung des Menschen im Tierreich und damit das "Eigentliche" des Menschen herauszufinden. Sie sucht dabei das herauszufinden, das gegenüber den Tieren neu und einzigartig am Menschen ist, ohne jedoch das "Alte" und Gemeinsame außer acht zu lassen. Das klingt schon in der Überschrift an: Der Mensch ist der *Affe*, der *spricht*.
Grob zusammengefaßt kann man sagen: Schwidetzki sucht im Vergleich von Mensch und Tier (Primaten) das qualitativ Neue am Menschen gegenüber dem Tier herauszuarbeiten und somit das "Wesen" des Menschen in biologischer Sicht zu bestimmen.

5.2 Motive und Interessen

Die Motive und Interessen einer solchen Untersuchung und Definition des Menschen ergeben sich zunächst einmal aus den Erfordernissen biologischer Forschung. Schwidetzki stellt fest, daß die bisherigen Definitionen den Menschen nicht zureichend waren, denn

(a) sie bezogen nur das körperliche Erscheinungsbild des Menschen ein (ein aufrechtgehender, haararmer, großhirniger Affe) und ließen seine Kulturleistungen außer acht,

(b) sie erfaßten nur quantitative Merkmale des Menschen

(c) sie erlaubten nicht, Fossilfunde eindeutig einzuordnen. (Sind die südafrikanischen Australopitheken Tierprimaten oder Menschen?).

Die Aussagen über die Sonderstellung des Menschen scheinen also in dem Motiv begründet zu sein immer "bessere" Aussagen über den Menschen zu machen. Aber welche Interessen stehen eigentlich hinter der Suche des Menschen nach dem qualitativ Neuen an dem Menschen?
Zweierlei ist zu vermuten:
Einmal scheint dahinter das Bedürfnis des Menschen zu stehen, etwas unverwechselbar Besonderes und Einmaliges zu sein;
zum anderen aber auch die Suche des Menschen nach einem wahrhaft menschlichen Dasein.

5.3 Die Verfassung des Menschen

Um das Besondere und Spezifische des Menschen darzustellen, diskutiert Schwidetzki zunächst einmal die verschiedenen Versuche, die bislang gemacht worden sind, das qualitativ Neue am Menschen zu bezeichnen.

(1) Ein Versuch besteht darin, in der "*Weltoffenheit*" des Menschen seine besondere Eigenart zu sehen. Ausgehend von der Beobachtung, daß der Mensch in ganz verschiedenen natürlichen Umwelten lebt, sich ihnen anpaßt, diese kulturell überformt und dann diese Kultur tradiert, wird die Besonderheit des Menschen in seiner mangelnden Instinktbindung und seiner hohen Plastizität gesehen, die es dem Menschen erlaubt zu lernen. Schwidetzki sieht aber darin kein streng unterscheidendes Merkmal des Menschen, denn: "Bei den höheren Tieren, insbesondere den Primaten, kann von einem starren, ausschließlich instinktgebundenen Verhalten, das streng nach auslösenden Mechanismen abläuft, nicht die Rede sein. Die Überlagerung oder Überformung von instinktgesteuerten durch erlernte Verhaltensweisen ist in der Primatenreihe von den Halbaffen zu den Menschenaffen bereits weit vorangeschritten, aber läßt sich noch bis weiter an die Wurzeln des Tierreiches hin verfolgen. Fast immer werden in instinktiv gesteuerte Abläufe auch Erfahrungen eingebaut".

(2) Ein zweiter Versuch bestimmt den Menschen als *Werkzeughersteller*. Doch auch diese Definition befriedigt nicht. "Aber wenn man Werkzeuge definiert als körperfremde Gegenstände, mit denen zu bestimmten Zwecken zielstrebig manipuliert wird, so sind auch die Tierprimaten, auch viele andere Tiere, mindestens Werkzeugbenutzer. Es gibt viele Lebewesen, nicht nur Primaten, die z.B. Steine zum Aufklopfen von Nüssen, Stöcke als Waffen... benutzen. Zusätzlich kommen bei den Primaten auch Anfänge der Werkzeugherstellung vor. Man kann sich also nicht helfen, indem man nun zwischen Werkzeugbenutzung und Werkzeugherstellung unterscheidet. Das weiß man eigentlich schon seit den Untersuchungen von Wolfgang Köhler an den Schimpansen der Schimpansenstation Teneriffa, die 1924 veröffentlicht wurden. Seine Schimpansen benutzten z.B. Stöcke zum Heranholen von begehrten Leckerbissen-Werkzeugbenutzung. Sie brachen auch Zweige von den Bäumen ab, um die dazu notwendigen Instrumente zu erhalten. Da fragt man sich: Ist das nicht schon Werkzeugherstellung? Und ein ganz besonders intelligenter Schimpansenmann, Sultan, vollbrachte folgende Leistung: Er hatte eine Reihe von Bambusrohren zur Verfügung, die aber nicht der Länge nach reichten, um die Banane vor dem Gitter zu erreichen. Eines Tages kam er auf die Idee, man kann es gar nicht anders nennen, zwei Rohre ineinanderzustecken, und als sich das eine als etwas zu groß erwies, dieses sogar zurecht zu knabbern. Ganz zweifellos ist das 'Werkzeugherstellung'."

(3) Ein dritter Versuch geht davon aus, daß es nur bei dem Menschen "*sozial tradierte, erlernte Verhaltensmuster*" gibt. Doch auch dies ist nach Schwidetzki nicht haltbar: "Es mehren sich die Belege für Tradition, für soziale Übertragung einer besonderen Verhaltensweise, von den älteren zu den jüngeren Generationen, auch bei Tieren, und nicht nur bei den Primaten. Es gibt zahlreiche Beispiele für die Entdeckung und soziale Weitergabe neuer Freßgebräuche in Tierverbänden; auf sozialer Tradition beruhen auch die sogenannten Singschulen von Vögeln, das sind ortsspezifische, nicht erbliche Varianten der artkennzeichnenden Melodien, die die Jungvögel von ihren Eltern hören und übernehmen".

(4) Schließlich bleibt noch die Sprache übrig (s. Schülerheft).

5.4 Grundansichten vom Menschen und präskriptive Komponenten

Es ist u.E. wichtig darauf hinzuweisen, daß Schwidetzki auf eine Definition des Menschen nicht eingegangen ist, die vielfach verwendet wird. Diese besagt, daß es für den Menschen eigentümlich ist, Werkzeuge zur Herstellung von Werkzeugen herzustellen. Diese Definition des Menschen legt eine Sicht des Menschen nahe, die sein Wesen in der bewußten Bearbeitung der Natur verwirklicht. Sozialformen, Sprache, Bewußtsein und Denken müssen dann von dorther verstanden werden. Diese Sicht des Menschen liegt dem marxistischen Menschenbild zugrunde.
Schwidetzkis Definition scheint aber demgegenüber ein Menschsein zu betonen, das sich in einem ungezwungenen, von der Situation abgelösten, freien Denken, einer uneingeschränkten Selbstartikulation und der Möglichkeit einer unabhängigen Verständigung erfüllt. Wirddarin nicht ein liberales, demokratisches Verständnis wahren Menschseins deutlich?
Die Ausführungen muten u.E. unterschwellig dem Hörer zu, daß er

- seinen Verstand gebraucht,
- geschichtlich denkt,
- noch weiter spricht, wenn "es dunkel wird".

Wird hier nicht in beinahe schon aufklärerischem Sinn das Individium Mensch auf die Möglichkeit und das Recht hingewiesen, seinen Verstand zu gebrauchen und zu denken?

5.5 Anfragen und Rückfragen

(1) Ist menschliche Sprache und menschliches Denken tatsächlich situationsabgelöst? Ganz gewiß gestattet das symbolische Handeln des sprachlichen Denkens, den direkten Zusammenhang zwischen Reiz und Reaktion zu unterbrechen, so daß gewolltes, frei erlebtes Handeln möglich wird. Ist der Mensch in seinem Denken und Sprechen aber ganz unabhängig von situativen Gegebenheiten? Schwidetzki betont sehr stark die Freiheit des Menschen, wenn sie das Gelöstsein, die freie Verfügbarkeit und Kombinierbarkeit, unabhängige Neuordnung von Sprachelementen betont. Bestehen hier nicht doch Bindungen, so daß Freiheit erst im Umgang mit Bindungen verstehbar wird?

(2) Ist Sprache und Denken von den animalischen Seiten des Menschen getrennt oder bestehen Zusammenhänge?
Inwieweit ist Sprechen und Denken von Gefühlen, Bedürfnissen und Trieben abhängig, die gleichsam zu "äffischen" Seite des Menschen gehören?

(3) Wie läßt sich erklären, daß der Mensch nach sich selber fragt, sich selbst zum Gegenstand des Nachdenkens macht und sich selber bewußt wird?

(4) Liegt die Würde des Menschen tatsächlich darin, logisch zu denken und verbal sich mitteilen zu können?
Ganz gewiß eröffnet die Bestimmung des Menschen als einen sprechenden und denkenden Wesens wahres Menschsein, spricht diese Definition doch jedem Menschen das Recht und die Möglichkeit zu, selbstständig reden und für sich sprechen zu können. Doch kommt auch dem Mensch Würde zu, der nicht logisch denken und sich nicht verbal mitteilen kann? Haben auch Schwachsinnige, Menschen ohne Großhirn, Apalliker eine besondere Würde? Besteht hier nicht die Gefahr, daß Menschenwürde zu einem abstufbaren Wert wird und den Menschen menschlicher Verfügung ausliefert?

(5) Ist Sprache und Denken abgelöst von der tätigen Auseinandersetzung mit der Natur? In welchem Verhältnis stehen Sprache, Bewußtsein und Denken einerseits und Arbeit andererseits? Schwidetzki sieht den Menschen und sein Sprechen als grundlegend produktiv und manipulierend an, doch wird bei ihr die "materielle" Arbeit nicht der "geistigen" untergeordnet? Schwidetzki scheint die Arbeit dem Sprechen und Denken nach- bzw. unterzuordnen. Arbeit bekommt dabei einen etwas abwertenden Charakter. Meldet sich hier nicht eine neue Form des Leib-Seele-Dualimus, der die leiblichen Seiten des Daseins, die Notwendigkeiten, Bindungen und Grenzen abschwächt?

(6) Ist der Mensch, der spricht, nicht immer auch derjenige, der angesprochen ist und antwortet? Schwidetzki scheint den Menschen nur als ein Wesen zu betrachten, das für sich steht und etwas tut. Es macht nämlich Aussagen. Hier wird deutlich das Individium in seinem tätigen Dasein betont und herausgehoben. Doch gerade die Sprache zeigt, daß der Mensch nicht bloß spricht, sondern auch hört, nicht bloß sieht, sondern auch empfängt, nicht bloß aussagt, sondern auch antwortet. Die Sprache zeigt, daß der Mensch immer von einem anderen her lebt und auf diesen angewiesen ist. Sie zeigt, daß der Mensch sich verständigen und Übereinstimmung finden kann. Wahres Menschsein kann in einem "Für-sich-Sein" offensichtlich nicht aufgehen, es ereignet sich wohl eher in einem Prozeß des offenen Gebens und Nehmens, des Aufmerksamseins und der Zuwendung. Es besteht überdies wohl nicht in einem bloßen Tätig-Sein, sondern auch in einem Passiv-Sein.

5.6 Der theologische Beitrag

(1) *Gemeinsame Themen* zwischen Biologie und Theologie sind

- die Stellung des Menschen in dem Gesamtgefüge der Wirklichkeit

- die Bedeutung der Sprache für das Wesen des Menschen,
- die Rolle der Arbeit für den Menschen,
- die Würde des Menschen,
- die Freiheit des Menschen, ihr Kennzeichen und ihr Wesen,
- die Bestimmung des Menschen

(2) Schwidetzkis Ausführungen zum Menschen in der Evolution, insbesondere seine Stellung gegenüber den Tieren haben u.E. deutliche *Analogien* mit der Stellung des Menschen in den biblischen Schöpfungserzählungen und - Psalmen (Gen. 1,4-2,4a; Ps.8) Zusammengehörigkeit und Einzigartigkeit, Geschöpflichkeit und Auserwähltsein sind beide Male übereinstimmende Züge des Menschen. Konvergenzen zeigen sich aber auch in der konstitutiven Bedeutung der Sprache für das Wesen des Menschen, ist doch der Mensch das einzige Wesen, mit dem Gott spricht (Gn. 1,26ff).

(3) Zwischen Theologie und den Ausführungen von Schwidetzki zeigt sich aber auch *Divergenzen*, so in

- die Bedeutung der Arbeit für den Menschen,
- dem Verständnis der Würde des Menschen,
- der Bedeutung des "Du" für den Menschen,
- der fundamentalen Bedeutung des Angewiesenseins, der Empfänglichkeit und Bedürftigkeit des Menschen für sein Menschsein,
- der inhaltlichen Qualifikation des Sprechens als Antwortgebens auf Gott,
- die Betonung des unauflöslichen Zusammenhanges von Freiheit und Bindung in der menschlichen Existenz.

6. Der Mensch in der Humangenetik

6.1 Fragestellung

In der Humangenetik kommt der Mensch in seiner ontogenetischen Entwicklung in den Blick. Gefragt wird nach den darin wirkenden Faktoren und Gesetzmäßigkeiten.

6.2 Die Verfassung des Menschen: Ergebnis eines hochkomplizierten Entstehungsprozesses, dessen Verlauf bestimmten physikalischen und chemischen Gesetzmäßigkeiten unterworfen ist.

Literatur:

Jürgen Hübner, Biologie und christlicher Glaube, 1973, 93-110
Hilfreich aber auch die Lehrbücher für das Fach Biologie!

6.3 Motive und Interessen humangenetischer Aussagen

Motive und Interessen humangenetischer Aussagen werden u.E. deutlich in der Art und Weise, wie sie gewonnen werden, nämlich durch den gezielten, experimentellen Eingriff in den Prozeß ontogenetischer Entwicklung und das Hervorbringen willentlicher, vorhersagbarer Verläufe. "Gurden zerstörte (!) den genetisch relevanten einzigen Zellkern der Eizelle durch *intensive, präzise gerichtete Bestrahlung* mit ultravioletten Licht..." Und: "Die zuvor 'entkernte' Eizelle des Krallenforsches akzeptierte - *wie Gurden vermutete* - den doppelten Chromosomensatz als vollwertig und begann alsbald, sich zu teilen".
In der Humangenetik erscheint der Mensch zunächst einmal als Objekt technischer Verfügung und kontrollierter Manipulation, wobei deren Ziel und Zweck noch gar nicht ausgemacht ist und der Eingriff als "zweck-los" erscheint.
Die Motive und Interessen von Fölsing, dem Verfasser dieses Berichtes, klingen ganz am Ende an: "Und das Menschen zu jedem *Unfug* bereit zu sein scheinen, steht in der Tat *Groteskes* in Aussicht". Fölsing meldet Bedenken an, doch bleiben diese in der

vagen Distanz; einen verändernden Einfluß auf die hier geschilderte Entwicklung sollen diese Aussagen wohl nicht bewirken.

6.4 Präskriptive Komponenten

Humangenetische Aussagen lesen sich z.T. wie ein Kochrezept: "Gurden zerstörte", "dann verschaffte sich Gurden" "mit einer mikrochirurgischen Pipette wurde abgesaugt" usw. Sie fordern direkt oder indirekt den Menschen auf, in den Prozeß ontogenetischer Entwicklung einzugreifen, das Leben in die eigene Hand zu nehmen und nach Maßgabe eigener Ziele zu bestimmen.

6.5 Grundansichten vom Menschen und einem wahren Menschsein

Grundansichten vom Menschen werden in zweifacher Hinsicht deutlich:

(1) *In der Verwendung des Automaten oder Computer als Erklärungsmodell menschlichen Lebens.* Humangenetik definiert den Menschen als einen Automat, der mechanischen Gesetzmäßigkeiten unterliegt, die prinzipiell durchschaubar und beherrschbar sind. Das Modell des Automaten erschließt den Menschen als berechenbares und kontrollierbares Objekt, als Ding, das prinzipiell verfügbar ist. Gleichzeitig werden individuelle Unterschiede ausgeblendet, denn diese Automaten sind alle im Prinzip gleich aufgebaut. Darüber hinaus werden dadurch Krankheiten zu "Betriebsstörungen", die prinzipiell beherrschbar sind und "repariert" werden können. Hier zeigt sich die Ambivalenz dieser Sicht: Sie kann durchaus lebensförderlich sein (s. Intensivpflegestation), gleichzeitig aber auch lebensfeindlich, da die Einmaligkeit des Individiums sowie sein Bedarf an Sinn ausgeklammert werden.

(2) *In der Methodik humangenetischer Forschung*
Im Umgang mit den Prozessen der ontogenetischen Entwicklung definiert sich der Mensch selbst als Herr und Besitzer der Natur (zu der er auch seinen Leib rechnet). Er ist dann mit sich selbst identisch, wenn er die natürlichen (=naturgesetzlich verfaßten) Prozesse durchschaut, kontrolliert, beherrscht, gemäß eigenen Zielen verändert und somit seine Zukunft in den Griff nimmt. Seinen paradoxesten Ausdruck findet diese Selbstdefinition des Menschen in dem Wunsch, identische Abbilder seiner selbst herzustellen und damit sich selbst und seine eigene Zukunft in die Hand zu nehmen. Der Mensch verwirklicht sich selbst, indem er identische Kopien seiner selbst herstellt; er bleibt bei sich selbst, indem er sich durch Kopien verewigt.

6.6 Anfragen und Rückfragen

Im Hinblick auf die Definition des Menschen als Automaten muß u.E. gefragt werden.

(1) Ist der Mensch und das menschliche Leben tatsächlich so objektivierbar und beherrschbar, wie hier der Eindruck erweckt wird? Erwin Chargaff, ein bekannter Molekularbiologe, meint dazu "im Hinblick auf einen Hund:" Ich sehe aus dem Fenster. Da steht ein Hund; er bellt; er wedelt mit dem Schweif. Was ist seine Molekularbiologie? Die neue dogmatische Biologie hat große Triumpfe errungen und große Schwächen verursacht. Durch ihre Bereitwilligkeit, alles zu erklären, hat sie uns darüber hinweggetäuscht, daß wir nur wenig verstehen. Sie hat uns den Schlüssel zu einem sehr kleinen Schloß geliefert; und am Ende ist es nur ein Luftschloß. Irgendwie kann ich mich des Gefühls nicht erwehren, daß uns noch eine ganze Dimension fehlt zum Verstehen einer lebenden Zelle"(zit. nach Altner). Die Frage muß also gestellt werden: Wo liegen die Grenzen des Modelles und was bedeuten sie für die Humangenetik?

(2) Geht hier nicht die Einmaligkeit und Individualität des Menschen verloren? Gerade die Möglichkeit der Klonierung des Menschen stellt die Frage nach seiner Individualität, die ja genetisch gesehen an der zufälligen Mischung der Erbinformationen liegt. Sie ist für jeden Menschen - ja jedes Lebewesen - einmalig und bezeichnet die jedem Menschen eigene Würde und Unverfügbarkeit. Menschen begegnen sich so als Wesen eigenen Rechts, jeder hat den Status eines "Geborenen". Durch die Klonierung aber bekommt der Mensch den Status eines "Gemachten" und kooperierten Mitglieds menschlicher Gemeinschaft. Wird damit nicht im Ansatz der Anspruch einer Herrschaft von Menschen über Menschen erhoben?

(3) Eine weitere Anfrage, auf die jedoch nicht näher eingegangen werden kann, ist: Krankheit, Altern und Tod, eine technische Störung, ein Defekt?

Im Hinblick auf die Definition des Menschen als "Herr und Besitzer der Natur" ist zu fragen:

(1) Darf der Humangenetiker tun, was er kann? Trägt das zu wahrem Menschsein bei? Ganz gewiß hat Humangenetik ernsthafte therapeutische Ziele, die der Menschlichkeit des Menschen dienen. Die Arbeiten von Andrej Tarkowski, Karl Ilmensee sowie die Aussagen von Joshua Lederberg weisen darauf hin. Gerade angesichts des Ansteigens erblich bedingten Leidens ist die Behandlung von Erbkrankheiten (Euphänik), die Beseitigung von negativen Einflüssen des Erbgutes (negative Eugenik) oder die Herstellung positiven Erbgutes (positive Eugenik) durchaus erwägenswert und zunächst einmal lebensdienlich. Wir stehen aber heute vor dem Sachverhalt, daß es freies Forschen nicht mehr gibt, weil die Forschung selber sehr kapitalaufwendig geworden ist und damit Gegenstand politischer und wirtschaftlicher Auseinandersetzungen. Dies führt dazu, daß biologische Grundlagenforschung in wirtschaftliche und politische Interessen und Zwänge eingebunden ist, Forscher selber keine ausschließliche Kontrolle mehr über die Verwendung ihrer Ergebnisse haben und Mißbrauch nicht mehr auszuschließen ist. Wichtige Zeugen für diesen Sachverhalt sind heute die Atomenergienutzung und die Hochleistungsmedizin. Darüber hinaus ist festzustellen, daß der uralte Traum vom "Homunculus" dem Menschen aus der Retorte noch lange nicht ausgeträumt ist und manche Forschergehirne unterschwellig bewegt.
Einen "Neubau des Menschen von Grund auf" hatte z.B. der Genetiker und Nobelpreisträger Joseph Muller prophezeit: Der Forschergeist werde "gottgleiche Wesen" hervorbringen, deren dürftige Vorahnungen die Menschen von heute sind. Die moderne Humangenetik erlaubt es dem Menschen, gezielt in den Vererbungs- und damit den Evolutionsprozeß einzugreifen. Soweit, daß Chargaff sagen kann, daß "ein Dummkopf in die Biosphäre unwiderruflich eingreifen kann". Diese Einsichten sollen kein Anlaß sein, Humangenetik zu verteufeln oder zu stoppen. Sie stellen aber die Verantwortung heraus, die heute die Menschen für den Fortgang der Evolution und des Lebens tragen. Was der Mensch tun darf, ist nicht identisch mit dem, was er tun kann. Wissenschaftliche Forschung bedarf der öffentlichen und persönlichen Verantwortung.

(2) Kann der Mensch tatsächlich alles im Griff, d.h. unter wissenschaftlicher Kontrolle halten, wie die Forschung annimmt?
Schaue ich auf mein eigenes Leben, so merke ich, daß Pläne immer wieder auch scheitern und der Versuch, mein Leben unter Kontrolle zu halten immer wieder zunichte wird. Der Abwurf der Atombombe, die ökologische Krise, die Unfälle in Harrisburg und Seveso belegen, daß auch Wissenschaftler die Wirklichkeit nicht so fest im Griff haben, wie sie oftmals den Eindruck erwecken. Ernstzunehmende Biologen weisen darauf hin, daß auch die strengsten Vorsichtsmaßnahmen nicht ausreichen, um Entwicklungen zu verhindern, die mißgeborene Chimären hervorbringen. Hinzu kommt, daß auch Wissenschaftler sich nicht immer an die moralischen Ansprüche halten, die sie vorgeben und durchaus auch gewissenlos handeln können.

6.7 Der theologische Beitrag

Angesichts der Definition des Menschen als Automat wird Theologie auf die Bestimmung des Menschen als Gottes auserwähltes Gegenüber (Ebenbild Gottes) hinweisen und somit jedem Menschen eine einmalige Würde und Freiheit zusprechen, die sich menschlicher Verfügung entzieht. Sie wird deshalb auch fragen, inwieweit die biologische Forschung die Freiheit und Würde jedes einzelnen -auch nichtgeborenen Menschen- Rechnung trägt und "Ehrfurcht vor dem Leben" praktiziert. Denn: "Ich bin Leben, das leben will, inmitten von Leben, das leben will". (A.Schweitzer). Angesichts der Selbstdefinition des Menschen als Herr und Besitzer der Natur wird Theologie auf die Stellung des Menschen in der Schöpfung und seinen Auftrag darin hinweisen und betonen, daß der Mensch

- wohl groß, aber auch klein, wohl bevollmächtigt aber auch begrenzt ist (Psalm 8)
- wohl eine hoheitliche und königliche Stellung innehat, aber auch Gott für das Wohl des Ganzen verantwortlich ist (Gen 1,26ff.).

Sie wird deshalb biologische Forschung fragen, inwieweit die Ohnmacht des Menschen und die Endlichkeit allen Wissens bedacht ist. Sie wird weiterhin nach den Zielen und Maßstäben fragen, die dem Forschen und Tun zugrunde liegen und somit auf die Verantwortung des Menschen hinweisen.
Angesichts der furchtbaren Möglichkeiten einer verantwortungslosen Humangenetik wird Theologie auf die Folgen menschlicher Grenzüberschreitungen hinweisen, wie sie in elementarer Weise in dem biblischen Schöpfungserzählungen aufgehoben sind. In Gen 6, 1-4 schildert der Jahwist die genealogische Überhöhung des Menschen als Sünde und weist auf die katastrophalen Folgen einer solchen Tat für die Menschheit und die ganze Natur hin (Gen 6-9). Theologie wird deshalb die biologische Forschung fragen, ob hier der Mensch seine Grenzen nicht in frevelhafter Weise übertritt und das "Gericht Gottes" in Form einer Katastrophe herbeizwingt. Sie wird auf die Begrenztheit des Menschen hinweisen und Mut machen, mit ihr zu leben.

6.8 Der theologische Ertrag

Wir meinen, daß auch die Theologie in dem Dialog nur "gewinnen" kann. Erfährt sie hier nicht z.B. das Ineinander von Macht und Ohnmacht des Menschen, die kaum bemerkbare Trennungslinie zwischen Statthalterschaft Gottes und Sünde, eben die äußerst prekäre Situation des Menschen? "Denn was ist zum Schluß der Mensch in der Natur? Ein Nichts vor dem Unendlichen, ein Allgegenüber dem Nichts, eine Mitte zwischen Nichts und All". (Pascal, Gedanken).

Literatur:

Jürgen Hübner, Biologie und christlicher Glaube, 1973, bes. 130ff.
Günter Altner, Leidenschaft für das Ganze, 1980, bes. 78ff.
Christofer Frey, Arbeitsbuch Anthropologie, 1979, 130-132

E. THEOLOGIE UND PHILOSOPHIE IM DIALOG

1. Karl Marx, Der Mensch, der sich selbst erzeugt

1.1 Ausgangspunkt

Kennzeichnend für die anthropologischen Aussagen von Marx (1818-1883) ist ihr Ausgangs- und Zielpunkt. Marx geht es nicht um den "Menschen an sich" sondern um den "wirklichen konkreten Menschen", den Menschen, der sinnlich und bedürftig, gemeinsam mit anderen tätig ist, der unterdrückt wird, hungert, ohnmächtig ist, leidet und verzweifelt ist.
Marx entwirft jedoch keine systematische Anthropologie, er kommt auf den Menschen im Rahmen einer Geschichtstheorie zu sprechen. In diesem Zusammenhang entwirft er ein Bild des Menschen als dem eigentlichen Subjekt der Geschichte, das durch die tätige Auseinandersetzung mit der Natur und den Mitmenschen gekennzeichnet ist und auf eine klassenlose Gesellschaft hinläuft.

1.2 Die Sicht des Menschen

Jürgen Moltmann, Mensch, Themen der Theologie 11, 1971, 73-88
Ursula Müller-Herlitz, Karl Marx, Wesen und Existenz des Menschen, 1972
Dieter Wyss, Marx und Freud, Ihr Verhältnis zur modernen Anthropologie, VR 309-311, 1969, 7-31

1.3 Motive und Interessen

Die Motive von Marx werden zunächst einmal deutlich in der Abgrenzung und der Auseinandersetzung mit Hegel und Feuerbach.

Literatur:

Iring Fetscher, Von Marx zur Sowjetideologie, 1972, 15-28
Hans Küng, Existiert Gott?, 1978, 260-263

Die Motive von Marx erschöpfen sich jedoch nicht in einer theoretischen Auseinandersetzung. Seine Ausführungen zielen auf gesellschaftliche, revolutionäre Praxis. In Anbetracht der realen, geschichtlichen Situation des Menschen weist er unüberhörbar daraufhin, "daß der Mensch das höchste Wesen für den Menschen ist" und erhebt die prometheische Forderung "alle Verhältnisse umzuwerfen, in denen der Mensch ein erniedrigtes, geknechtetes, ein verlassenes, ein verächtliches Wesen ist".
Ziel seines leidenschaftlichen Redens, Denkens und Handelns ist letztlich das Reich des Friedens, in dem Unrecht, Ungerechtigkeit und Ungleichheit ein Ende haben und zwischen Mensch und Natur, Mensch und Mitmensch und im Menschen selbst Frieden herrscht.

1.4 Verhaltensvorschriften

Im Unterschied zu humanwissenschaftlichen Aussagen macht Marx ausdrücklich *Verhaltensvorschriften* und versteht seine Aussagen als Aufforderung zum Handeln. Der Mensch soll seine Lage ändern und seine Geschichte selbst mit Bewußtsein übernehmen. Der Mensch soll den praktischen Kampf gegen jede Form der Ausbeutung und Unterdrückung aufnehmen. Der Mensch soll sich also auf seine eigenen Füße stellen und seine eigene Geschichte machen und damit zum Aufbau einer sozialistischen Gesellschaftsordnung beitragen.
Die Menschen sollen das Privateigentum an Produktionsmitteln, die Arbeitsteilung und damit den Warencharakter der Arbeit aufheben und die bewußte Kontrolle über ihr gesellschaftliches Sein erobern und schließlich den Aufbau eines humanen, klassenlosen, gewaltlosen Weltsozialismus verwirklichen.

1.5 Grundansichten vom Menschen und einem wahren Menschsein

Marx bestimmt den Menschen als das sich selbst erst setzende und hervorbringende Wesen, dessen Selbstverwirklichung sich geschichtlich, in einer fortschreitenden,

gesellschaftlichen Auseinandersetzung mit der Natur vollzieht.
Der Mensch ist erst im Werden, er ist dabei, sein eigentliches Wesen tätig und sich befreiend hervorzubringen. Der Mensch ist daher *wahrhaft Mensch*, wenn er

- die geschichtliche Situation und den Fortgang des Geschichtsprozesses durchschaut und seine Entfremdung von sich selbst "be-greift" und beginnt sich selbst zu befreien,
- sich selbst durch sein eigenes Handeln erzeugt und somit Subjekt des Geschichtsprozesses wird,
- "selbst-ständig" ist, d.h. auf seinen eigenen Füßen steht, sein eigener Herr ist,
- den Prozeß der Selbstverwirklichung, d.h. seine eigene menschliche Geschichte bewußt in die eigene Hand nimmt und kontrolliert und plant,
- sich unbedingt für den gesellschaftlichen Fortschritt einsetzt und für die Verwirklichung einer Zukunft, in der Friede und Freiheit herrscht, kämpft
- die Entfremdung des Menschen beginnt aufzuheben, indem er das Privateigentum an Produktionsmittel, die Arbeitsteilung und die Behandlung menschlicher Arbeit als Ware abschafft.

1.6 Anfragen und Rückfragen

Marx definiert wahres Menschsein als das kämpferische, veränderte Eintreten für den künftigen Zustand einer humanen klassenlosen und gewaltlosen Gesellschaft. Der Mensch ist dann wahrhaft Mensch, wenn er tätig zum Fortschritt der Menschheit beiträgt.

- Wie steht es aber dann mit jenen Menschen, die nicht an diesen Zielen mitarbeiten können, weil sie unheilbar krank, verkrüppelt oder zu alt sind? Werden sie nutzlos für die anderen? Sind sie von dem wahren Menschsein ausgeschlossen?
- Wie steht es mit jenen Menschen, die an dieser Aufgabe zerbrochen sind, versagt haben und schuldig wurden? Ist ihr Leben verpfuscht und vertan? Haben sie vergeblich gelebt?
- Wird aber damit das jetzige Leben nicht zur bloßen Vorstufe eines künftigen und besseren Lebens und damit unter der Hand weniger wichtig, ja gleichgültig?
- Rechtfertigt das künftige Reich der Freiheit die jetzigen Opfer und Leiden? Ist es zu rechtfertigen, daß Menschen jetzt leiden, damit es andere in der Zukunft besser haben?

Marx ordnet das Einzelwesen der Gattung unter und spricht ihm nur Sinn und Erfüllung zu als es sich den Zielen der Gattung fügt und für den Fortschritt der Gemeinschaft eintritt. Der Mensch ist wahrhaft Mensch, wenn er sich mit der menschlichen Gemeinschaft identifiziert und sein Leben zu ihrem Leben macht.

- Wird aber damit das Individium nicht zu einer bloßen Funktion, Mittel zum Zweck?
- Gerät der Einzelne dadurch nicht unter einen ungeheuren Anpassungs- und Konformitätsdruck? Wie kann er seine Individualität darstellen?
- Werden damit nicht Krankheit und Versagen zu bloßen Funktionsstörungen, ja der Tod zum bloßen Funktionsende? Wird das aber der Bedeutung der Ereignisse für das menschliche Leben gerecht?
- Wird damit partnerschaftliche Liebe nicht auch funktionalisiert und nur insoweit als sinnvoll anerkannt, als es der Gemeinschaft dient? Geht partnerschaftliche Liebe aber darin auf?

Marx bestimmt den Menschen primär als tätiges, aktives, veränderndes Wesen. In der produktiven Arbeit ist er erst wirklich bei sich selbst. Alles was ihm begegnet kommt daher in den Blick als "Gegen-stand", der als veränderbar begriffen wird und unter den Anspruch gerät überwunden zu werden. Gegenstände geben Anlaß zu Widerstand.

- Ist aber alles, was dem Menschen begegnet veränderlich oder gibt es nicht auch unveränderliches?
- Welche Bedeutung haben dann nicht auszugleichende Ungleichheit, Behinderung, Schuld und Tod? Kommen nicht auch sie unter den Anspruch, selbst wieder tätig verändert werden zu müssen? Ist hier und immer nur Widerstand angebracht?
- Wohin führt es, wenn die Natur nur unter dem Anspruch der Veränderung und des Widerstandes wahrgenommen wird?
- Wohin führt es, wenn auch der Mitmensch unter diesen Anspruch gerät? Wird er dann nicht zu einem manipulierbaren Gegenstand?

Marx sieht in der Arbeitsteilung und dem daraus resultierenden Privateigentum den Grund für die Entstehung von Klassengesellschaften und damit den Grund für die Entstehung von Ungerechtigkeit, Unfreiheit, Ausbeutung und Unterdrückung.

- Ist damit aber das Phänomen des "Bösen" schon hinreichend erklärt? Stecken dahinter nicht noch weitere Motive wie Besitzgier, Machtstreben, Egoismus und schließlich wohl auch noch eine grundlegende Angst? Wie sind aber diese "Hintergründe" zu erklären? Sind diese Triebfedern menschlichen Handelns durch soziale Veränderung abschaffbar?
- Kann der Mensch tatsächlich durch soziale Veränderungen hin zum Guten bestimmt werden? Wird Marx hier nicht allzu idealistisch?
- Kann sich der Mensch aus Egoismus, Machtstreben, Angst selbst befreien? Wie wird er frei von dem "Gefängnis seiner Angst"?

Marx geht aus von der Notwendigkeit eines historischen Fortschrittes und begründet darin die Gewißheit einer besseren Zukunft.

- Ist dieser Fortschritt wirklich so gewiß wie Marx ihn versteht?
- Belegt die Weltgeschichte tatsächlich diesen Fortschritt? Oder ist es nicht vielmehr so, daß das Gelingen dieses Fortschrittes erst durch die menschliche Praxis entschieden wird? Was begründet aber dann die Hoffnung auf Erfüllung? Etwa der sich selbst erzeugende Mensch?
- Ist dem menschlichen Planen und Handeln tatsächlich zuzutrauen, daß sie eine erfüllte Zukunft verwirklichen? "Auf längere Zeit pflegt das, was geschieht, keiner so vorhergesehen und keiner so gewollt zu haben. Erfahrung lehrt, daß niemand seine eigentlichen Ziele tatsächlich erreichen wird..." (Tödt). Wird hier nicht ein Wunschdenken deutlich, das an der Erfahrung nicht festgemacht werden kann?
- Was rechtfertigt aber dann Opfer und Leiden? Was rechtfertigt dann den Tod von Kindern? Die Aussicht auf eine letztlich doch ungewisse Zukunft?

Marx versteht den Menschen als tätig veränderndes Wesen, als "homo faber", als "faber suae fortunae" (Schmied seines Glückes) und damit als ein Wesen, das dazu bestimmt ist, selbständig, autonom sein Leben zu führen und sich selbst zu erzeugen.

- Ist aber der Mensch tatsächlich Herr seiner selbst und Schöpfer seines Lebens? Selbst die besten Pläne gehen oft nicht auf, noch so gut vorbereitete Handlungen scheitern, das Gelingen unseres Handelns steht offensichtlich nicht in unserer Hand, Erfolg und Mißerfolg hängen nicht immer von der Größe unseres Einsatzes ab "Arbeit geht auf ein Gelingen. Das Gelingen fordert unsere ganze Kraft, steht aber nicht in unserer Kraft. Ob unser Werk gelingt, - ob es hält, was wir uns mit ihm versprochen haben, - was im Ensemble der übrigen Wirklichkeit, als gewirktes uns entzogen weiter wirkt, - dies alles steht nicht in unserer Hand". (Gollwitzer).
- Erfährt der Mensch nicht in Geburt und Tod, Krankheit und Versagen, ja selbst in seinen Fähigkeiten und Möglichkeiten, daß er sich nicht selbst in der Hand hat, sondern immer es auch mit Unverfügbarem zu tun hat?

- Wohin führt das? Wird hier nicht Versagen und Scheitern zum Defizit an Selbstverwirklichung, das nur durch erneute Anstrengung zu kompensieren ist? Kommt dadurch der Mensch nicht unter einen enormen Leistungsdruck?

1.7 Theologische Reflexion

(1) Marxismus und Christentum zeigen unbestreitbare *Konvergenzen*. Diese zeigen sich in

- der Ausrichtung des Lebens auf eine Zukunft, die Heil und Vollendung verspricht,
- der Sicht der Welt als Geschichte, in der sich neues ereignet und in der qualitativ anderes "zu-kommt",
- die Ausrichtung auf den neuen Menschen, der mit sich selbst versöhnt ist von dem her der jetzige als "alt" und "vergänglich" definiert wird,
- dem Widerspruch gegen alle Formen der Unterdrückung und Ausbeutung des Menschen, gegen Ungleichheit, Ungerechtigkeit und Unfreiheit sowie dem Einsatz für Freiheit und Gerechtigkeit,
- der Bestimmung des Menschen als freies Wesen, das überall zu achten ist,
- der Sicht des konkreten und wirklichen Menschen als von sich selbst entfremdetes Wesen und damit die Bestimmung der Welt also nicht erlöst und auch nicht vollkommene Welt,
- dem betonten Hinweis auf die Verantwortung des Menschen für sein Dasein und die ganze Welt,
- der Sicht des Menschen als tätiges, arbeitendes Wesen, das in seinem Handeln und Denken Ausdruck gibt von der Hoffnung auf ein "Neues Sein",
- der Sicht des Menschen als natürliches und gesellschaftliches Wesen, das auf die Natur und die Mitmenschen bezogen ist,
- der Einschätzung der Arbeit als nur menschlich, wenn sie einen Sinn hat und dem ganzen Menschen entspricht,
- der Auffassung, daß Wahrheit praktisch werden muß und der Einsatz für das Humanum praktisch ist.

(2) Mit aller Deutlichkeit und vor dem Hinweis auf Divergenzen soll auf das hingewiesen werden, *was Christen von Marx lernen können* und sollen. Nämlich, daß

- Sünde oder "das Böse" nicht nur in individuellen Handlungen, sondern in gesellschaftlichen vornehmlich ökonomischen Strukturen seinen Ausdruck findet,
- Ungerechtigkeit und Unfreiheit nicht einfach hinzunehmen sind, sondern durch Menschen verändert und abgeschafft werden können,
- der christliche Glaube immer Unglauben wird, wenn er ungerechte Verhältnisse rechtfertigt, Elend und Armut verklärt, herrschende Interessen verteidigt, veränderndes Handeln lämt, stabilisierendes Handeln ermutigt, Vollständigkeit und Selbstbewußtsein unterdrückt, den Menschen vereinzelt.

(3) Dennoch müssen auch *Divergenzen* mit der biblisch-christlichen Tradition benannt werden. Mit der biblisch-christlichen Tradition ist zu betonen, daß die menschliche Existenz zu verstehen ist als ein ständiges Miteinander von Empfangen und Tun, von Passivität und Aktivität und zwar in dieser unumkehrbaren Reihenfolge. Das Empfangen gehört zu den grundlegenden Erfahrungen des Menschen. Er verdankt sich zunächst einmal einem anderen und ist auf die Zuwendung anderer angewiesen. Das Menschsein ruht auf Vorgaben, die nicht verfügbar sind. Selbst das Können und die Kraft etwas zu tun sind Begabungen. "Alles Können ist gegebenes Können, alle Kraft gegebene Kraft" (Gollwitzer). Menschliches Dasein ist also in letzter Konsequenz verdanktes Dasein, ein Dasein, das seinen Ursprung aber auch sein Gelingen und Scheitern letztlich nicht in der eigenen Hand hat und daher "unbegreiflich" ist.
Der Mensch wird aber erst wahrhaft Mensch, wenn er seine Vorgaben dankend und ver-

trauend als gnädige Gaben Gottes empfängt und wahrnimmt.
Der Schöpfungsgedanke aber macht den Menschen nicht bloß zu einem Empfangenden, sondern auch zu einem "Macher". Die Gaben wollen verwendet werden. "Das göttliche Wirken zielt auf unser Wirken" (Gollwitzer). Der Mensch ist dazu beauftragt, die Erde in Verantwortung vor Gott zu verwalten und zu gestalten. Diese Verantwortung ist jedoch nicht grenzenlos: Die Verantwortung für das Ganze ist dem Menschen nicht auferlegt. Der Mensch ist "Cooperator dei", er kann und darf auf das rettende, bewahrende und segnende Handeln Gottes rechnen. Der Mensch ist davon befreit, alles perfekt machen zu müssen und überdies: Er darf wissen, daß dort, wo Menschen versagen und schuldig werden, ein Neuanfang möglich ist.

Literatur:

Walter Schulz, Philosophie in der veränderten Welt, 1972, 553ff.
Helmut Gollwitzer, Krummes Holz - aufrechter Gang, 1970, bes. 363ff.
ders., Die marxistische Religionskritik und der christliche Glaube, 1975, bes.97ff.
Hans Küng, Existiert Gott? 1978, 251ff.
Heinz Eduard Tödt, Verwissenschaftliche und verantwortete Wirklichkeit, in: Der Spielraum des Menschen, GTB 337, 1979, 14-30
Heinz Zahrnt, Gott kann nicht sterben, 1970, bes. 135-138,250ff.

2. Friedrich Nietzsche, Der Übermensch

2.1 Ausgangspunkt

Ausgangspunkt der anthropologischen Aussagen von Nietzsche ist der Zusammenbruch der abendländischen Metaphysik: "Gott starb". Die Wirklichkeit ist eine trostlose Leere, ein aussichtsloser Raum und ein bodenloses Nichts. (Vgl. die Bilder des ausgetrunkenen Meeres, des weggewischten Horizontes und der von der Sonne losgeketteten Erde in der "Parabel vom tollen Menschen").
Es gibt weder verbindliche Orientierungen noch absolute Gewißheiten mehr. Das "Gute" das "Eine" und das "Wahre" sind nichts anderes als der Ausdruck subjektiver Wünsche und Triebe, kurz:Erfindungen des Menschen. Selbst die eigene Vernunft, das eigene Bewußtsein, das eigene Ich sind Erfindungen des Menschen.

2.2 Der Mensch

"Der Mensch ist ein Seil, geknüpft zwischen Tier und Übermensch- ein Seil über dem Abgrund". Der Mensch ist dazu bestimmt, überwunden zu werden und unterzugehen. Es ist ein Übergang, es kann nicht so bleiben, wie es ist. Auf der einen Seite hat das Menschsein Anteil am Niedrigen (Wurm) und Animalischen (Affe), auf der anderen Seite liegt vor ihm der neue Mensch, der Übermensch. Auf diesen läuft alles zu, er ist "der Sinn der Erde". Die menschliche Existenz ist ungeboren und ungesichert, sie hat keinen Halt und keinen Grund. Der Blick in die "Tiefe" ist ein Blick in den Abgrund, er gibt Anlaß zum Schaudern und läßt die Gefährlichkeit und die Schrecklichkeit des menschlichen Daseins erkennen. Der Mensch hat keinen Grund außer sich selbst. Der Mensch ist Teil einer großen "Flut", die blind und zufällig, maßlos und ungeformt nach vorne drängt und nichts beim alten läßt. Das "Leben" kennzeichnet eine treibende, schaffende, richtungslose, unerschöpfliche und überschüssige Kraft, die eins ist mit dem "Willen zur Macht". Der Mensch ist ein Triebwesen.
Das menschliche Leben zeichnet sich aus durch ein ständiges Zerstören, Neuschaffen und Überwinden. "Und dies Geheimnis redet das Leben selber zu mir: 'Siehe', sprach es, 'ich bin das, was sich immer überwinden muß'."

2.3 Der Übermensch

Der Übermensch hält der Abgründigkeit und der Nichtigkeit des Daseins stand, ohne in überirdischen Hoffnungen Trost zu suchen. Er strebt nicht mehr nach vorgeordneten Zielen und Werten, sondern setzt diese selbst. Der Übermensch zerbricht die alten Tafeln und schreibt neue. Alles was er tut, begründet er mit seinem eigenen Willen, er verläßt sich nur auf sich selbst und sieht in der Erfüllung seines eigenen Willens

sein einziges Ziel. Der Übermensch ist sich selbst Grund, Halt und Ziel. Nach dem Tode Gottes nimmt er selbst die Stelle Gottes ein.
Der Übermensch bleibt "der Erde treu" und nimmt das Vorfindliche an. Er glaubt nicht an Trost und Ausgleich; er weiß, daß es nicht möglich ist, "der Erde zu entschlüpfen". Er bejaht das Leben in seiner zufälligen, sinnlosen Gestalt. Dieses Ja geht sogar so weit, daß er selbst die "ewige Widerkehr" dieses Lebens freudig begrüßt.
Der Übermensch ist Leib "ganz und gar, und nicht außerdem". Die Leibspäre, die drängenden überschüssigen Triebe und Begierden, die leidenschaftliche Suche nach Lustgewinn, das schonungslose "noch mehr" ist Grundlage seines Handelns. Die "Seele", die beanspruchte, den Leib begrenzen, führen und kontrollieren zu können, ist zu verachten, denn "Seele ist nur ein Wort für ein Etwas am Leib".
Der Übermensch verachtet das Christentum, das jenseitigen Trost verheißt und Lebens- und Leibesverachtung predigt. Die Verachtung gilt aber gleichermaßen den "Ersatzgöttern", die sich der neuzeitliche, atheistische Mensch schuf, um die Folgen des Todes Gottes nicht wahrzunehmen. Er verachtet das Streben nach Glück ebenso wie eine interessenlose Vernunft. Ein rationales, zweckloses Denken gibt es nicht, denn auch dahinter stehen "Instinkte", Wertschätzungen und Interessen, die nicht in der Natur der Sache, sondern in der Leiblichkeit des Menschen begründet sind und im Willen zur Macht wurzeln. Tugend und Moral sind ihm ebenfalls gleichgültig. Ihre Voraussetzung, der Gegensatz von Gut und Böse, ist ebenso nichtig wie der Gegensatz von Wahr und Falsch. Auch Gerechtigkeit und Nächstenliebe bzw. Mitleiden verdienen Verachtung. Denn wohin führen sie? Nächstenliebe widerlegt sich selbst, sie führt zum Kreuz.
Doch der Übermensch bleibt nicht in der "großen Verachtung" stehen, er ist ein "Meer", er spült sie weg und macht sie "über-flüssig".

2.4 Motive, Interessen und Verhaltensvorschriften

Zarathustra- und damit Nietzsche- tritt auf als Prophet, um die Menschen über ihre wahre Lebenssituation aufzuklären und die Abgründigkeit, Sinnlosigkeit und Zufälligkeit des Daseins bewußt zu machen. Er will die Menschen "lehren", wahrhaft Mensch, nämlich Übermensch zu werden. Deshalb fordert er die Menschen auf, ja er beschwört sie

- sich selbst zu überwinden, "Seil" zu sein und über den Abgrund zu gehen,
- der Erde mit all ihren Notwendigkeiten, Grenzen, Widersprüchen treu zu bleiben und nicht zu entfliehen,
- Übermensch sein zu *wollen* und den "Sinn der Erde" als eigenen Willen zu bejahen,
- überirdischen Hoffnungen abzusagen,
- das Leben anzunehmen, so wie es ist,
- die Leiblichkeit, freudig zu bejahen,
- Glück, Vernunft, Tugend, Gerechtigkeit und Nächstenliebe zu verachten und selbst noch das kleinste Stück Behaglichkeit als nichtsnutzig und gleichgültig abzutun,
- ohne Rücksicht zerstörend und verzehrend, begehrend und rasend, schaffend und überwindend nach vorne zu streben.

Doch all das geschieht in Verbundenheit mit dem Menschen: "Ich beschwöre euch, *meine Brüder*.." Aus "Liebe zum Menschen" macht sich Zarathustra auf den Weg; um ihnen ein "Geschenk" zu machen, verläßt er die Einsamkeit der Wälder und der Berge - die doch Nietzsche so sehr liebte.
Absicht dieser Reden ist es zu lehren, wie mit der eingetretenen Zerstörung zu leben ist, ohne "an der Erde zu frevlen". Nicht, um einen Nihilismus zu predigen geht Nietzsche auf den "Markt" der Öffentlichkeit. Er wendet sich an die Menschen, um sie zu "erlösen" und ihnen zu zeigen, wie der Nihilismus durch einen "übermenschlichen" Mut überwunden werden kann.

2.5 Rückfragen und Anfragen

An Nietzsche wären u.a. folgende Fragen zu stellen:

- Wohin führt die Lehre vom Übermenschen?
  Führt das rücksichtslose und schrankenlose Streben nach immer mehr Leben nicht zuletzt zu einer Einbuße an Leben, die noch die übertrifft, die ein asketischer Umgang mit dem Leben zur Folge hätte?
- Woher nimmt Nietzsche den Mut, der Abgründigkeit des Daseins standzuhalten? Warum verzweifelt er nicht?
- Ist es wirklich zwingend, angesichts der Sinnlosigkeit alle Hoffnung aufzugeben? Könnte erfahrene Sinnlosigkeit nicht auch als Aufgabe verstanden werden?
- Ist es wirklich ausgemacht, daß es eine Aussicht auf ein besseres, sinnvolles Leben nicht gibt? Entspricht die Lehre von der ewigen Wiederkehr des Gleichen tatsächlich der Wirklichkeit? Oder entspringt sie dem Bedürfnis von Nietzsche, die Überzeugung von der Sinnlosigkeit abzusichern?
- Wie will sich Nietzsche mit seinen Mitmenschen über ein gemeinsames "übermenschliches" Handeln einigen, wenn jeder nur sich selbst Grund, Halt und Ziel ist? Wie will er das: gemeinsam mit anderen "der Erde treu bleiben"?
- Wie begründet Nietzsche seine "Liebe zu den Menschen", wie den Wunsch, sie aufzuklären und zu erlösen? Gerät er dabei nicht in Widerspruch zu dem, was er inhaltlich sagt?
- Sind Erfahrungen des Glücks und der Liebe tatsächlich nur Einbildung und deshalb ein "erbärmliches Behagen"? Ist die Wirklichkeit nicht eher ambivalent, so daß Menschen sowohl sinnlose wie auch sinnvolle Erfahrungen machen können?

2.6 Theologische Reflexion

Der Vergleich mit dem christlichen Glauben zeigt zunächst einmal auch *Konvergenzen*, wenngleich nicht immer die, die Nietzsche selber anerkennen würde. Sie zeigen sich u.E. in

- dem Eingeständnis, daß es Sinnlosigkeit und Widersprüchlichkeiten im Leben gibt, Menschen daran leiden und daran selbst unerschütterlich scheinende Gewißheiten fraglich werden,
- der Betonung, daß das irdische Leben um seiner selbst willen wichtig ist,
- der Sicht des Menschen als ein noch nicht fertiges, werdendes Wesen,
- der Absage an einen Glauben, den Sinn des Lebens durch vernünftige Erkenntnis erfassen und somit existenzielle Gewißheit erlangen zu können,
- der Überzeugung, daß der Mensch für den weiteren Gang seiner eigenen Geschichte verantwortlich ist.

Das jeweilige Verständnis wahren Menschseins zeigt aber auch grundsätzliche *Divergenzen*. Während Nietzsche in dem sich selbst Grund, Halt und Ziel gebenden Menschen das Menschsein sich erfüllen sieht, ist nach dem christlichen Glauben "erfülltes Leben... ein Leben, das nicht um sich selbst kreist, das in offenen Beziehungen zu den anderen gelebt wird, das sich von anderem Leben in Anspruch nehmen läßt, das Liebe gibt..., das geliebt wird, weil es Liebe gibt" (Gollwitzer).
Das Leben ist nicht "an sich" sinnvoll, darin muß Nietzsche recht gegeben werden, *es kann aber sinnvoll werden*. Es wird sinnvoll, wenn der Mensch frei wird von der Sorge um sich selbst und aufmerksam, ja offen wird für den anderen, den Mitmenschen, die Pflanzen, die Tiere, die ganze Erde. Das Leben wird sinnvoll, lohnend und erfüllt, wenn der Mensch den anderen als "Anspruch" an sich selbst wahrnimmt, ihn als bedürftigen Nächsten und als "Aufgabe" versteht.
Das Leben wird sinnvoll, wenn dem anderen ein Anspruch auf mich zuerkannt wird und ich mir von dem anderen etwas nehmen lasse. Dahinter steht die Überzeugung, daß alle Geschöpfe aufeinander angewiesen und demgemäß einander aufgegeben sind. Ihr Dasein erfüllt sich in einem Geben, das nicht um der Rückzahlung willen geschieht und einem Nehmen, das sich nicht um die Rückzahlung sorgt; wo aber alle zu geben und alle zu nehmen haben (vgl. das Gleichnis vom barmherzigen Samariter) entsteht das gegensei-

seitige Vertrauen, daß nichts verloren geht und nichts umsonst ist. Es entsteht ein Leben, das nicht mehr von der Sorge um sich selbst bestimmt ist, sondern von sich selbst weg auf andere schaut. Der Mensch wird jedoch nur frei von sich selbst, wenn er sich darauf einläßt, daß er in der offenen Beziehung zum anderen nicht verloren geht, sondern trotz Rückschlägen, Zweideutigkeiten und Widersprüchen liebenswert bleibt. Der Grund für ein solches Vertrauen liegt jedoch nicht in der vorgegebenen Wirklichkeit, sondern allein in dem Versprechen, daß der Mensch zu einem erfüllten, sich lohnenden Leben bestimmt ist.
Hier tritt der christliche Glaube in einen entschiedenen Gegensatz zu Nietzsche: Die Welt bleibt nicht, wie sie ist; ihr ist ein erfülltes Dasein in Aussicht gestellt. Diese Hoffnung ist jedoch keine Illusion, sie kann bewahrheitet werden: Wer sich auf dieses Versprechen verläßt und entsprechend die Wirklichkeit wahrnimmt, der wird erfahren, daß Liebe und Erfüllung keine leeren Worte, sondern reale Möglichkeit sind und zum Hoffnungszeichen für eine endgültige zukünftige Erfüllung werden. Wer dagegen diesem Versprechen mißtraut und sich nicht darauf verläßt, der wird die Wirklichkeit "mißtrauisch" wahrnehmen und ganz andere Erfahrungen machen. Liebe und Erfüllung bleiben ihm verschlossen. Die Wahrheit des christlichen Glaubens ist kein demonstrierbares Faktum, sie kann nur im Lebensvollzug erfahren werden. Nietzsche wäre zu fragen, ob er nicht aus einem Vor-Urteil lebt, das ihm neue, sinnvolle Möglichkeiten verschließt. Denn "If men define situations as real, they are real in their consequences" (Thomas Theorem).

Literatur:

Helmut Gollwitzer, Krummes Holz - Aufrechter Gang, 1970, bes. 83ff.
Hans Küng, Existiert Gott? 1978, 383ff.
Walter Schulz, Philosophie in der veränderten Welt, 1972, 408-418
Ulrich Neuenschwander, Gott im neuzeitlichen Denken, Bd. 2, GTB 244, 1977, 134ff.

3. Arnold Gehlen, Das Mängelwesen

3.1 Die Fragestellung

Arnold Gehlen fragt durchaus noch im Sinne der Tradition nach dem "Wesen" des Menschen. Allerdings will er diese Frage anders beantworten als noch die Anthropologie des 19. Jahrhunderts. Worin das Wesen bzw. die Natur des Menschen besteht, kann nicht mehr von spekulativen Vorurteilen und Vorgriffen hier erhellt werden. Es muß durch wissenschaftliche Untersuchungen festgestellt werden, die empirisch vorgehen und den Menschen unvoreingenommen untersuchen. Während jedoch Wissenschaften, wie z.B. die Biologie, bei Untersuchungen von Einzelphänomenen stehenbleiben, sucht die Philosophie, diese in grundsätzlicher Hinsicht zusammenzufassen, deren Zusammenhang herauszustellen und somit eine "Gesamttheorie des Menschen" zu formulieren.

3.2 Die Sicht des Menschen

Literatur:

Arnold Gehlen, Anthropologische Forschung, rde 138, 1961, bes. 44-54; 55-68

3.3 Motive und Absichten

Gehlen will eine empirische Anthropologie entwerfen, die den carthesischen Dualismus von Leib und Seele bzw. beseeltem Leib und Geist (so bei Scheler) zu vermeiden sucht und metaphysische Fragen ausklammert. Eine philosophische Anthropologie darf daher nur solche Aussagen zulassen, die verifizierbar sind, d.h. mit Hilfe von empirisch-methodisch gesicherten Erkenntnissen belegt werden können. Aussagen, die nicht empirisch überprüft werden können, gelten als unbeantwortbar, dichterisch, dogmatisch und voreingenommen.
Zeigt sich hier aber nicht ein Mißtrauen an der Fähigkeit des Menschen zu "spekulieren"? U.E. kennzeichnet die Anthropologie Gehlens ein Bedürfnis nach gesicherter

Erkenntnis über den Menschen. Da der Mensch aber "nicht mehr Herr im eigenen Hause ist" (vgl. Freud, 3. Kränkung der menschlichen Eigenliebe) kann er diese Sicherheit über sich selbst nur mit Hilfe "unbestechlicher nicht zu täuschender Verfahren gewinnen, die in der empirischen Wissenschaft Anwendung finden".
Gehlen will alle fachwissenschaftliche Erkenntnisse vom Menschen in ein einheitliches Bild vom Menschen zusammenfassen. Philosophische Anthropologie muß daher die "anatomisch-biologische Seite" und die "kulturkundlich-völkerkundliche-soziologische Seite" des Menschen aufeinanderbeziehen und vereinheitlichen. Gerade damit will Gehlen die dualistische Organisation der Wissenschaften vom Menschen überwinden. Gehlen geht es um die Einheit des Menschen. Gehlen will damit die Einmaligkeit und Besonderheit des Menschen hervorheben und darstellen. Dies kann jedoch nur im Vergleich mit den Tieren geschehen, mit denen der Mensch durch den Selbsterhaltungstrieb verbunden ist. Gerade aber in der Art und Weise, wie der Mensch sich selbst erhält, kommt die Sonderstellung des Menschen zum Ausdruck (nämlich durch selbsttätiges Handeln). Durch die Anthropologie soll deutlich werden, wodurch es den Menschen möglich gemacht wird, sich am Leben zu erhalten.
Ein weiteres Motiv Gehlens wird deutlich, wenn man auf die Personengruppe schaut, die Gehlen ablehnt. Es sind dies jene, die "protestlerische Selbstbetonung" üben und "unter allen Umständen Persönlichkeit" zeigen wollen. Gehlens Ausführungen wollen offenbar das Ausspielen der Subjektivität und die Dauerreflexion kritisieren, wie sie vor allem in Kreisen "freischwebender" Intellektueller gepflegt werden.

3.4 Präskriptive Komponenten

In Form von Aufforderungssätzen -und damit sehr überspitzt- könnten die Verhaltensvorschriften lauten:

- Entgifte die Natur! Mache sie handlich und verändere sie so, daß sie dir lebensdienlich wird! Beherrsche die Natur!
- Erfülle die Anforderungen der Gesellschaft! Akzeptiere gesellschaftliche Institutionen!
- Entwickle *innerhalb* der Umstände deine Einmaligkeit und Persönlichkeit!
- Laß ab von dem Versuch, dich gegen den "in der Tat ganz außerordentlichen Disziplinierungsdruck industrieller Massengesellschaften" zu stellen, und dein Selbst zu betonen und "unter allen Umständen Persönlichkeit sein zu wollen"!

3.5 Grundansichten vom Menschen und einem wahren Menschsein

Gehlens Ausführungen sind geprägt von einer bestimmten Grundansicht vom Menschen: Alles was er tut, steht unter dem Zwang, sich selbst am Leben zu erhalten und seine Mängel (seine Schwächen!) zu kompensieren sowie sein Dasein zu beherrschen. (Darum muß Gehlen auch jene Anthropologie ablehnen, die das Wesen des Menschen im Denken begründet sehen. Denken ist für ihn nur funktional zu verstehen. Es steht im Dienst der Lebenserhaltung und der Daseinsbeherrschung, ein reines, inneres, zweckfreies Denken entspricht nicht dem wirklichen Menschen).
Mit dieser Grundansicht des Menschen ist aber eine bestimmte Sicht des wahren Menschseins verbunden. Der Mensch ist wahrhaft Mensch, wenn er

- aktiv ist und selbstätig die Natur verändert, sich sie lebensdienlich macht und somit sein Leben von Belastungen entlastet,
- sein Dasein beherrscht, indem er es bewußt plant und willentlich steuert,
- die Notwendigkeit gesellschaftlicher Institutionen anerkennt, sich ihnen ein- und unterordnet und in ihnen seine Persönlichkeit und Einmaligkeit darstellt.

3.6 Rückfragen

Gehlen fordert aber zu Rückfragen heraus:

(1) Ist tatsächlich alles, was der Mensch tut, durch den Selbsterhaltungstrieb bestimmt? Ist es nicht auch so, daß sich menschliches Leben gegen das Prinzip der Selbsterhaltung vollziehen kann? Handelt es sich hier nicht bei Gehlen um eine metaphysische Setzung?

(2) Ist der Mensch tatsächlich ein ausschließlich handelndes Wesen? Ist der Mensch nicht auch ein leidendes Wesen? Welchen Stellenwert haben für Gehlen Krankheit, Schmerz, Leid, Hunger, Bedrängnis, Verbitterung und Unterdrückung?

(3) Ist es wirklich so, daß menschliches Handeln das Leben erhält? Steckt darin nicht ein hohes Maß von Agressivität, die gerade auch das Leben zerstören kann? Die "entgiftete, handlich gemachte... Natur" ist doch, wie wir heute sehen, die durch den Menschen vergiftete, verpackte und zerstörte Natur! Und überdies: Ist die Natur wirklich so "giftig", d.h. lebensfeindlich, wie Gehlen sie sieht?

(4) Kann der Mensch wirklich sein Handeln bewußt planen und willentlich steuern? Zeigen nicht Erfahrungen der Menschen, daß selbst die besten Pläne scheitern können und auch der gute Wille versagen kann?

(5) Ist die Natur tatsächlich bloß Objekt menschlicher Verfügung? Kommt ihr nicht auch Subjektivität und Einmaligkeit zu? Ist der anthroprozentrische Charakter der Sicht des Menschen bei Gehlen wirklich berechtigt?

(6) Bedarf die Bejahung der Institution nicht einer Differenzierung? Ist jede Institution schon "lebensdienlich"? Dann könnte jede Gesellschaftsverfassung damit gerechtfertigt werden! Gehlen hat diese Gedanken schon 1942 in dem Aufsatz "Ein Bild vom Menschen" dargelegt. Hätte er inzwischen nicht dazu lernen müssen?

(7) Steckt hinter der Polemik gegen freischwebende Intelektuelle, die auf Reflexion, Subjektivität drängen, nicht ein irrationales Ordnungsdenken? Soll die Einordnung der Gesellschaft aufgrund ihrer Machtansprüche geschehen oder aufgrund rationaler Einsicht?

(8) Ist das Vertrauen in wissenschaftliche Forschung gerechtfertigt? Ist es nicht auch so, daß deren Erkenntnisse der Reflexion und Kritik bedürfen? Worin gründet aber dann diese Reflexion, wenn die "spekulative" Vernunft kein Vertrauen mehr verdient?

3.7 Theologische Reflexion

Ganz gewiß wird Theologie bei Gehlen *Konvergenzen* zu ihren Einsichten finden. So z.B. in

- dem Auftrag des Menschen, die Natur zu beherrschen und darin zu arbeiten,
- der Nichtfestgelegtheit und der Offenheit des Menschen. (Der Mensch ist nicht determiniert, sondern hat Freiheit zu antworten),
- der Bedeutung von Werten und Normen für das menschliche Zusammenleben als "stabilisierenden Außenstützen",
- der Sonderstellung des Menschen gegenüber den Tieren und der übrigen Natur,
- der Einsicht, daß Menschen etwas brauchen, worauf sie sich verlassen können.

Im Hinblick auf die gemeinsame Suche nach dem wahren Menschsein und der Verantwortlichkeit beider für die Menschlichkeit des Menschen wird Theologie doch auch auf die *Divergenzen* mit der biblisch-christlichen Tradition hinweisen.

(1) Der Schöpfungsauftrag (Gen 1,26ff; Gen 2,15) stellt das Handeln des Menschen in die Verantwortung vor Gott und gibt damit dem menschlichen Handeln eine innere Orientierung und Ausrichtung, die über die Selbsterhaltung hinausgeht. Gleichzeitig damit bekommt die Sonderstellung des Menschen eine bestimmte Deutung, die ihn in ein bestimmtes Verhältnis zur übrigen Schöpfung setzt (vgl. auch Psalm 8).

(2) Das Gebot Nächstenliebe (Mt 22, 34ff. Lukas 10, 25ff) weist daraufhin, daß wahres Menschsein nicht in der Selbsterhaltung gründet, sondern im "Dasein für Andere".

(3) Weitere gegenläufige Perspektiven eröffnet Mt 18, 3. "Wahrlich ich sage euch, wenn ihr nicht umkehrt und werdet wie die Kinder, werdet ihr nicht in das Himmelreich kommen". Wer den Weg zum Glück finden will, der muß offensichtlich auf die Kinder schauen. Nicht weil sie unberechnenbar und spontan sind, sondern weil sie eine andere Grundhaltung zum Leben wiederspiegeln, nämlich die des Empfangens (vgl. Markus 10, 15). Grundlage gelingenden Lebens ist demnach nicht die Handlung, das Werk, die Leistung, sondern das Empfangen, das Annehmen. Empfangen kann aber nur, wer bedürftig ist. Im Kindheitsevangelium verspricht Jesus gerade denen das Reich Gottes, die nichts vorzuweisen haben (vgl. auch die Seligpreisungen), sondern mit leeren Händen, arm und vor Gott stehen (vgl. auch Barlachs Plastik "Der Gläubige"). Gegen Gehlens exklusive Bestimmung des Menschen als tätiges, handelndes, schöpferisches, sich behauptendes Wesen wäre auf die Empfänglichkeit und Bedürftigkeit des Menschen zu verweisen. Gelingendes Leben wird erst dem zuteil, der weiß, daß er bedürftig und auf andere angewiesen ist und sich etwas schenken lassen kann und weiß, daß er sich etwas schenken lassen kann. Glücklich wird der, der sein Leben nicht auf sein eigenes Tun gründet, sondern sein Leben dankbar als Geschenk annimmt. "Empfangen geht vor Handeln" (Heinz Zahrnt). Glücklich wird der, der wie die Kinder, in Angst und Schmerz weiß, daß er sich in den Schoß der Liebe zurückfallen lassen kann (vgl. Günter Altners Betrachtung zu Karfreitag).
Der Hinweis auf die Kinder wendet sich aber auch gegen die Sicht gesellschaftlicher Institutionen. Kinder sind vor allem bedürftige, schwache Wesen, die auf Hilfe und Unterstützung angewiesen sind. Sie sind noch nicht fertig, sie sind noch im Werden, sie müssen fürsorglich behandelt werden. Sie brauchen zum Leben vor allem Liebe, Zuneigung und Verständnis. "Forderungen", ein "außerordentlicher Disziplinierungsdruck", "Ansprüche" zerbrechen Kinder und verhindern die Entwicklung einer einmaligen, besonderen und liebenswürdigen Persönlichkeit. "Kinder, das wissen wir alle, leben aus der Liebe und sie verkümmern und verkommen, wenn sie elterliche Liebe entbehren müssen. Bevor ein Kind geboren wird, ist die Liebe da und sie ist - trotz aller menschlichen Schwäche der Eltern - dem Werden und Wachsen des Kindes immer voraus. Das ist ein tiefes Gleichnis für Gottes dem Menschen voraus seiende und voraus eilende Liebe" (Günter Altner). Eröffnet diese Sicht des menschlichen Daseins nicht aber auch die Möglichkeit, den Anspruch und das Recht gesellschaftlicher Institutionen einzuschätzen und zu beurteilen?

Literatur:

Walter Schulz, Philosophie in der veränderten Welt, 1972, 442-456.457-467.419-420
Christofer Frey, Arbeitsbuch Anthropologie, 1979, 194-211

F. ALTERNATIVE KURSVERLÄUFE

THEOLOGIE UND HUMANWISSENSCHAFTEN IM DIALOG

- Selbstporträts (M 5) Was muß man von "Selbstdefinitionen" halten?
- Der Mensch ist der Affe, der spricht (M 21). Definition des Menschen in der Biologie.
- Der Mensch als Ebenbild Gottes (M 12). Schließen sich Biologie und Theologie gegenseitig aus?
- Der Mensch als sein eigenes Abbild (M 22). Definition des Menschen in der Humangenetik
- Der Schöpfungsauftrag des Menschen (M 12). Die Verantwortung des Menschen für die Schöpfung (M 17) Die Verantwortung des Menschen für das Recht und die Würde des Menschen (M 17)
- Vor der Entscheidung (M 19). Die Definition des Menschen in der Sozialpsychologie
- Verloren doch angenommen (M 14)
- Angst (M 20) Die Definition des Menschen in der Tiefenpsychologie
- Schwach und doch stark (M 15) Die Angst Jesu
- Der Mensch, der das Vater Unser betet (M 26)

THEOLOGIE UND PHILOSOPHIE IM DIALOG

- Selbstporträts (M 5) Was tut ein Mensch, der sich selbst darstellt?
- Sigmund Freud, Drei Kränkungen der menschlichen Eigenliebe (M 9)
- Geschichte abendländischer Anthropologie
- Das Bild des Menschen im Wandel der abendländischen Kunst (M 10)
- Die Nicht-Definierbarkeit des Menschen (M 1; M 11)
- Grundelemente einer Theologischen Anthropologie (M 12 - 16.17)
- Karl Marx, Der Mensch, der sich selbst erzeugt (M 23)
- Vergleich der Marx'schen Sicht des Menschen und der biblisch-christlichen Sicht (Zahrnt M 23)
- Friedrich Nietzsche, Ich lehre euch den Übermenschen (M 24)
- Vergleich der Sicht des Menschen bei Nietzsche und der biblisch-christlichen Sicht (Gollwitzer M 24)
- Arnold Gehlen, Das Mängelwesen (M 25)
- Vergleich der Sicht des Menschen bei Gehlen und der biblisch-christlichen Sicht (Mt 18, 3; M 25)
- Prometheus, Sysiphus, Jesus?

DER HANDELNDE MENSCH
(ANTHROPOLOGIE IN DER ETHIK)

- Drei Kränkungen der menschlichen Eigenliebe (M 9)
- Die ökologische Krise als vierte Kränkung der menschlichen Eigenliebe
- Ökumenische Initiative eine Welt (M 17)
- Im Bauch des Fisches (M 17)
- Gottesebenbildlichkeit und Schöpfungsauftrag (M 12.13)
- Menschenrechtsverletzungen in aller Welt
- Menschenrechtserklärung von Dar es Salam (M 18)
- Menschenwürde und Menschenrecht im Horizont des christlichen Glaubens (M 18)
- Verloren doch angenommen (M 14)
- Von der Freiheit eines Christenmenschen (M 16)
- Ernst Mandel, Warum ich Marxist bin (M 23)
- Karl Marx, Der Mensch, der sich selbst erzeugt (M 23)
- Können Christen und Marxisten zusammenarbeiten?
- Der Mensch als sein eigenes Abbild (M 22)
- Gottesebenbildlichkeit und Schöpfungsauftrag (M 12.13)

MUSS DER MENSCH STARK SEIN?

- Werbeanzeigen, Leistungssport, Personalbeurteilungsbogen (M 2.4)
- Prometheus-Sysiphus (M 6)
- Riemann Angst (M 20)
- Psalm 8 (M 7), Gen 2-11 (M 13) Lk 15 (M 14), 2. Kor 4 (M 15)
- Nietzsche, Der Übermensch (M 25)
- Auseinandersetzung mit Nietzsche

ERWACHSENWERDEN

- Daumenlutscher
- Personalbeurteilungsbogen
- Heirats- und Werbeanzeigen
- Ängste Jugendlicher: Möchte ich erwachsen werden?
- Vor der Entscheidung (M 19)
- Was heißt für den christlichen Glauben erwachsen zu sein? (M 12 - M 18)
- Karl Barth Lebensregeln: ein exemplarischer Erwachsener?
- Wer ist für Marx erwachsen? (M 23)
- Wer ist für Nietzsche erwachsen? (M 24)
- Der Mensch, der betet ist erwachsen (M 26)

HÖCHSTES TIER ODER EBENBILD GOTTES?

- Der Mensch ist der Affe, der spricht (M 21)
- Der Mensch in den Augen Gottes (M 12.13.14)
- Vergleich
- Der Mensch als sein eigenes Abbild (M 22)
- Gottesebenbildlichkeit und Schöpfungsauftrag (M 17. M 7)

WANN IST DER MENSCH WIRKLICH FREI?

- Lindenberg, Huthmacher (M 2) Malboro Werbung (M 2)
- Drop out (M 3)
- Prometheus und Sysiphus (M 6)
- Karl Marx (M 23)
- Antwort des christlichen Glaubens (M 12.13.14.15.16.17.18)

G. KURSVERLAUFSPLÄNE

1. DU SOLLST DIR KEIN BILDNIS MACHEN

ZIELE:

1. Das Recht, die Form, die Möglichkeit und die Grenzen einer Beschäftigung mit dem Menschen bedenken.

2. Konsequenzen für den weiteren Unterrichtsverlauf formulieren und Fragen

Inhalte	Medien Lernverfahren	Didaktischer Kommentar
1. Die Problematik einer Lehre vom Menschen Ratschläge von Frisch für den Umgang mit Menschenbildern: - Sei bewußt, daß man kein umfassendes, abschließendes Bild vom Menschen machen kann. - Sei bereit, auf ganz verschiedene Bilder des Menschen einzugehen und ganz neue Möglichkeiten zu entdecken. - Liebe den Menschen so wie er wird und sei bereit, seine Rätselhaftigkeit auszuhalten - sonst wirst du enttäuscht. - Achte darauf, wo neue Möglichkeiten des Menschen abgeschnitten und Wandlungen ausgeschlossen werden.	Max Frisch, Du sollst dir kein Bildnis machen (M 1) Text lesen anschl. Rundgespräch: - Warum ist es lieblos und ein Verrat, sich ein Bildnis des Menschen zu machen? - Was ist ein Bildnis? - Was bedeutet es, einen Menschen zu lieben? - Was kennzeichnet den Menschen? - Kann der Mensch ohne Bilder leben? - Ist Frisch frei von Bildern? - Was bedeuten diese Ausführungen für den Umgang mit Menschenbildern bzw. anthropologischen Aussagen? - Formulieren Sie einige Regeln, die Sie beherzigen wollen!	Dieser Schritt möchte einführen in die Problematik einer Anthropologie und die folgenden Lernschritte eröffnen. ergänzend: Film: Du sollst Dir keine Bilder machen, FWU, 1977, vgl. Kommentar in Evangl. Erzieher, 3, 1980, 232ff.

2. DEFINITIONEN DES MENSCHEN IN DER ALLTAGSWELT

ZIELE:

1. Definitionen des Menschen in der Alltagswelt entdecken, mit der eigenen Selbstauffassung vergleichen, methodisch untersuchen und kritisch beurteilen.

2. An der Vielzahl unterschiedlicher Definitionen des Menschen in der Alltagswelt die Schwierigkeit einer Anthropologie aufzeigen und Konsequenzen formulieren

3. Offene Fragen sammeln und in Auseinandersetzung mit dem inhaltlichen Aufbau des Heftes einen gemeinsamen Kursverlauf planen.

Inhalte	Medien-Lernverfahren	Didaktischer Kommentar
1. Spiegelbilder des Menschen in der Alltagswelt In Werbeanzeigen, Heiratsannoncen, Gesetzen, Fernsehserien, Kinderbüchern, der Anlage von Stadtteilen, den Grundrissen von Wohnungen, in Kleidermoden, sowie in typischen Formen des Umganges miteinander in Schulen, Gefängnissen, Sportstadien, im Straßenverkehr usw. begegnen wir Spiegelbildern von uns selbst. In allen Bildern stecken Ansichten von einem wahren Menschsein, die es herausstellen und zu überprüfen gilt. Ein Hinweis zum Struwwelpeter: Geschrieben 1844 von dem jungen Arzt Heinrich Hoffmann aus Frankfurt a.M. Er fand für seinen Sohn Carl kein geeignetes Kinderbuch an Weihnachten und schrieb deshalb ein Kinderbuch mit dem Titel: Lustige Geschichten und drollige Bilder mit 15 schön kolorierten Tafeln für Kinder von 3-6 Jahren". 2. Bilder des Menschen in Selbstzeugnissen junger Erwachsener	Wer bin ich? Begegnungen mit mir (M 2). Leitfragen: 1. Welche Aspekte des Menschen erscheinen als besonders wichtig, welche werden ausgeblendet? 2. Wozu wird der Mensch dargestellt? 3. Auf welche Anlagen, Bedürfnisse, Hoffnungen und Ängste wird abgehoben? 4. Was soll der Mensch tun? Was soll er unterlassen? 5. Wann ist der Mensch wirklich Mensch? Wann kann ihm das Leben gelingen? Es ist sinnvoll, die Schüler zunächst einmal ein Beispiel auswählen zu lassen, das sie am meisten anspricht. Dabei soll die Relevanz der Fragen erprobt werden. Anschließend ist Kleingruppenarbeit möglich. Brief: Ich bin ein drop out (M 3) 1. Brief lesen bis "P .S." 2. Gespräch: Verstehen Sie diesen jungen Mann? Wollen Sie auch so leben? Würden Sie mit ihm gehen? Was heißt für ihn Leben? Was hindert die Eltern, ihn zu verstehen? 3. Brief zu Ende lesen. 4. Gespräch: Was ist für ihn entfremdetes bzw. wahres Menschsein? 5. Auswertungsgespräch: Verstehen Sie nun Micha besser? Würden Sie jetzt (noch) mitgehen? Ist das eine Lösung? Hat der Vater recht?	alternativ: (a) Metaphermeditation "Der Mensch ist für mich wie..." vgl. B. Grom, Methoden für Religionsunterricht Jugendarbeit und Erwachsenenbildung, 1976, 151 (b) Analogiespiel: Was wäre der Mensch als Tier, Farbe, Fortbewegungsmittel, Werkzeug, Landschaft, Pflanze, Musikinstrument? (c) Freies Malen (d) Aus Gedichten, Sentenzen treffende Beschreibung des Menschen heraussuchen. ergänzend: weitere Definitionen des Menschen in der Alltagswelt suchen und entdecken (s.u. Inhalte). Empfehlenswert: Der gemeinsame Besuch eines Filmes (z.B. Apocalypse now). Denkbar: Bild des Menschen im Grundgesetz (Art. 1; 2.1.2; 3, 1-3; 4, 1-3; 5, 1.2; 11, 1; 12,1; 14,1.2) alternativ: In verschiedenen Gruppen einen Antwortbrief an den jungen drop out schreiben. Mögliche Verbindungen Marlboro-Mann: F. Riemann, Angst. An welche Ängste knüpft diese Anzeige an? Huthmacher-Lied: K. Marx, Wann ist der Mensch wirklich frei? Daumenlutscher: T. Brocher Was heißt erwachsen werden? Drop out: Marx, Entfremdete Arbeit; T. Bocher, vor der Entscheidung.

3. Bilder des Menschen im Betrieb Personalbeurteilungsbögen bezwecken: Optimale Organisation des Betriebes, Ausschalten von Störfaktoren, optimale Ausnutzung von Leistungsreserven, Steigerung der Produktivität, Steuerung und Lenkung des Betriebes durch Selektion und Förderung. Bei der Auseinandersetzung ist zwischen dem Objekt und dem Subjekt der Beurteilung zu unterscheiden. Erst beide Menschenbilder eröffnen die implizite "Anthropologie" des Beurteilungsbogen.	Personalbeurteilungsbogen (M 4) 1. Lehrerinformation: Funktion von Personalbeurteilungsbögen 2. Aufgabenstellung: Stellen Sie sich vor, Sie gehen zu einem Vorstellungsgespräch. Wie wollen Sie auftreten? Wie müßten Sie auftreten, um genommen zu werden? Wollen Sie so sein? 3. Analyse der Beurteilungsbogen: Wie muß ich sein, damit ich genommen werde? 4. Vergleich mit den eigenen Ergebnissen? 5. Analyse der impliziten Anthropologie mithilfe der "Schlüsselfragen"	alternativ: (a) Rollenspiel "Vorstellungsgespräch anschl. M 4 (b) Studium von Stellenangeboten
4. Bilder des Menschen im Krankenhaus, im Leistungssport, in der Partnerbeziehung. Eine Intensivpflegestation hat folgende Aufgabe: "Intensivtherapie von Schwerstkranken aller Fachdisziplinen, bei denen die Vitalfunktionen in lebensbedrohlicher Weise gestört sind oder bei denen eine Gefahr der Störung besteht... und wobei diese evtl. ausfallenden Funktionen unter Ausschöpfung aller therapeutischen Möglichkeiten wieder hergestellt oder vorübergehend sogar ersetzt werden können". (Dt. Krankenhausgesellschaft vom 25.2.1969).	Der Mensch als Patient, Kraftakt, Partner (M 4. M 19) 1. Sich mit dem Patienten identifizieren: Was geht in mir vor? Was fühle ich? Welche Erfahrungen mache ich mit mir selbst? Wann gelingt das Leben? 2. Sich identifizieren mit einem der beiden Radrennfahrer: Was geht in mir vor? Was sagt das über mich selbst? Welche Motive bewegen mich? Wie gehe ich mit dem anderen und mit meinem Leib um? Wann gelingt das Leben? 3. Sich identifizieren mit einem der beiden Partner	ergänzend: (a) Photos mit typischen Situationen des Menschseins aufsuchen. Z.B. Krieg, Folter, Arbeitsplatz, Hunger, Helfende Menschen, Fixer u.a.m. (Hilfreich Religion Oberstufe Heft 5, S. 37.59; oder Photo Symbolique). (b) Zur Intensivtherapie: P. Vogler, Theoriebildung in der Medizin und die Lehre von den Grundfunktionen, in: Gadamer, Vogler (Hg.) Neue Anthropologie, Bd. 2, 1972, 428ff. E. Kübler-Ross, Interviews mit Sterbenden, GTB 71, 1969, S.117ff. (c) Zum Leistungssport: Kursbuch 9/10, 119
5. Zusammenfassung: Was uns die Spiegelbilder über uns selber sagen	Zusammenfassendes Rundgespräch: Wie stellt sich uns nun der Mensch dar? (Evtl. Rückgriff auf Frisch).	mögliche Verbindungen: (a) Patient- 2. Kor.4,7ff. (b) Radrennfahrer - Riemann, Angst (c) Paar: Brocher

6. Kooperative Unterrichtsplanung	Planung des weiteren Unterrichtsverlaufes: 1. Formulierung von offenen Fragen 2. Darstellung des Aufbaues des Arbeitsheftes und Vergleich mit dem Inhaltsverzeichnis 3. Festlegen der einzelnen Unterrichtsschritte	

3. DER MENSCH, DER SICH SELBST DEFINIERT

ZIELE:

1. An Selbstporträts wesentliche Kennzeichen anthropologischer Aussagen erarbeiten
2. An wirkungsgeschichtlich bedeutsamen Definitionen des Menschen grundlegende Sichtweiten des Menschen erarbeiten, vergleichen und an ihnen den Charakter anthropologischer Aussagen bestimmen.
3. Den Wandel menschlicher Selbstdefinitionen darstellen und auf seine Ursachen und Konsequenzen befragen
4. Die Nicht-Definierbarkeit des Menschen herausfinden und über die Konsequenzen für das wahre Menschsein nachdenken.

Inhalte	Medien-Lernverfahren	Didaktischer Kommentar
1. Mein Selbstporträt Wenn es stimmt, daß der Mensch das einzige Wesen ist, das sich selbst in seinem eigenen Spiegelbild wiedererkennt, dann bringt die Fähigkeit des Menschen, sich selbst darzustellen, etwas unterscheidend Besonderes des Menschen zum Ausdruck: seine "exzentrische Position" (Plessner)	Erstellen eines Selbst-Porträts 1. Malen eines(möglichst großen) Selbstporträts 2. Ausstellung der Bilder 3. Rundgespräch: - Was sagt das Bild über seinen Verfasser? über seine Beziehungen zu seinem Körper, zur Aussenwelt, zur Innenwelt? - Kennen wir den Betreffenden so? - Warum habe ich mich so gemalt? - Was ging in mir vor als ich das Bild malte? - Was sagt das Porträt über mich aus? 4. Vergleich des Porträts mit einer Photographie - Was unterscheidet die Bilder?	alternativ/ergänzend: 1. Betrachten des Selbstporträts von Dürer (M 5) Impulse: - Sympathisch/unsympathisch; glücklich/unglücklich? - Verhältnis zu sich selbst, Körper, zur Außen- und Innenwelt? - woran hängt sein Herz? - was will der Künstler über sich selbst aussagen? - was tut ein Mensch, der sich selbst darstellt? 2. Analoge Interpretation des Selbstporträts von Vincent van Gogh (M 5) 3. Evtl. Interpretation weiterer Selbstporträts z.B. von Rembrandt, Beckmann, Chagall, u.a.

- Welches ist wahrer?
- Wann ist ein Selbstbildnis wahr? Was ergibt sich daraus für anthropologische Aussagen?

2. Der Mensch als Prometheus

P. fordert die Götter heraus und rechnet mit ihnen ab. Sie werden in den Himmel verwiesen, denn die Erde gehört dem mündig gewordenen Menschen, der seine Kraft aus sich selbst gewinnt. Während die Götter im Grunde arm und ohnmächtig sind und ihre Macht aus der Torheit des Menschen gewinnen, ist der Mensch stark und mächtig. Dies zeigt sich in seinem Widerstandsvermögen und seinem Schöpfertum. Das Formen von Menschen nach seinem Bilde. P. ist das Urbild des künftigen Menschen. Er hat als erster seine Autonomie gewagt. Andere werden es ihm gleich tun.

<u>J.W.v. Goethe, Prometheus, (M 6)</u>

1. Versuchen, das Gedicht durch Betonung inhaltlich zu interpretieren.

2. Klassengespräch:
- Wie fühlt sich P.?
- Wie betrachtet er die Götter? Was wirft er ihnen vor?
- Wann ist der Mensch wirklich Mensch?
- Was soll der Mensch tun?
- Wozu schreibt Goethe dieses Gedicht?
- (Was ergibt sich daraus für den Charakter anthropologischer Aussagen?)

3. Vergleich mit Sysiphus
- Sich identifizieren mit Sysiphus: Was geht in ihm vor? Was denkt und fühlt er?
- Welche Erfahrungen des Menschen mit sich selbst kommen hier zum Ausdruck?
- Wer ist der wirkliche Mensch: Prometheus oder Sysiphos?

<u>ergänzend:</u>

(a) Sophokles, Chorlied aus Antigone

(b) Gottfried Benn, Verlorenes Ich

(c) Günter Grass, Im Ei

(d) Erich Kästner, Der Mensch ist gut

(e) Kurt Tucholsky, Der Mensch

Gedichte gut geeignet für Klausuren (evtl. Vergleich mit Psalm 8).

<u>mögliche Verbindungen:</u>
- Gehlen, das Mängelwesen
- Marx, Der Mensch, der sich selbst erzeugt
- Der Mensch als sein eigenes Abbild
- Brakelmann, Leistung frei vom Zwang

<u>ergänzend:</u>

(a) A. Camus, Der Mythos von Sysiphos, ThF1, 24ff.

(b) A. Camus, Die Pest, rororo 15, 1965, 127-129

(c) F 159 Stufen (EMZ 1)

3. Der Mensch: weder Gott noch Tier

<u>Erich Fried, Definition (M 7)</u>

Leitfragen:

1. Wie wird der Mensch definiert?

2. Was unterscheidet ihn vom Tier?

3. Was veranlaßt F. zu dieser "Definition"?

4. Was will F. mitteilen? Was tut er, wenn er schreibt?

5. Vergleich Fried mit Psalm 8

4. Von Natur aus böse-
Von Natur aus gut.

Die Behandlung einer anthropologischen Aussage als Sprechhandlung in einem bestimmten Kontext macht deutlich, daß widersprüchliche Aussagen zugleich wahr sein können.

Thomas Hobbes, Der Mensch ist von Natur aus böse (M 8)

Mögliches Vorgehen:

1. Rundgespräch: Welche Auffassung stimmt eigentlich? Ist der Mensch gut oder böse? Evtl. Abstimmung.

2. Lehrerreferat zur Biographie von Hobbes

3. Textanalyse Hobbes

- Unter welcher Perspektive kommt der Mensch in den Blick?
- Worin liegt das Wesen des Menschen?
- In welchem Zusammenhang sind diese Aussagen entstanden?
- Wozu wird vom Menschen gesprochen?
- Welche Verhaltensvorschriften werden gemacht?
- Welche Ansicht wahren Menschseins wird erkennbar?

Jean Jacques Rousseau, Der Mensch ist von Natur aus gut (M 8)

Vorgehen wie bei Hobbes

ergänzend:

(a) Aufzeigen des Einflusses dieser Grundpositionen auf unser heutiges Denken und Handeln (z.B. im Bereich der Erziehung)

(b) Aufzeigen des Einflusses der beiden Positionen auf das Bonner Grundgesetz
Hobbes - Art 2.GG
Rousseau - Art. 3.GG
(Kant - Art. 2.GG)

mögliche Verbindungen:

Rousseau - Marx
Hobbes/Rousseau-Gen 3

5. Motive und Wandel anthropologischer Aussagen

Motive: Anthropologien erwachsen aus dem Wunsch, sich selbst als etwas Besonderes, Einzigartiges und Wichtiges im Unterschied zu anderen zu verstehen. Anthropologien antworten auf Erschütterungen des menschlichen Selbst- und Weltverständnisses, sie sind Ausdruck einer tiefgreifenden Identitätskrise. Motiv anthropologischer Aussagen ist es deshalb, sich wieder selbst gewiß zu werden und sich selbst zu verstehen.

Sigmund Freud, Die drei Kränkungen der menschlichen Eigenliebe (M 9)

Mögliches Vorgehen:

1. Textanalyse
Leitfragen für Gruppenarbeit:

- Welche Intentionen verfolgt Freud? Warum schreibt er?
- Wie änderte sich das menschliche Selbst- und Weltverständnis durch die Erschütterungen von Kopernikus, Darwin, Freud?
- Welche Motive bestimmen das menschliche Selbst- und Weltverständnis, die Suche des Menschen nach

ergänzend:

(a) U.E. lassen sich die Phasen, die Freud unterscheidet, in der abendländischen Darstellung des Menschen wiederfinden. S. Kommentar im Heft

(b) Für Leistungskurs: Geschichte der philosophischen Anthropologie analog der Phasen von Freud. Textvorschlag:

- Platon, Der Staat, 588b - 589d
- Descartes, Meditationen, 6.Buch, 19
- Feuerbach, Grundsätze der Philoso-

	sich selbst? 2. Auswertungsgespräch mit Tafelanschrieb; anschl. - Worin besteht das Wesen anthropologischer Aussagen? - Kann menschliche Selbstdefinition an ein Ende kommen? -(Worin liegt die Problematik einer Geschichte der Anthropologie?).	phie der Zukunft, 1843, § 34.35.36.40 - Scheler, Die Stellung des Menschen im Kosmos, 1949, 37-40.48 Hilfreich: Türk, Trutwin, Anthropologie, Philosophisches Kolleg 4, 1978
6. Die ökologische Krise als vierte Kränkung der menschlichen Eigenliebe Merkmale der ökologischen Krise nach Ch. Birch: - Bevölkerungsexplosion - Nahrungsmittelknappheit - Rohstoff- und Energieknappheit - Umweltverschlechterung - Krieg Altner weist hin auf: - Krebstod - Erkrankung der Atmungsorgane - Neurotische Erkrankungen	<u>Rundgespräch:</u> Was spricht für die These, die heutige ökologische Krise sei die 4. Kränkung der menschlichen Eigenliebe? Was erfährt der neuzeitliche Mensch in dieser Krise über sich selbst? Wie hat dann wohl der Mensch nach dem Schock von Freud versucht, seine Eigenliebe zu retten? (Ergänzung des Tafelanschriebes)	<u>ergänzend:</u> (a) Charles Birch, Titanic auf Kollisionskurs, Kursbuch 9/10, S.206. 208 (b) D. Zilleßen, Thema Zukunft, Religion Studienbücher, 1978, S. 73ff. (c) J. Zink, die letzten sieben Tage der Schöpfung, vgl. Religion Oberstufe, Heft 2 Glaube und Naturwissenschaft S 36 <u>mögliche Verbindungen</u> G. Liedke, Im Bauch des Fisches; Jona Bild
7. Die Rätselhaftigkeit des Menschen Kennzeichen wahren Menschseins: Offenheit für Zukunft, Vertrauen in die Zukunft, Altes loslassen können, sich auf Neues einlassen können, gelassenes Abwarten, Annahme der eigenen Grenzen, Verzicht, den Menschen zu definieren, Liebe, Hörenkönnen	<u>H.E. Tödt, Herr gib mir ein hörendes Herz (M 11)</u> Mögliches Vorgehen: 1. Text gliedern 2. Diskussion der These "Es gibt keine Möglichkeit, das Wesen des Menschen an sich zu fassen" - Stimmt das? - Hat aber nicht der Mensch das Bedürfnis nach einer Definition? Wie kann er diesem Bedürfnis gerecht werden? - Wenn man das Humanum nicht definieren kann- was kennzeichnet dann wahres Menschsein? - Ist Salomo wahrer Mensch?	<u>ergänzend:</u> (a) J. Bobrowski, Das Wort Mensch (b) B. Brecht, Wenn Herr K. einen Menschen liebte Was unterscheidet Frisch, Brecht und Tödt?

4. DER MENSCH GESCHAFFEN UND BEAUFTRAGT SOWIE BEGRENZT UND GRENZEN ÜBERSCHREITEND

ZIELE:

1. An Gen 1-11 grundlegende Aspekte der biblisch-christlichen Sicht des Menschen erarbeiten
2. Die biblischen Schöpfungserzählungen auf eigene Erfahrungen beziehen und die Intentionen herausstellen

Inhalte	Medien-Lernverfahren	Didaktischer Kommentar
1. Intentionen und Kennzeichen einer Theologischen Anthropologie	Die Definition des Menschen durch das Wort Gottes (M 12) Gesprächsimpulse: - Was sagt die Bibel über den Menschen? - Legt die Bibel nicht auch den Menschen auf ein bestimmtes Bild fest? - Verstößt die Bibel gegen ihre eigenen Gebote? Anschl. Vorspann lesen Rückfragen formulieren	Die Hinweise zu den Intentionen und den Kennzeichen einer Theologischen Anthropologie sollen hier nur als "Hypothese" eingebracht werden, die im weiteren Gang des Unterrichts überprüft werden soll.
2. Der Mensch als Ebenbild Gottes Zur Situation im Exil: Mit der Niederlage und der Deportation waren die Stützpfeiler des israel. Selbst- und Weltverständnisses erschüttert: Das Land, der freie von Jahwe gechenkte Lebensraum; das Königtum, dem Jahwe ewigen Bestand zugesagt hatte; der Tempel, dem Garant der Gegenwart Gottes, waren verloren. Das Volk ist nur noch ein Haufen rechtloser Gefangener in den Händen eines selbstbewußten Staates. Sie sind umgeben von einer übermächtigen blendenden Kultur (Forts. s.u.).	Gen 1,26-31 a(M 12) Vorgehen: 1. Schreibmeditation in Kleingruppen: Jeder erhält ein Blatt Papier (DIN A 4) und notiert, was ihm an dem betreffenden Text interessant, wichtig oder auch problematisch ist; danach gibt er es seinem Nebenmann weiter, der auf die Bemerkungen reagieren soll. 2. Rundgespräch: - Was uns am meisten beschäftigte, war... - Was sagt Gen 1,26ff. über uns selbst? Wer sind wir? Wer sollen wir sein? 3. Vergleich des Ergebnisses mit der Sentenz von Meister Eckhardt.	
3. Der Mensch im priesterschriftlichen Schöpfungsbericht als Kontext zu Gen 1, 26-31 a.	Gen 1,1 - 2,4a Mögliches Vorgehen: 1. Lehrererzählung zur Situation der Israeliten im babylonischen	hilfreich: (a) M. Lienhard, Babylonisches Exil, in: Neidhardt Eggenberger (Hg) Erzählbuch zur

Sieg und Macht galten als Ausdruck der Überlegenheit der babyl. Götter. Die Menschen galten als "Diener Gottes": sie sind dazu bestimmt den Göttern und ihren Stellvertretern (Ebenbildern!) zu dienen und ihnen ihre schwere Arbeit abzunehmen.	Exil (vgl. Ps. 137) 2. Lesen des Textes 3. Rundgespräch: - Was bekommen die Menschen im Exil über sich selbst mitgeteilt? - Was wollte der Text bei den Zuhörern tun? (vgl. die Bemerkungen im Vorspann).	Bibel, 1975, 201lf. (b) W. Hollenweger, Konflikt in Korinth, Memoiren eines alten Mannes, Kaiser Traktate 31, 1978, 49ff. ergänzend: (a) Sonnengesang des Franz von Assisi (b) Glaubensbekenntnis aus der heutigen Zeit mit der Auslegung von Gen 1 vergleichen (c) Vergleich mit Luthers Auslegung des 1.Artikels
4. Geschaffen und beauftragt Kategorien: - Das Verständnis des Menschen - Der Auftrag des Menschen - Die Stellung des Menschen in der Welt - Das Verhältnis der Menschen untereinander - Das Verhältnis von Mann und Frau	Claus Westermann, Der Mensch-Geschöpf und Ebenbild Gottes. Der Schöpfungsauftrag des Menschen (M 12) Mögliches Vorgehen: 1. Texte in Thesen zusammenfassen (Hausarbeit) 2. Textanalyse mithilfe vorgegebener Kategorien 3. Zusammenfassendes Gespräch: - Wann ist der Mensch wahrhaft Mensch? - Wird dieses Verständnis des Menschen den Anforderungen von Tödt, Frisch und Brecht gerecht?	mögliche Verbindungen: (a) H.E. Tödt, Die Verantwortung für die Schöpfung, M 17: Inwieweit greift Tödt auf Gen 1,26ff. zurück? (b) Marx, Die Frage nach einem Wesen über der Natur und dem Menschen (M 23) (c) Gehlen, Der Mensch-ein kulturschaffendes Wesen(M 25)
5. Der Mensch in den jahwistischen Schöpfungserzählungen Ursprungssituation J: Glauben der Israeliten an die eigene Stärke, die sich in der wirtschaftlichen und militärischen Überlegenheit sowie dem Glanz des Königtums zeigt. Die Verheißungen an Abraham schienen erfüllt zu sein, jetzt glaubt man nicht mehr, auf Gottes Handeln angewiesen zu sein.	Gen 2,4b - 4,26 (11,9) Mögliches Vorgehen: 1. Lehrerreferat zur Situation des Jahwisten 2. Text lesen mithilfe der Vasteras-Methode (vgl. B. Grom a.a.O.221) 3. Auswertungsgespräch: - was ärgert mich? Was gefällt mir? Was verstehe ich nicht? - Wer bin ich? Wer soll ich sein? - Wie kann das Leben gelingen?	ergänzend: Bibelkundlicher Überblick über Gen 1-11 Hilfreich ist Liedke, Im Bauch des Fisches, 1979, 109-164

6. Der Mensch begrenzt und Grenzen überschreitend.	Claus Westermann, Die Begrenztheit des Menschen (M 13) Leitfragen zum Gespräch: - Auf welche Aspekte von Gen 2-4 bezieht sich Westermann? - Bin ich so? Entspricht das meinen Erfahrungen? - Welche Konsequenzen hat dies für das menschliche Leben? - Was heißt dann wahres Menschsein?	
	Evangl. Erwachsenenkatechismus, Der Mensch - ein Sünder (M 13) Mögliches Vorgehen: 1. Rundgespräch: Sind wir alle Sünder? 2. Textanalyse: Definition der Begriffe: - Sünde, Sünden - Schuld - Grenzüberschreitung - Entfremdung 3. Auswertungsgespräch: - Wie hängen die Begriffe zusammen? - Bin ich das? - Was soll der Mensch tun? - Was ist wahres Menschsein?	hilfreich: W. Neidhardt, H. Ott Krone der Schöpfung, 1977, 250-264 (Menschsein heißt Sünder sein). ergänzend: D. Buzatti, Der Streik des Teufels, Geschichten zum Weiterdenken, 260ff.

5. DER MENSCH - VERLOREN, DOCH ANGENOMMEN

ZIELE:

1. An dem Gleichnis des verlorenen Sohnes die "Wirklichkeit des Menschen" entschlüsseln.
2. In der Begegnung mit Zachäus Jesus als das wahre Ebenbild Gottes kennenlernen und Konsequenzen für das wahre Menschsein formulieren.
3. An dem Gleichnis von dem verlorenen Sohn Charakter und Tätigkeiten einer theologischen Anthropologie bestimmen.

Inhalte	Medien-Lernverfahren	Didaktischer Kommentar
1. Die Heimkehr des Sohnes Es ist zu beachten, daß dieses Gleichnis sehr oft gemalt (Rembrandt!)	W. Habdank, die Heimkehr des Sohnes (M 14) Bildbetrachtung - in Ruhe betrachten	alternativ: Interaktionelle Auslegung des Gleichnisses 1. Sich mit einer Person im Gleichnis identifizieren:

oder nacherzählt wurde. Warum eigentlich?	- sich identifizieren: nacheinander die verschiedenen Personen des Bildes durchgehen. Was denke ich? Was fühle ich? Was ist mir sympathisch oder unsymapthisch? - Gespräch: erzählen, wo ich mich in dem Bild "zuhause" fühle. - Möchte ich einen solchen Vater haben?	Wer ist mir am nächsten? Wer ist mir sympathisch? 2. Gruppenbildung: Je eine für den Vater, den älteren Sohn, den jüngsten. 3. Gespräch in der Gruppe: Warum habe ich mich für diese Person entschieden? 4. "Veröffentlichung": die drei Personen bzw. drei Gruppen artikulieren ihre Gefühle und Gedanken. Die anderen können reagieren!
2. Das Gleichnis vom verlorenen Sohn Szenenfolge: (1) Aufteilung des Besitzes und Abschied (v. 11-13a) (2) Leben in der Fremde (v. 13b - 16) (3) Umkehr und Rückweg (v. 17-20) (4) Empfang und Fest (v. 20-24) (5) Heimkehr und Zorn des Bruders (v. 25-28a) (6) Gespräch des Vaters mit dem älteren Sohn (v 28b - 32)	<u>Lk 15, 11-32 mit Sacherklärungen (M 14)</u> Mögliches Vorgehen: 1. Gleichnis dramatisch - mit verteilten Rollen - lesen. 2. Verhalten, Gefühle und Denken der einzelnen Personen in den einzelnen Phasen untersuchen. Evtl. Gruppenarbeit 3. Auswertungsgespräch: - Welchen Weg gehen die einzelnen Personen? - Was ändert sich? Was bleibt sich gleich? Wo gibt es Überraschungen? - Was haben die beiden Söhne gemeinsam? - Von welchen Überzeugungen gehen die einzelnen Personen aus? - Wer bin ich? Wo komme ich vor? - Das Gleichnis "spiegelt" die Wirklichkeit des Menschen: Worin besteht sie? - Wann ist der Mensch wahrhaft Mensch? Was soll der Mensch tun? Was nicht?	5. Aussprache über den Verlauf: Was ist passiert? Warum habe ich mich so verhalten? Was beschäftigt mich am meisten? 6. Textinterpretation: Entspricht unser "Spiel" dem Gleichnis? 7. Bildbetrachtung: Gibt Habdank das Gleichnis angemessen wieder? hilfreich: A. Steiner, V.Weymann (Hg.) Gleichnisse Jesu, Bibelarbeit in der Gemeinde, 1979, 77-102 <u>ergänzend:</u> Interpretation der einzelnen Personen im Gleichnis mithilfe der Grundformen der Angst bei Riemann
3. Vergleich mit Kafka	<u>F. Kafka, Die Heimkehr (M 14)</u> 1. Lehrererzählung zur Entstehung der Heimkehrerzählung 2. Textinterpretation: - Welches Lebensgefühl kommt hier zum Ausdruck? In welcher Verfassung befindet sich der Sohn?	<u>ergänzend:</u> (a) Wie müßte Habdank die Kafka-Erzählung zeichnen? (b) Vergleich Lk mit anderen Erzählungen zu Lk 15 wie - A. Gide (vgl. F.Hahn, Bibel und moderne

4. Jesus das Ebenbild Gottes

Die Analogie von Jesus zu dem Vater im Gleichnis wird deutlich, wenn man das Verhalten der "Sich-Entrüsteten" und das Verhalten Jesu in der Begegnung mit Zachäus erarbeitet.
Kategorien:
- Verhalten
- Begründung
- Folgen
- Menschenbild
- Gottesverständnis

Zachäus	Pharisäer	Jesus
↓	↓	↓
Verlorener Sohn	Älterer Sohn	Vater
↓	↓	↓
Sünder	"Gerechter"	Gott

Ergebnis: Jesus ist das wahre Ebenbild Gottes, wahrer Mensch und wahrer Gott (Kol 1,15!)

5. Vertiefung: Kennzeichen wahren Menschseins

Was geht in ihm vor?

- Wie erscheint des Vaters Haus? Wie verhalten sich die Daheimgebliebenen?
- Welches Geheimnis wollen Vater und Sohn bewahren?

3. Vergleich mit Lk 15

- Was tun die Väter?
- Was "be-wirkt" ihr Verhalten?
- Welche Gedanken bewegen die heimkehrenden Söhne?
- Worin liegt der stärkste Gegensatz?

<u>Lk 19, 1-10 (M 14)</u>

Vorgehen:
1. Lehrererzählung "Zachäus" bis V. 4. Evtl. Tafelbild mit den Erwartungen an Zachäus

2. Klassengespräch:

- Warum verhalten sich die anderen zu Z. so abweisend?
- Welche Folgen hat dieses Verhalten?
- Welches Verständnis des Menschen und Gottes wird darin deutlich?

3. Geschichte zu Ende lesen. Analyse des Verhaltens Jesu (Kategorien)

4. Vergleich des Vaters im Gleichnis mit Jesus: Was fällt auf? Was ist wahres Menschsein?

<u>Leitgedanken für eine Psychosomatische Klinik (M 14)</u>

Was heißt "lebendig"sein? Tot sein? Wie werde ich lebendig? Wie sieht lebendiges Leben aus? Vergleich mit Lk 15, 11-32

Literatur, 232ff.).

- R.M. Rilke (vgl. Trutwin u.a., Religion Sekundarstufe II, 1974, S.313).

<u>ergänzend:</u>

(a) Das Gleichnis vom verlorenen Sohn als Paradigma einer Theologischen Anthropologie
  - Lesen Lk 15, 1.2
  - Gespräch: An wen richtet sich Lk 15, 11-32? Welche Funktion hat das Gleichnis? Was will es bei den Pharisäern bewirken? Zusammenhang der Kommunikationsstruktur des Gleichnisses mit dem Verhalten des Vaters? Konsequenzen für eine theologische Anthropologie?

(b) Peter Horton, Wer anderen nie ein Feuer macht, auf LP "Lieder, die wie Falken sind"

(c) "Persönlichkeitsprofil" für Jesus erstellen, vgl. B. Grom, a.a.O., S. 81.

6. SCHWACH UND DOCH STARK

ZIELE:

1. Eigene Einstellungen zu Leid, Krankheit und Tod äußern.
2. Die Bedeutung des Kreuzes Jesu für den Umgang mit Leid, Schmerz, Angst und Tod verstehen und von anderen Umgangsformen unterscheiden.
3. Aus dem "Schrei am Kreuz" Konsequenzen für wahres Menschsein formulieren.
4. Intentionen des "Wort vom Kreuz" entdecken.

Inhalte	Medien-Lernverfahren	Didaktischer Kommentar
1. Die Bedeutung des Kreuzes Jesu O. Pankok 1893-1966 1914/15 Kriegsteilnahme 1915 schwer verletzt, ein Jahr Sanatorium seit 1931 Arbeit in der Arbeitslosen- und Zigeunersiedlung Heinefeld bei Düsseldorf, 1936 wird das Buch "Passion" beschlagnahmt, anschl. als "entartet" diffamiert, es folgen Haussuchungen, Beschlagnahmen von Arbeiten. 1937 vertreten in der Ausstellung f. entartete Kunst. Nach Kriegsbeginn Auseinandersetzung mit dem Schicksal der Juden. Nach 1947 Prof. an der Kunstakademie in Düsseldorf.	Otto Pankok, Mein Gott, mein Gott, warum hast Du mich verlassen (M 15) 1. Bildbetrachtung: Wie wirkt dieses Bild auf mich? Was stört mich? Was spricht mich an? Was stößt mich ab?... 2. Die Bedeutung des Bildes bei Pankok (s.Seitentext). Warum zeichnet P. dieses Bild? Was will er mitteilen? Was heißt für ihn "leben"? Was ist für ihn wahres Menschsein?	alternativ: Interaktionale Bibelauslegung 1. Assoziationen zum Thema "Schwachsein", "Kranksein" mithilfe von open-end Sätzen wie z.B. Wenn ich schwach bin, dann wünsche ich mir..., brauche ich... will ich nicht... fühle ich mich sage ich immer... denke ich... 2. Zusammenfassendes Gespräch: Wie gehen wir mit unserer Schwachheit, Unvollkommenheit um? Worauf verlassen wir uns? 3. Interpretation 2. Kor 4,7ff. Wie geht P. mit seinen Schwächen und Grenzen um? Wie kommt er dazu? Könnte ich so sein? Was müßte sich ändern? 4. Bildinterpretation Pankok. Wie würde Paulus dieses Bild betrachten? Was würde es ihm bedeuten?
2. Schwach und doch stark. Das Selbstverständnis von Paulus Kennzeichen: - zerbrechlicher Tonkrug - wir tragen den Tod Jesu an unserem Leib umher - In Christus - Freiheit im Leid - Wir tragen das Leben Jesu an unserem Leib - Schon und noch nicht - Leiden-Ort der Hoffnung	2. Kor 4,7-18 (M 15) Leitfragen: - Was bedeutet für Paulus der Gekreuzigte? - Wie lebt er angesichts von Leid, Unglück, Krankheit?(2.Kor 6;11;Gal 4) - Was unterscheidet P. von den korinthischen Überaposteln und den stoischen Weisen? - Was ist für P. wahres Menschsein? Was soll der Mensch tun? - Könnte ich so sein?	oder: 1. 2. Kor 4,7 ff. lesen anschl. Brief an Paulus schreiben. Was mir an Dir gefällt, ist...; Was mich an Dir stört...; Was ich an Dir nicht verstehe... 2. Auswertungsgespräch ergänzend: (a) Klassengespräch: Was will Paulus der Gemeinde

3. Der Schrei am Kreuz - ein Zeichen der Hoffnung	Günter Altner, Betrachtungen zu Karfreitag (M 15) - Was haben Christentum u. Camus gemeinsam? - Was ist für Camus wahres Menschsein? - Wie ist der Schrei am Kreuz zu verstehen? - Was unterscheidet Camus von den Christen? - Was heißt vom Kreuz her wahres Menschsein?	in Korinth mitteilen? Was"tut" hier Paulus? (c) Lieder: J. Klepper, Die Nach ist vorgedrungen EKG 14; D. Bonhoeffer, Von guten Mächten (d) Interpretation Röm 8,31ff.

7. FREI DOCH GEBUNDEN - GEBUNDEN DOCH FREI

ZIELE:

1. Luthers Sicht des Menschen und seine Auffassung von einem wahren Menschsein erarbeiten und mit heutigen Sichtweisen vergleichen.
2. Luthers Sicht christlicher Freiheit darstellen und nach Konkretionsbeispielen suchen.
3. Intention und Wirkung von Luthers Freiheitschrift untersuchen und beurteilen

Inhalte	Medien-Lernverfahren	Didaktischer Kommentar
1. Eigene Auffassungen von Freiheit	Übung: Sich selbst im Zentrum verschiedener Erwartungen darstellen (Pfeildiagramm) Wann bin ich frei? Was macht mich frei? Ist ein Mensch, der an Gott glaubt frei?	alternativ: Freiheitsbegriff (a) Huthmacher Lied M 2 (b) drop out M 3 (c) Marx M 23 (d) Metaphermdeitation: Freiheit ist für mich wie...
2. Luthers Kernthesen Das Frageschema findet sich im Kommentarteil zu Luther	Luthers Doppelthese 1. Rundgespräch - Wie soll man das verstehen? - Wann ist der Mensch frei? 2. Interpretation der Doppelthese in Gruppenarbeit mithilfe eines vorgegebenen Frageschemas. 3. Auswertungsgespräch	(e) J.P. Sartre, Der Mensch ist Freiheit, vg. ThF 1 Es ist möglich, auch mit dem zweiten Lernschritt zu beginnen. ergänzend: Lehrer- oder Schülerreferat zur Entstehung der These anschl. Frage: Was wollte Luther dem Papst mit dieser These mitteilen? Was"tun" diese Aussagen?

3. Luthers Schrift, Von der Freiheit eines Christenmenschen
Zu der Frage, warum L. die Bannandrohungsbulle und Bücher der scholastischen Theologie am 10. Dezember 1520 verbrennt schreibt Fausel: "Es geht ihm wie in seinem bisherigen Kampfe um die Wahrung der Ehre Gottes. Das geistliche Recht entbindet den Papst vom Gehorsam gegen Gottes Gebote und gesteht ihm die Herrschaft über alles Recht zu. Das geistliche Recht gibt dem Papst eine unumschränkte Gewalt über alle irdische Obrigkeit. Das geistliche Recht macht den Papst zum alleinigen Herrn über die Kirche, Konzilien und Bischöfe, über alle kirchlichen Ordnungen, über Gewissen und Seligkeit der Gläubigen, über Eide, Gelübde und Heilige Schrift. Das geistliche Recht, wirksam unterstützt von einer auf denselben Voraussetzungen beruhenden und dieselben Ziele verfolgenden Theologie, ist also das vornehmste Mittel geworden, Gott seiner Herrschaft zu berauben und an seine Stelle, den Papst, die Kirche, den Menschen zu setzen".

4. Die Rechtfertigungslehre heute

Gliederung:
- Kritische Einwände gegen Leistungskritik und ihre Heilungskonzepte
- Das Nein Luthers gegen alle Versuche sich selbst zu er-leisten
- Die Grundüberzeugung Luthers: Ich habe einen leistungslosen Selbstwert

M. Luther, Von der Freiheit eines Christenmenschen (M 16)

Mögliches Vorgehen:

1. Kurzinformation: Biographie Luthers (anhand EKG 239), Entstehung der Schrift, Allgemeine geschichtliche Lage

2. Vorspann bearbeiten

- Wozu wird vom Menschen gesprochen? Gegen wen richtet sich die Schrift?
- Wie ist der Mensch verfaßt? In welchen Bezügen steht der Mensch?

3. Textanalyse

- Worin besteht der Glaube? Was gibt er dem Menschen?
- Worin bestehen die Werke? Welche Aufgaben haben sie für das menschliche Leben?

4. Auswertungsgespräch:

- Wann ist der Mensch mit sich selbst identisch?

  Wann gelingt sein Leben?
- Worin besteht die Freiheit eines Christenmenschen?
- Welchen Stellenwert haben die Werke?

G. Brakelmann, Leistung frei vom Zwang (M 16)

1. Text gliedern und in Thesen zusammenfassen

2. Leitfragen zum Gespräch:

- Welches Menschenbild steckt in den politischen Theorien und psychologischen Trainingsmethoden?
- Was kennzeichnet das Menschsein bei Luther?

Mögliches Tafelbild:

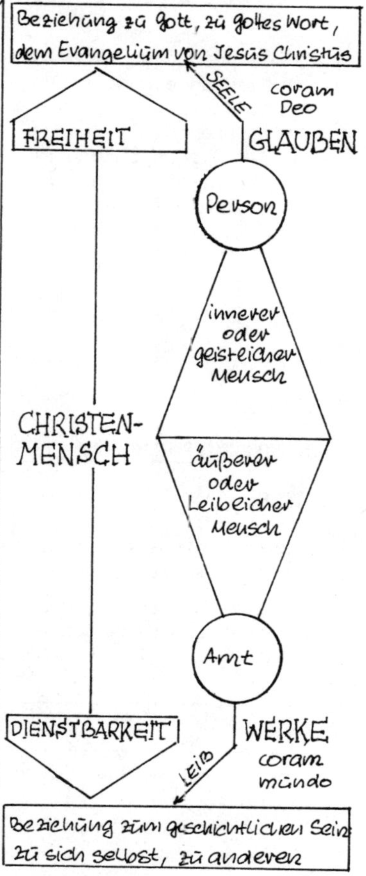

ergänzend:
(a) D. Boenhoeffer, Wer bin ich?
Interpretation bei D. Sölle, Die Hinreise, 1975, 143ff.
(b) Interpretation EKG 239, Nun freut euch lieben Christen gmein

ergänzend:
(a) Untersuchung eines Angebotes für psychologische Trainings
(b) Zu den Werbeanzeigen (M 2) Anti-Anzeigen im Sinne Luthers erfinden
(c) ein Werbeplakat für Luthers Sicht des Menschen entwerfen

- Konsequenzen - Der "Grund" des Befreiten - Die Gaben des Glaubens: Absage an ein Menschentum, das sich selbst erleisten will; Zusage und Freigabe zu wahrem Menschsein; ein neues Verhältnis zur Leistung; Trost; Hineinstellen in den Dienst	- Wie kommt es zu der Freiheit eines Christenmenschen und worin besteht sie? - Was kennzeichnet die "neue" Leistung? - Worin besteht wahres Menschsein? - Wie könnte heute ein solches Menschsein aussehen? - Was bedeutet das für meine Arbeit, meinen Umgang mit anderen, mit meinem Körper, mit der ganzen Natur?	(d) Rundgespräch: Was heißt für mich"Selbstverwirklichung" anschl. Brakelmann lesen (e) TD 359 Frederick (EMZ1) Freiheit eines Christenmenschen? (f) TD 164, Zeit zu leben (EMZ 1). Wie leben wir? (g) F 577 (EMZ 1) Auf der Suche. Lösungen? <u>mögliche Verbindungen:</u> - Prometheus (M 6) - drop out (M 3) - Marx (M 23) - Gehlen (M 25)

8. VON GOTT BERUFEN - FÜR DIE WELT VERANTWORTLICH

ZIELE:

1. Die ökologische Krise als Lebenssituation des heutigen Menschen verstehen und Konsequenzen des christlichen Glaubens in dieser Situation formulieren.
2. Im Vergleich mit dem Menschenrechtsgedanken Merkmale der biblisch-christlichen Sicht des Menschen herausfinden und Konsequenzen des Glaubens für den Umgang mit den weltweiten Menschenrechtsverletzungen formulieren.

Inhalte	Medien-Lernverfahren	Didaktischer Kommentar
1. Erfahrungen des Menschen mit sich selbst und seiner Lebenswelt	<u>W. Habdank, Jona im Bauch des Fisches (M 17)</u> Bildbetrachtung hilfreich: P. Neuenzeit (Hg.) Bilder der Hoffnung, 24 Holzschnitte zur Bibel von Walter Habdank, Bd. 1, 1980, 44-47	<u>alternativ:</u> Erfahrungen der ökologischen Krise: - Birch, Titanic auf Kollisionskurs, a.a.O. - J. Zink, Die letzten sieben Tage der Schöpfung, a.a.O.
2. Deutung der Lebenssituation des modernen Menschen	<u>G. Liedke, Im Bauch des Fisches (M 17)</u> Leitfragen zum Gespräch: - Was kennzeichnet unsere Lebenssituation? - Was lehrt uns Jona und Paulus? - Was sollen wir tun? Wann kann das Leben gelingen?	- EMZ 1: TD 166, Teufelskreis, F. 562 Die Kehrseite des Wohlstandes TD 282, Vergiftete Umwelt <u>ergänzend:</u> (a) Lektüre des Jona-Buches, bes. aber Jona 2,3-10, vgl. Neuenzeit a.a.O. (b) "Energiespiel" vgl. Liedke, a.a.O.,179-188

	- Wie könnten "Engagements in ökologischen Aufgaben" aussehen? - Was will Liedke mit seiner Meditation tun?	(c) Was kann man tun? vgl. Liedke, a.a.O. 191-207 oder Information über aktion e (erhältlich bei "Brot für die Welt", Stuttgart).
3. Von Gott berufen - für die Welt verantwortlich	<u>H.E. Tödt Verantwortung für die Schöpfung (M 17)</u> Leitfragen zur Textanalyse 1. Wie wird die Welt gesehen? 2. Was kennzeichnet das Menschsein? 3. Was kann und soll der Mensch tun? 4. Welche Folgen kann der Mensch erwarten? Auswertungsgespräch	(d) Interpretation und Vergleich Gen 1,26ff., Gen 9,1ff.; Röm 8,29ff. Was ändert sich?
4. Konsequenzen engagierter Christen in der Bundesrepublick	<u>Ökumenische Initiative eine Welt (M 17)</u> Leitfragen zum Gespräch: - Könnte ich diese Verpflichtung übernehmen? Was hindert mich daran? Was stört mich? - Entspricht diese Initiative den Vorschlägen von Liedke bzw. Tödt? Inwieweit nicht?	Informationen über die Initiative sind erhältlich bei: Wilhelm Scheuer, Essenweinstraße 42 7500 Karlsruhe 1
5. Von Gott berufen - für das Recht und die Würde des Menschen verantwortlich	<u>H.E. Tödt, Menschenwürde und Menschenrechte im Horizont des christlichen Glaubens (M 18)</u> Mögliches Vorgehen: 1. Sammeln von Situationen, in denen heute Menschenrechte verletzt werden: Welche Rechte werden verletzt? 2. Vorspann: Kennzeichen der Menschenrechte 3. Textanalyse: Welche Analogien und Differenzen bestehen zwischen dem Menschenrechtsgedanken und dem christlichen Glauben? 4. Auswertungsgespräch	<u>alternatives Vorgehen:</u> 1. Erklärung der VI.VV des LWB in Dar es Salam (M 18) - Gegen welche Verhältnisse ist diese Erklärung gerichtet? - Für welche Rechte sollen Christen eintreten? - Warum sollen sie das tun? - Verhältnis Glaube und Menschenrechtsgedanken? 2. Textanalyse Tödt (M 18) <u>ergänzend:</u> (a) Sammlung von Zeitungsausschnitten über Menschenrechtsverletzungen (b) Darstellung der Menschenrechte

9. BEISPIELE WAHREN MENSCHSEINS

ZIELE:

An einigen Beispielen Kennzeichen wahren Menschseins entdecken und bedenken

Inhalte	Medien-Lernverfahren	Didaktischer Kommentar
1. Der Spastiker als Ebenbild Gottes	F. Saal, Leben im Rollstuhl (M 18) 1. Vorfragen: Ist auch ein Behinderter ein vollwertiges Geschöpf Gottes? Kann auch er wahrhaft Mensch sein? 2. Textinterpretation: - Was beeindruckt mich? - Wie versteht S. sich selbst? Wieso kann er sagen, er sei Ebenbild Gottes? - Wie erlebt S. die "Gesunden"? - Was können wir lernen? - Möchte ich so sein? Was müßte sich dann ändern?	ergänzend: Weitere Beispiele (a) Briefe an Dave Ireland an sein noch ungeborenes Kind, Kursbuch 9/10,126 (b) G. Heinemann, Merkmale eines Politikers, der aus der Rechtfertigung lebt, vgl. Kursbuch 9/10 127 f. (c) J. Lusseyran, Das wiedergefundene Licht, in: D. Sölle. Leiden, 1973, 112-118 (d) E. Ginsberg, vgl. Wer sein Leben verliert, Religion Oberstufe, Heft 1, 34f. (e) Ökomenische Initiative Eine Welt (M 17) (f) Saat in trockener Erde, in: C. Contzen, H.Schulz, Ein neuer Himmel und eine neue Erde, 1978, 6 (g) Lebensregeln für jüngere Menschen im Umgang mit älteren formulieren
2. Wahres Menschsein in der Beziehung von Jung und Alt	Karl Barth, Lebensregeln (M 18) Leitfragen zum Gespräch: Möchte ich solche Eltern, Lehrer, Vorgesetzte haben? Was würde sich dann ändern? Wie kann man so werden? Was heißt wahres Menschsein?	alternativ: Persönlichkeitsprofil eines Christen, vgl. B. Grom, a.a.O., 81
3. Zusammenfassung: Kennzeichen des glaubenden Christen	M. Gutl, Christsein (M 18) Leitfrage: Was kennzeichnet den Menschen, der glaubt? Vorgehen: Das Gedicht verändern oder erweitern, so daß es dem gemeinsamen Bild des Christen entspricht. Hilfe: Überschriften in Inhaltsverzeichnis	ergänzend: (a) Vergleich des wahren Menschen mit den Kennzeichen des neuen Menschen bei Erich Fromm, Haben oder Sein, dtv 1490, 1979 (b) Vergleich mit den Kriterien gelingenden Lebens von Christofer Frey (vgl. Kommentar). (c) Vergleich mit D. Bonhoeffer, Das Bild Christi (vgl. Kommentar).

10. VOR DER ENTSCHEIDUNG - DIE STUFE DES LEBENS ZWISCHEN 21 UND 30

ZIELE:

1. Die "Stufen des Lebens" in seiner eigenen Lebensgeschichte erkennen und die Kennzeichen der jeweiligen Stufen herausfinden.
2. Brochers sozialpsychologische Deutung der Lebenssituation des jungen Erwachsenen kennenlernen, untersuchen, beurteilen.
3. Konvergierende und divergierende Sichtweiten zwischen Brocher und der biblisch-christlichen Tradition herausfinden und verstehen.

Inhalte	Medien-Lernverfahren	Didaktischer Kommentar
1. Ich werde erwachsen	Rundgespräch: Was bedeutet es für mich erwachsen zu werden? Freue ich mich erwachsen zu werden?	alternativ: (a) Sein bisheriges Leben als "Lebenslinie" darstellen. Wie geht es weiter? Phasen, Brüche... (b) Metaphermeditation: Erwachsenwerden ist für mich wie... (c) Bildbetrachtung: Junges Paar (M 19): Was geht in und zwischen den beiden vor? Was bewegt sie? (Wie versteht Brocher die beiden).
2. Lebenssituation des jungen Erwachsenen	T. Brocher, Vor der Entscheidung (M 19) Mögliches Vorgehen: 1. Text lesen, unterstreichen, was wichtig ist. 2. Ersten Eindruck formulieren: Was stimmt (nicht)? 3. Gruppenarbeit zu den Themen: Kennzeichen der Lebenssituation des jungen Erwachsenen in Bezug auf - Schule, - Freunde, Gleichaltrige - Intimpartner - Eltern 4. Auswertungsgespräch: Bin ich das ?	
3. Die Sicht des Menschen bei Brochers Phasenlehre Hervorzuheben sind: Innere Anforderungen (Es), Äußere Anforderungen (Über-Ich), Vermittlungskräfte (Ich), Lösungen (Persönlichkeit), Wachstums- und Veränderungsprozeße, Krisenhaftigkeit und Stufenförmigkeit des Lebens	Brocher (M 19) Leitfrage: Wie kommt es eigentlich zu diesen Problemen und Aufgaben des jungen Erwachsenen? Vermittlungshilfen: - Was kommt von innen? - Was kommt von außen? - Was vermittelt Außen und Innen? - Wie könnte man die Entwicklung des Menschen graphisch darstellen?	Mögliches Tafelbild: 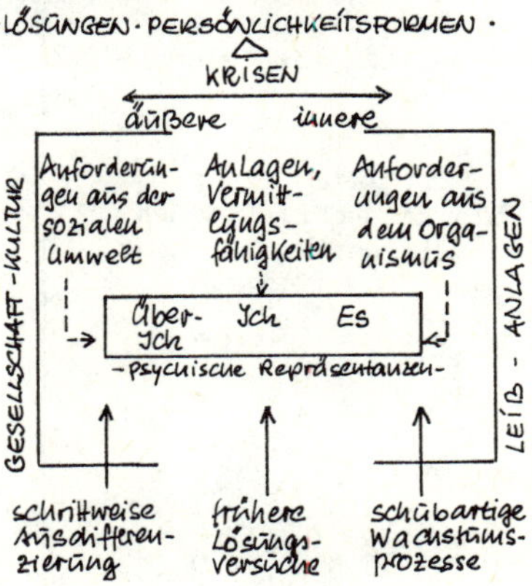

4. Vergleich mit der biblisch-christlichen Tradition	Lukas 15, 11-32(M 14) Wie würde B. den jüngeren Sohn beurteilen? Wie würde er mit ihm umgehen? Wie "beurteilt" der Vater den Sohn? Was unterscheidet die beiden Urteile?	alternativ: Gebet von Oetinger. Möchte ich so sein? Wie kann man so werden? Was müßte nach Brocher geschehen? Oetinger betet, er braucht Gott, um so zu sein!

11. ANGST

ZIELE:

1. Eigene Ängste artikulieren und mit den Grundformen der Angst bei Riemann vergleichen.
2. Den Zusammenhang von Lebensforderungen, Grundängsten, Gegenkräften und Persönlichkeitsstrukturen erkennen und darstellen.
3. Riemanns Aussagen über den Menschen in ihren Voraussetzungen und Folgen bedenken
4. Riemanns Einsichten mit dem Umgang mit der Angst bei Jesus vergleichen

Inhalte	Medien-Lernverfahren	Didaktischer Kommentar
1. Grundformen der Angst Grundforderungen: Öffne dich der Welt! Werde ein einmaliges Individium! Gibt deinem Leben Stabilität! Wandle dich! Grundängste: Angst, sich zu verlieren Angst, allein zu sein. Angst, zu verfließen. Angst, zu erstarren. Gegenkräfte: Vertrauen Hoffnung Selbständigkeit Identität mit sich selbst	F. Riemann, Angst (M 20) Mögliches Vorgehen: 1. Text lesen, Grundängste unterstreichen 2. Versuchen, sich selbst einzuordnen: Wo finde ich mich wieder? 3. Gruppenarbeit: Den Zusammenhang von Lebensforderungen, Grundängsten, Gegenkräften, Persönlichkeitsstrukturen herausarbeiten. 4. Rundgespräch: Was sagen diese Ausführungen über mich als Menschen? Entspricht dies meinen Erfahrungen? Wie soll ich sein? Was soll ich tun?	ergänzend: Anwendung der Einsichten von Riemann bei (a) Marlboro-Mann (b) Mutter im Daumenlutscher (c) Der heimkehrende Sohn bei Kafka (d) Mensch, der Barths Lebensregeln folgt.
2. Vergleich mit der biblisch-christlichen Tradition: Die Angst Jesu	Die Angst Jesu Vorgehen: 1. Interpretation Mk 14, 32-42 par. - Was sagt diese Erzählung über Jesus? - Wie geht er mit seiner Angst um? Was gibt ihm die Kraft so zu sein? - Unterschied zu Riemann ? 2. Interpretation Mk 15, 33-39	mögliche Verbindungen: (a) O. Pankok, Mein Gott, mein Gott, warum hast du mich verlassen?(M 15) (b) G. Altner, Betrachtungen zu Karfreitag (M 15)

12. DARWINS ENTDECKUNG UND DER CHRISTLICHE GLAUBE

ZIELE:

1. Die wesentlichen Inhalte der Evolutionstheorie zusammenfassen
2. Fehldeutungen der Evolutionstheorie und ihre Ursachen herausfinden
3. Gemeinsamkeiten und Unterschiede des christlichen Glaubens mit der Evolutionstheorie herausfinden

Inhalte	Medien-Lernverfahren	Didaktischer Kommentar
1. Darwins Entdeckung	Graphik Stammbaum des Menschen (M 21) Interpretation: - Was besagt diese Graphik über das Leben insgesamt? - Warum hat diese Entdeckung soviel Streit ausgelöst? - Was bedeutet sie für uns, unser Zusammenleben? Was nicht?	ergänzend: Schülerreferat über die Evolutionstheorie anhand von Lehrbüchern. Aufgabe dieses Lernschrittes ist es, Fehldeutungen der Evolutionstheorie zu entdecken und ein angemessenes Verständnis von "Darwins Entdeckung" zu entwickeln, auf dessen Hintergrund nur ein sinnvoller Dialog möglich ist. Besonders sollte auf sozialdarwinistische Fehldeutungen geachtet werden.
2. Vergleich der Evolutionstheorie mit dem christlichen Glauben anhand der Begriffe: Evolution - Schöpfung; Zukunft - 7. Tag; Spielregeln - Handeln Gottes; Entstehung des Menschen - Erschaffung des Menschen; Stellung des Menschen in der Evolution - Stellung des Menschen in der Schöpfung	Gen 1,1 - 2,4a Leitfragen zum Gespräch: Was würde ein Evolutionsforscher bestreiten oder anzweifeln? Was würde er akzeptieren? Was sagt dies über das Verhältnis biologischer und theologischer Aussagen?	ergänzend: Zusammenfassung von J. Hübner, Biologie und christlicher Glaube, 1973, 110-129

13. DER MENSCH IST DER AFFE, DER SPRICHT

ZIELE:

1. Gemeinsamkeiten und Unterschiede zwischen Mensch und Tier feststellen und das unterscheidend Besondere des Menschen herausstellen
2. Gemeinsamkeiten und Unterschiede des biblisch-christlichen Glaubens mit der Sicht des Menschen in der modernen Biologie herausfinden und darstellen.

Inhalte	Medien-Lernverfahren	Didaktischer Kommentar
1. Gemeinsamkeiten und Unterschiede zwischen Mensch und Tier	Einführende Bemerkungen (M 21)	hilfreiche Literatur: - W. Goez, Das Menschenbild in der Biologie, in: H.G. Drescher, Der Mensch,

2. Der qualitative Unterschied zwischen Mensch und Tier	I. Schwidetzki, Der Mensch ist der Affe, der spricht (M 21) Leitfragen: - Wo liegt das unterscheidend Besondere des Menschen? - Welche Stellung hat der Mensch in der Evolution? - Was bedeutet das für den Menschen? Konsequenzen? Wer bin ich? Was soll ich tun? - Rückfragen: Sind wir das wirklich? Wollen wir so sein? Hilft uns das, menschlicher miteinander zu leben?	Wissenschaft und Wirklichkeit, 1966, 11ff. - U. Gerber u.a., Was ist der Mensch? GTB, 1979, 21ff.
3. Vergleich mit der Sicht des Menschen im christlichen Glauben anhand der Begriffe: Stellung im Kosmos, Sprache, Arbeit, Würde, Freiheit, Auftrag	Psalm 8 Was wird hier über mich ausgesagt? Wer bin ich? Gemeinsamkeiten und Unterschiede zu Schwidetzki	alternativ: Ps 8 malen: die Stellung des Menschen in Gottes Schöpfung, anschl. Vergleich mit Graphik

14. DER MENSCH ALS SEIN EIGENES ABBILD

ZIELE:

1. Chancen und Gefahren der Klonierungstechnik erörtern
2. Humangenetische Aussagen über den Menschen verstehen und einschätzen
3. Vergleich humangenetischer Ansichten vom Menschen und biblischen Aussagen

Inhalte	Medien-Lernverfahren	Didaktischer Kommentar
1. Eigene Einstellungen zur Klonierung des Menschen	Rundgespräch: Können Sie sich vorstellen, eines Tages Ihrer eigenen Kopie auf der Straße zu begegnen? Ist diese Möglichkeit realistisch? Welche Konsequenzen hätte dies? Chancen und Gefahren?	
2. Die Sicht des Menschen in der modernen Humangenetik	A. Fölsing, Der Mensch als sein eigenes Abbild (M 22) Mögliches Vorgehen: 1. Text lesen anschl. Abklärung unklarer Sachverhalte und Begriffe	Hier können Schüler der Biologie-Leistungskurse als "Experten" herangezogen werden. Möglich wären Informationen über den Vererbungsvorgang, die neuesten Ergebnisse der Genforschung und Genchirurgie, sowie der

	2. Gruppenarbeit zu den Fragen: - Unter welcher Perspektive kommt der Mensch in den Blick? Wie ist der Mensch verfaßt? - Welche Motive wirken in einer solchen Forschung? Welche Verhaltensvorschriften werden impliziert gemacht? - Welche Grundansichten vom Menschen fließen ein und zwar im Blick auf den Menschen als Objekt und Subjekt dieser Forschung? 3. Auswertungsgespräch	systematischen Beeinflussung des Erbgutes bei Tieren und Menschen. Die arbeitsteiligen Gruppen könnten auch durch eine schriftliche Hausarbeit ersetzt werden.
3. Humangenetik im Lichte der biblisch-christlichen Tradition	<u>Psalm 8 (M 7)</u> Die Sicht des Menschen in Psalm 8 im Vergleich mit dem Selbstverständnis des Humangenetikers <u>Gen 6, 1-7</u> Was könnte dieser Text für die Humangenetik bedeuten? <u>Gen 1,26ff.</u> Wird in der Humangenetik die Würde des Menschen beachtet?	Die drei Bibeltexte können alternativ behandelt werden.

15. DER MENSCH, DER SICH SELBST ERZEUGT

ZIELE:

1. Erfahrungen der Entfremdung in unserer heutigen Lebenswelt entdecken und beurteilen.
2. Marx' Begriff der Entfremdung erarbeiten und seine anthropologischen Voraussetzungen und Folgen bestimmen.
3. Marx' Auffassung von dem Wesen des Menschen herausfinden, darstellen und beurteilen.
4. Die Sicht des Menschen im Marxismus mit der des christlichen Glaubens vergleichen und Konvergenzen und Divergenzen herausstellen

Inhalte	Medien-Lernverfahren	Didaktischer Kommentar
1. Erfahrungen am Fließband	<u>Günter Wallraff, Am Fließband,</u> in: Industriereportagen Welche Erfahrungen werden hier beschrieben? Wie sind sie zu beurteilen?	<u>alternativ:</u> (a) Personalbeurteilungsbogen: Welche Erfahrungen macht der Mensch der beurteilt wird?

	Gibt es diese Erfahrung auch bei Angestellten, Beamten?	(b) Ich bin ein drop out: Welche Erfahrungen mit der Arbeitswelt kommen hier zum Ausdruck?
2. Der entfremdete Mensch Vier Formen der Entfremdung: - Entfremdung vom Produkt der Arbeit - Entfremdung im Akt der Produktion - Entfremdung von dem eigenen (Gattungs) Wesen - Entfremdung von seinen Mitmenschen	<u>Karl Marx, Die Entfremdung des Menschen von sich selbst (M 23)</u> Leitfrage zur Interpretation: 1. Welche Lebenserfahrungen thematisiert Marx? 2. Was kennzeichnet entfremdete Arbeit? Ursachen, Folgen? 3. Wann ist der Mensch nicht entfremdet? 4. Welche Rolle spielt Arbeit für das Menschsein? 5. Was soll der Mensch tun? 6. Wozu schreibt Marx?	<u>ergänzend:</u> (a) Biographie von Marx, vgl. Küng, Existiert Gott, 1978, 251ff. oder W. Blumenberg, Marx rm 76 (b) Zusammenfassung der Anthropologie von Marx vgl. Moltmann, Mensch, 1971, 73ff
3. Das Wesen des Menschen	<u>Marx, Die Frage nach einem Wesen über der Natur und den Menschen (M 23)</u> Leitfragen zur Interpretation: 1. Warum wendet sich Marx so leidenschaftlich gegen den Schöpfungsglauben? 2. Was kennzeichnet nach Marx den Menschen? 3. Was soll der Mensch tun? 4. Wann ist der Mensch wahrhaft Mensch? 5. Stimmt das? Finde ich mich darin wieder?	Um die Grundgedanken der Anthropologie bei Marx zu erfassen kann es genügen, nur mit dem zweiten Text zu erarbeiten Zu der Graphik "Der gefesselte Prometheus, Anonyme Lithographie, 1843". Karl Marx, der Prometheus, der den Menschen das Feuer geschenkt hatte, ist an die Druckerpresse der "Rheinischen Zeitung" gefesselt. Marx war deren Chefredakteur bis zum Verbot 1843. Der preußische Adler, gelenkt vom damaligen Kultusminister Eichhorn, hackt ihm die Leber aus. Zu seinen Füßen klagen die rheinischen Städte Köln, Düsseldorf, Elberfeld und Trier. Das Bild ist als Plakat greifbar in: Bildmappe 48 erarbeitet von H. Schwing. Vertrieb: Grefe-Verlag, Postfach 45 7124 Bönnigheim.
4. Rückfragen und Einwände des christlichen Glaubens	<u>H. Zahrnt, Sentenz (M 23)</u> Leitfragen: - Welche Erfahrungen bestätigen den Schöpfungsglauben? - Was kennzeichnet hier den Menschen? - Welche Konsequenzen ergeben sich daraus für wahres Menschsein?	
5. Konvergenzen und Divergenzen marxistischer und christlicher Anthropologie	<u>Ernst Mandel, Warum ich Marxist bin (M 23)</u> Leitfragen:	<u>alternativ:</u> (a) Kann ein Christ die Internationale mitsingen?

	1. Wogegen kämpft Mandel? Wofür setzt er sich ein? 2. Wo müßte ein Christ M. beistehen? 3. Wo müßte ein Christ Einwände erheben? Welche Konsequenzen hätte dies?	(b) Texte von Religiösen Sozialisten, z.B. L.Ragaz in Religion Oberstufe Heft 5, P.Tillich, Religion Oberstufe Heft 1,18 D. Sölle, ebd., 19

16. DER ÜBERMENSCH

ZIELE:

1. Die grundlegende Sicht der Wirklichkeit bei Nietzsche erarbeiten und mit der eigenen vergleichen.
2. Die Sicht des Menschen und des Übermenschen bei Nietzsche herausarbeiten und auf ihre Voraussetzungen und Folgen befragen.
3. Nietzsches Auffassung von einem "wahren" Menschsein mit der von Gollwitzer vergleichen.

Inhalte	Medien-Lernverfahren	Didaktischer Kommentar
1. Die grundlegende Sicht der Wirklichkeit bei Nietzsche	Vorbemerkungen (M 24) Welches Lebensgefühl bestimmt Nietzsche? Welche Erfahrungen mögen wohl dahinter stehen? Kann ich mit N. übereinstimmen?	alternativ: Interpretation der Parabel vom tollen Menschen, ThF 1, 16 f. ergänzend: Biographie von Nietzsche vgl. Küng, a.a.O. Ivo Frenzel, Nietzsche, rm 115, 1966
2. Der Übermensch ist der neue Mensch. "Der Übermensch ist der ganz in sich begründete, auf sich allein gestellte Mensch, der beziehungslos lebt, beziehungslos zu Gott und zum Mitmenschen.. der Übermensch hat... den Platz Gottes eingenommen" (F.Hahn).	F. Nietzsche, Ich lehre euch den Übermenschen (M 24) Text lesen, anschl. ersten Eindruck formulieren: Was für ein Mensch spricht hier? Was will er? Leitfragen zur Textinterpretation: 1. Welche Sicht des Menschen kommt hier zum Ausdruck? 2. Wie soll der Mensch sein? Wann ist der Mensch ein Übermensch? 3. Wie soll der Mensch nicht sein? 4. Wohin führt diese Sicht des Menschen?	Hilfreich: H.G. Pöhlmann, Der Atheismus oder der Streit um Gott, GTB 218, 1977, 101ff. H. Gollwitzer, Krummes Holz Aufrechter Gang, 1970, 83ff. ergänzend: Suche nach dem Übermenschen in unserer Alltagswelt. Wo lebt der Übermensch? Der Marlboro Mann?

	5. Bin ich damit einverstanden? Kann und will ich so sein?	
3. Erfülltes Leben in christlicher Sicht - Streit um die Wirklichkeit	Gollwitzer, Sentenz(M 24) Leitfragen: 1. Was für ein Leben wird hier beschrieben? Was kennzeichnet und begründet es? 2. Worin unterscheidet es sich vom Übermenschen? 3. Wie würde Nietzsche entgegnen?	ergänzend: Den Kontext des Zitates einbringen, vg. H. Gollwitzer, Ich frage nach dem Sinn des Lebens, Kaiser Traktate 11, 1974, 7ff., s. auch in: Religion Oberstufe Heft 2, S. 34f. hilfreich: Die Sentenz von Gollwitzer in Regeln oder Gebote umsetzen.

17. DAS MÄNGELWESEN

ZIELE:

1. Die Sicht des Menschen bei Gehlen kennenlernen, zusammenfassen und beurteilen.
2. Die Bedeutung der Institutionen für das menschliche Leben einschätzen.
3. Gehlens Auffassung von der Entlastungsfunktion der Institutionen kennenlernen und beurteilen.
4. Gehlens Aussagen zum Menschen mit biblisch-christlichen Sichtweiten des Menschen vergleichen.

Inhalte	Medien-Lernverfahren	Didaktischer Kommentar
1. Die Definition des Menschen bei Gehlen Arnold Gehlen (geb. 1904), zuletzt Professor der Soziologie an der Techn. Hochschule in Aachen, geht davon aus, daß eine als Tatsachenwissenschaft sich begreifende philosophische Anthropologie nur im Zusammenhang mit der Sprachwissenschaft, Psychologie, Humanbiologie und vor allem der Ethologie betrieben werden kann. So hat er auch die Ergebnisse empirischer Wissenschaftler (vor allem der Biologen L. Bolk und A. Portmann) aufgenommen und mit der These Max Schelers von der "Weltoffenheit" des Menschen zu verbinden versucht.	A. Gehlen, Der Mensch - ein kulturschaffendes Wesen (M 25) Leitfragen zur Textanalyse: 1. Von welchen Beobachtungen geht G. aus? 2. Wie hängen Mängelwesen und Kulturschaffen zusammen? 3. Warum ist der Mensch zur Naturbeherrschung gezwungen? 4. Was unterscheidet den Menschen vom Tier? Was macht den Menschen zum Menschen? Anschl. Auswertungsgespräch: Stimmt das? Ist der Mensch damit vollständig erfaßt? Soll der Mensch so sein?	alternativer Einstieg: - Unterschied zwischen Mensch und Tier herausarbeiten (Tafelanschrieb) - Vergleich des Ergebnisses mit dem Vorspann zu M 21 - Interpretation des Ergebnisses ergänzend: Anwendung der Definition des Menschen von Gehlen auf verschiedene Lebenssituationen. Deckt die Definition die Situation der Radrennfahrer, der Intensivpflegestation, des jungen Paares ab?

2. Die anthropologische Bedeutung gesellschaftlicher Institutionen "Die Instinkte bestimmen beim Menschen, nicht, wie beim Tier, einzelne festgelegte Verhaltensabläufe. Statt dessen nimmt jede Kultur aus der Vielheit der möglichen Verhaltensweisen bestimmte Varianten heraus und erhebt sie zu gesellschaftlich sanktionierten Verhaltensmustern, die für alle Glieder der Gruppe verbindlich sind. Solche... Institutionen bedeuten für das Individium eine Entlastung von allzu vielen Entscheidungen, einen Wegweiser durch die Fülle von Eindrücken und Reizen, von denen der weltoffene Mensch überflutet wird". (Schwidetzki).	A. Gehlen, Die Entlastungsfunktion der Institutionen (M 25) 1. Was bezeichnet der Begriff "Institution"? 2. Welche Institutionen werden aufgeführt? 3. Welche Funktion und welche Wirkung haben sie? 4. Wie ist der Zusammenhang von Institution und Persönlichkeit? 5. Stimmt das? Welche Aufforderungen werden unterschwellig gemacht? Wie soll der Mensch sein? Bin ich damit einverstanden? Dienen diese Ausführungen einem "guten" Leben?	ergänzend: - Wie erlebe ich die Institution Schule? - Welche Bedeutung haben Regeln für unser Zusammenleben? (Z.B. Straßenverkehrsregeln, Höflichkeitsformeln).
3. Vergleich mit der biblisch-christlichen Tradition Kinder zeichnen sich durch eine empfangende Grundhaltung. All ihr Handeln setzt Empfangen voraus. Kinder sind bedürftig, sie brauchen vor allem Liebe.	Matthäus 18,3 Mögliches Vorgehen: 1. Was kennzeichnet ein Kind (Im Unterschied zum Erwachsenen)? 2. Was will Jesus den Jüngern mit dem Hinweis auf die Kinder sagen? (vgl. auch Mk 10, 13ff.) 3. Welche bei Gehlen verschütteten Bedingungen wahren Menschseins kommen hier zum Ausdruck?	alternativ: (a) Vergleich der Stellung des Menschen bei Gehlen und Gen 1: Wie soll der Mensch mit der Natur umgehen? (b) Vergleich Gehlen mit Franz von Assisi (Sonnengesang!) (c) Vergleich Gehlen und Nächstenliebegebot: Beruht alles auf dem Selbsterhaltungstrieb was der Mensch tut?

18. ZUSAMMENFASSUNG: DER MENSCH, DER BETET

ZIELE:

1. Über die Lebenshaltung des Gläubigen nachdenken
2. Kennzeichen des Menschen erarbeiten, der sich ganz von Gottes Wort her bestimmen läßt
3. Den Zusammenhang zwischen Beten und einem wahren Menschsein bedenken

Inhalte	Medien-Lernverfahren	Didaktischer Kommentar
1. Der Gläubige Gestalt: schmal, zerbrechlich, empfindsam, schüchtern, von schweren Erfahrungen gezeichnet, eingezwängt? Hände: nach oben aus dem Mantel gestreckt, offen empfangsbereit, abwehrend? Gesicht: von sich weggewendet, vertrauend, lächelnd, von Leid gezeichnet?	Ernst Barlach, Der Gläubige (M 26) Bildbetrachtung Vermittlungshilfen: - Was hat der Mann hinter sich? - Was erwartet, hofft, sieht, hört dieser Mann? - Was könnte er mir erzählen? - Warum nennt B. diese Figur den "Gläubigen"?	alternativ: Jeder schreibt sich zu dem Bild einen Gedanken auf ein Blatt. Anschl. Blätter tauschen. Jeder liest "seinen" Gedanken vor, kurze Stille, kein Kommentar, bis alle Gedanken vorgelesen sind. Im Gespräch werden die Gedanken, die besonders betroffen machten, aufgenommen. ergänzend: (a) Biographische Hinweise zu Barlach (b) Hinweis auf den "Fries der Lauschenden"
2. Das Gebet Jesu als zusammenfassender Ausdruck christlichen Glaubens	Das Vater Unser (M 26) Leitfrage: Was kennzeichnet den Menschen, der das Vater Unser betet? Mögliches Vorgehen: 1. Rundgespräch: Welche Bitten könnte ich mitsprechen? Welche nicht? Warum? 2. Gruppenarbeit zu jder Bitte: Was sagt diese Bitte über den Menschen, der das Vater Unser betet? 3. Auswertungsgespräch 4. Vergleich mit Barlachbild 5. Schlußfrage: Wie hängen Gebet und wahres Menschsein zusammen?	alternativ: (a) Dia malen: Lebensgefühl des Menschen, der das Vater Unser betet (b) Persönlichkeitsprofil des Menschen, der das Vater Unser betet vgl. B. Grom, a.a.O.,81 ergänzend: (a) D. Bonhoeffer, Das Bild Christi, in: Nachfolge, 1976, 275-282 (b) H. Zahrnt, Prometheus, Sysiphus, Jesus, in: Gott kann nicht sterben 1970, 243ff. (c) H. Erlau, W. Habdank Die Legende vom vierten König, 1979